D1697151

ALLARD MEES · BARBARA PFERDEHIRT
RÖMERZEITLICHE SCHIFFSFUNDE

RÖMISCH-GERMANISCHES ZENTRALMUSEUM
FORSCHUNGSINSTITUT FÜR VOR- UND FRÜHGESCHICHTE

KATALOGE
VOR- UND FRÜHGESCHICHTLICHER
ALTERTÜMER

BAND 29

ERSCHIENEN ZUM HUNDERTFÜNFZIGJÄHRIGEN JUBILÄUM
DES RÖMISCH-GERMANISCHEN ZENTRALMUSEUMS
MAINZ 1852-2002

RÖMISCH-GERMANISCHES ZENTRALMUSEUM
FORSCHUNGSINSTITUT FÜR VOR- UND FRÜHGESCHICHTE

ALLARD MEES · BARBARA PFERDEHIRT

RÖMERZEITLICHE SCHIFFSFUNDE

IN DER DATENBANK »NAVIS I«

MIT BEITRÄGEN VON

CARLO BELTRAME · FEDE BERTI · RONALD BOCKIUS · GIULIA BOETTO
ANDREJ GASPARI · ALAN HOWELL · PETER MARSDEN
FRANCA MASELLI SCOTTI · HEATHER SEBIRE

MAINZ 2002
VERLAG DES RÖMISCH-GERMANISCHEN ZENTRALMUSEUMS
IN KOMMISSION BEI DR. RUDOLF HABELT GMBH · BONN

GEFÖRDERT VON DER

EUROPEAN COMMISSION
DIRECTORATE-GENERAL X
INFORMATION, COMMUNICATION, CULTURE,
AUDIOVISUAL CULTURE AND AUDIOVISUAL POLICY
IM RAHMEN DES PROGRAMMES RAPHAEL
HEUTE:
EUROPEAN COMMISSION
DIRECTORATE-GENERAL FOR EDUCATION AND CULTURE
CULTURE, AUDIOVISUAL POLICY AND SPORT

Die Deutsche Bibliothek - CIP-Einheitsaufnahme

Römerzeitliche Schiffsfunde in der Datenbank "Navis I" /
Römisch-Germanisches Zentralmuseum. Allard Mees ; Barbara Pferdehirt. -
Bonn : Habelt, 2002
(Kataloge vor- und frühgeschichtlicher Altertümer ; Bd. 29)
ISBN 3-88467-063-8

ISBN 3-88467-063-8
ISSN 0076-275X

© 2002 Verlag des Römisch-Germanischen Zentralmuseums
Das Werk ist urheberrechtlich geschützt.
Die dadurch begründeten Rechte, insbesondere die der Übersetzung, des Nachdrucks, der Entnahme von Abbildungen,
der Funk- und Fernsehsendung, der Wiedergabe auf photomechanischem (Photokopie, Mikrokopie) oder ähnlichem Wege und
der Speicherung in Datenverarbeitungsanlagen, Ton- und Bildträgern bleiben, auch bei nur auszugsweiser
Verwertung, vorbehalten. Die Vergütungsansprüche des § 54, Abs. 2, UrhG.
werden durch die Verwertungsgesellschaft Wort wahrgenommen.

Herstellung: Horst Giesenregen GmbH, Mainz
Printed in Germany

INHALTSVERZEICHNIS

Vorwort VII

Originale Schiffe 1
    Bruges Boat 3
    Blackfriars Ship 1 6
    New Guy's House Boat 12
    County Hall Ship 14
    The Guernsey Gallo-Roman Wreck 18
    Der Prahm von Kapel-Avezaath 24
    Der Prahm von Druten 26
    Die Prähme von Woerden 30
    Die Prähme von Pommerœul 36
    Die Schiffe von Zwammerdam 40
    Der erweiterte Einbaum von Zwammerdam (Schiff 3) 50
    Die römischen Fischhälter (Bünnen) von Zwammerdam 57
    Das Wrack von Vechten 60
    Das Boot Yverdon 2 63
    Das Schiff Mainz 1 66
    Das Schiff Mainz 2 74
    Das Schiff Mainz 3 80
    Das Schiff Mainz 4 88
    Das Schiff Mainz 5 94
    Das Schiff 6 aus Mainz 100
    Das Schiff Oberstimm 1 104
    Das Schiff Oberstimm 2 108
    Wissenschaftliche Untersuchungen zu den Schiffen von Oberstimm 2 114
    Il relitto di Comacchio 126
    Fiumicino 1 134
    Fiumicino 2 143
    Fiumicino 3 148
    Fiumicino 4 152
    Fiumicino 5 156
    Il relitto di Monfalcone 160
    Die Schiffsfunde von Herculaneum 164
    Il relitto di Aquileia 167
    River Barge from Lipe on the Ljubljana Moor 168

Moderne Nachbauten 173
    Rekonstruktion eines römischen Truppentransporters aus Mainz: Typ Mainz A/Nachbau I . . 174
    Rekonstruktion eines römischen Patrouillenschiffs 3: Typ Mainz B/Nachbau II 184

Schiffsmodelle 197
    Guernsey Model 1 198
    Guernsey Model 2 199
    Modell von Schiff Mainz 6 200
    Modell von Schiff Oberstimm 2 206

Die Internet-Adresse der Datenbank Navis I lautet z.Z. (7.3.2002):

http://www.waterland.net/navis/

Sie soll noch im Lauf des Jahres 2002 umgestellt werden und wird dann lauten:

http://www.rgzm.de

VORWORT

1996 wählte die Europäische Kommission den Aufbau der Bilddatenbank NAVIS I als eines der ersten Projekte aus, die im Rahmen des von der Generaldirektion X iniierten Raphael-Programms finanziell gefördert wurden. Ziel des Projektes war es, die weitverstreut und teilweise entlegen publizierten Schiffsfunde Europas von der Antike bis 1200 n.Chr. zusammenzutragen und die Informationen über das Internet einem breiten Benutzerkreis frei zur Verfügung zu stellen. Vor allem sollte dieses Medium dazu dienen, einen leichten Zugriff auf das in Archiven vorhandene umfangreiche Bildmaterial zu gewähren, das bisher aus Kostengründen nur in geringem Umfang veröffentlicht worden war.
Getragen wurde das Projekt von acht europäischen Institutionen, die sich mit antikem bzw. frühmittelalterlichem Schiffbau beschäftigen. Es waren dies in alphabetischer Reihenfolge:

– Guernsey Museums & Galleries in St. Peter Port
– Hellenic Institute of Marine Archaeology in Athen
– Museo delle Navi in Fiumicino / Soprintendenza Archeologica di Ostia
– Museo Nacional de Arqueología Marítima y Centro Nacional de Investigaciones Arqueológicas Submarinas in Cartagena
– Museum für Antike Schiffahrt des Römisch-Germanischen Zentralmuseums in Mainz
– Nationalmuseets Marinarkæologiske Forskningcenter in Roskilde
– Nederlands Instituut voor Scheeps- en Onderwaterarcheologie in Lelystad
– Shipwreck Heritage Centre in Hastings.

In mehreren Workshops erarbeiteten die Partner gemeinsam die Schlagworte in acht Sprachen und die Informationskategorien. Die Entwicklung der Datenbank und Projekt-Koordination lag in den Händen des Museums für Antike Schiffahrt.

Als Software für NAVIS I wurde die relationelle Datenbank MSAccess gewählt. Ergänzt mit einigen Modulen in Visual Basic for Applications konnte die automatische Internationalisierung der Schlagwörter bequem durchgeführt werden. Das für dieses Projekt entwickelte Datenmodell erlaubt, die Integrität der vorhandenen Datensätze automatisch zu kontrollieren. Zu den wenigen 1996 verfügbaren Schnittstellen zwischen MSAccess und dem MS Internet Information Server gehörte damals DbWeb. Nicht nur die Navigation durch das komplexe Internet-Angebot, sondern auch die dynamische Erstellung von Verbreitungskarten wurden in Java geschrieben.
Das Gesetz des »hemmenden Vorsprungs« verursachte einen hohen Arbeitsaufwand, um die Abfrageroutinen lauffähig zu halten: Nicht nur durch die rasante Software-Entwicklung auf der Datenbankserver-Seite, sondern auch bei den von den Benutzern eingesetzten Browsern sind innerhalb der letzten sechs Jahre gewaltige Fortschritte erzielt worden. Das bedeutete aber auch, daß ältere Datenbank-Versionen fortwährend angepaßt werden mußten.
Die jetzigen Abfrage-Techniken würde man mit den heutzutage zur Verfügung stehenden Mitteln sicherlich etwas benutzerfreundlicher lösen, sie sind aber nach wie vor ein funktionsfähiges Instrumentarium für gezielte wissenschaftliche Anfragen sowie allgemeine Erkundungen in der Welt der Schiffsarchäologie.

Das Internet-Gesamtangebot von NAVIS I umfaßt

a) Homepages der acht beteiligten Projekt-Partner, in denen Kurzeinführungen zum jeweiligen Museum oder dem Institut sowie praktische Aspekte wie Adressen und Wegbeschreibungen gebracht werden.

b) Illustrierte Aufsätze zu übergreifenden Themen wie »Flotten und Grenzen«, »Seehandel« oder etwa zu Methoden der Holz-Konservierung.
c) Bebilderte Schiffsbeschreibungen der in NAVIS I enthaltenen Schiffe.
d) Vorgefertigtes Kartenmaterial, das die Verbreitung von bestimmten Schiffsmerkmalen zeigt. Sogenannte Image Maps von Schiffen ermöglichen die visuelle Erklärung der mehrsprachigen Bezeichnungen von Schiffsteilen.
e) Ein ausführliche Hilfe-Anleitung zur Verwendung des Datenbank-Systems.
f) Die eigentliche Datenbank mit ihrem umfangreichen Bild- und Informationsmaterial. Für eine gezielte Suche gibt es sechs Abfragemasken. Sie beziehen sich auf:
– Schiffsteile
– Schiffsinformationen
– Suchen und Kartieren
– Datierungen
– Literaturrecherchen
– Ladungen

Die Suche nach Schiffsteilen bietet Abfrage-Möglichkeiten in acht Sprachen (Englisch, Deutsch, Dänisch, Niederländisch, Französisch, Spanisch, Polnisch und Griechisch) und ermöglicht mit bis zu drei Schlagwörtern gezielte Abfragen an mittlerweile über 150 Schiffen. Insgesamt stehen für jede Sprache mehr als 130 Schlagwörter zur Verfügung, die in sinngebende Kategorien unterteilt worden sind. Die fast 3000 Bilder in der Datenbank sind alle mit Bildunterschriften in Englisch und der jeweiligen Landessprache versehen. Innerhalb der Abfrage bei den Schiffsinformationen lassen sich mehr als 30 Kriterien miteinander kombinieren. Die Verbreitungskarten können mit Hilfe von mehr als 15 verschiedenen Schlagwortgruppen generiert werden. Auch die Schiffsladungen sind mehrsprachig recherchierbar.

Um mit der Datenbank NAVIS I nicht allein den Fachwissenschaftlern ein Instrumentarium für Schiffsforschung an die Hand zu geben, sondern auch interessierten Laien den Zugang zu diesem gemeinsamen europäischen Kulturerbe zu erleichtern, wurden der nach individuellen Gesichtspunkten abfragbaren eigentlichen Datenbank kurze illustrierte Beschreibungen einzelner Schiffe beigefügt. Obwohl die seit 1999 im Internet frei verfügbare Datenbank NAVIS I eine erstaunlich hohe Besucherquote aufweist, gibt es doch einen großen Kreis von Schiffsinteressierten, der ein Buch dem Computer vorzieht. Daraus entstand die Idee zu dieser Veröffentlichung.
Für eine Druckveröffentlichung boten sich die Schiffsbeschreibungen mit ihrer festgelegten Auswahl an Bildern an, da sie innerhalb der Datenbank NAVIS I ein gewisses statisches Element darstellen und somit einer herkömmlichen Publikation am ähnlichsten sind. Ergänzt wurde das Bildmaterial durch weitere Illustrationen aus dem eigentlichen Datenbankteil Das gleiche gilt für die Literatur; auch hier wurden die wichtigsten Publikationen zu einem Schiff aus der kompletten Literaturübersicht in der Datenbank herausgezogen und den Schiffsbeschreibungen hinzugefügt.

Das vorliegende Buch beschränkt sich auf Beschreibungen römischer Schiffe, denn gerade bei ihnen zeigen sich Gemeinsamkeiten und Unterschiede im europäischen Schiffsbau einer Epoche besonders nachdrücklich. Deshalb wurden die in der Internet-Fassung von NAVIS I enthaltenen Beschreibungen der chronologisch breit gestreuten vorgeschichtlichen Schiffsfunde ebenso wie die der geschlossenen Gruppe der Wikingerschiffe nicht in diese Publikation aufgenommen.
Während man im Internet alle Schiffbeschreibungen sowohl in der Muttersprache der Autoren als auch in englischer Übersetzung lesen kann, wurde hier auf die Zweisprachigkeit verzichtet. Ausgewählt wurden die muttersprachlichen Beiträge, da auch sie die kulturelle Vielfalt Europas wiederspiegeln.

Die Wiedergabe einer ursprünglich für ein anderes Medium vorgesehene Arbeit auf Papier bedingt gewisse Abstriche hinsichtlich der Bildqualität. Ganz bewußt ist für die Datenbank das gesamte Bildmaterial nur in Bildschirmqualität gescannt und eingegeben worden, um auf diese Weise das Copyright zu schützen: Bilder in Druckqualität sind nur von den Bildeigentümern auf Anfrage zu erhalten. Aus diesem Grund erreichen die Abbildungen der vorliegenden Publikation nicht den heutzutage bei Büchern üblichen Standard.

Zur Zeit ist die Datenbank NAVIS I unter folgender Adresse zu erreichen:
http://www.waterland.net/navis/
Wahrscheinlich noch im Laufe des Jahres 2002 wird sich die Adresse ändern in:
http://www.rgzm.de
Bei einer eventuellen weiteren Adressenänderung wird ein Link den Benutzer automatisch an die aktuelle Stelle leiten.

Allard Mees
Barbara Pferdehirt

ORIGINALE SCHIFFE

BRUGES BOAT

This boat was discovered in 1899 whilst digging a canal 500 m from the sluice gates of the Ostend Canal, close to Bruges, Belgium.

The boat timbers were dated in 1976 by C14 to AD 180±80 years (in heartwood), indicating a second or third century date.

The remains of the boat were broken up, so there is a minimal record of the vessel in situ. Some loose timbers were saved, and these were recorded in 1976 at the National Scheepvaartmuseum in Antwerp. They comprise: (a) a side rudder; (b) two side frames, one with a post on top; (c) parts of the mast; (d) a mast-step frame; (e) another timber shaped as a mast-step but possibly used as a thwart; (f) a lower frame or floor-timber; (g) a stempost or sternpost; and (h) two pieces of planking.

Fig. 1
Figs. 2-7

The fragments suggest that the ship was a carvel built vessel of Romano-Celtic type, for it had features like those of Blackfriars ship 1. The survival of the side rudder, whose tiller hole was at a right angle to the blade, and the mast are particularly important for such things rarely survive. A highly tentative reconstruction suggests that the vessel might have had a breadth of about 4.5 m and a depth of at least 1.8 m.

Text: Peter Marsden

Main Publication:
D. Ellmers, Frühmittelalterliche Handelsschiffahrt in Mittel- und Nordeuropa (Neumünster 1972), 289-290. – P. Marsden, 'A boat of the Roman period found at Bruges, Belgium, in 1899, and related types'. International Journal of Nautical Archaeology 5.1, 1976, 23-55. – P. Marsden, Celtic Ships of Europe. In: S. McGrail (Ed.), Sources and techniques in boat archaeology. British Archaeological Reports (Oxford), Supplementary Series 29, 1977, 281-288. – S. McGrail, Ancient Boats in NW Europe. The Archaeology of Water Transport to AD 1500 (Essex 1987). – S. McGrail, Romano-Celtic boats and ships: characteristic features. The International Journal of Nautical Archaeology 24, 1995, 139-145.

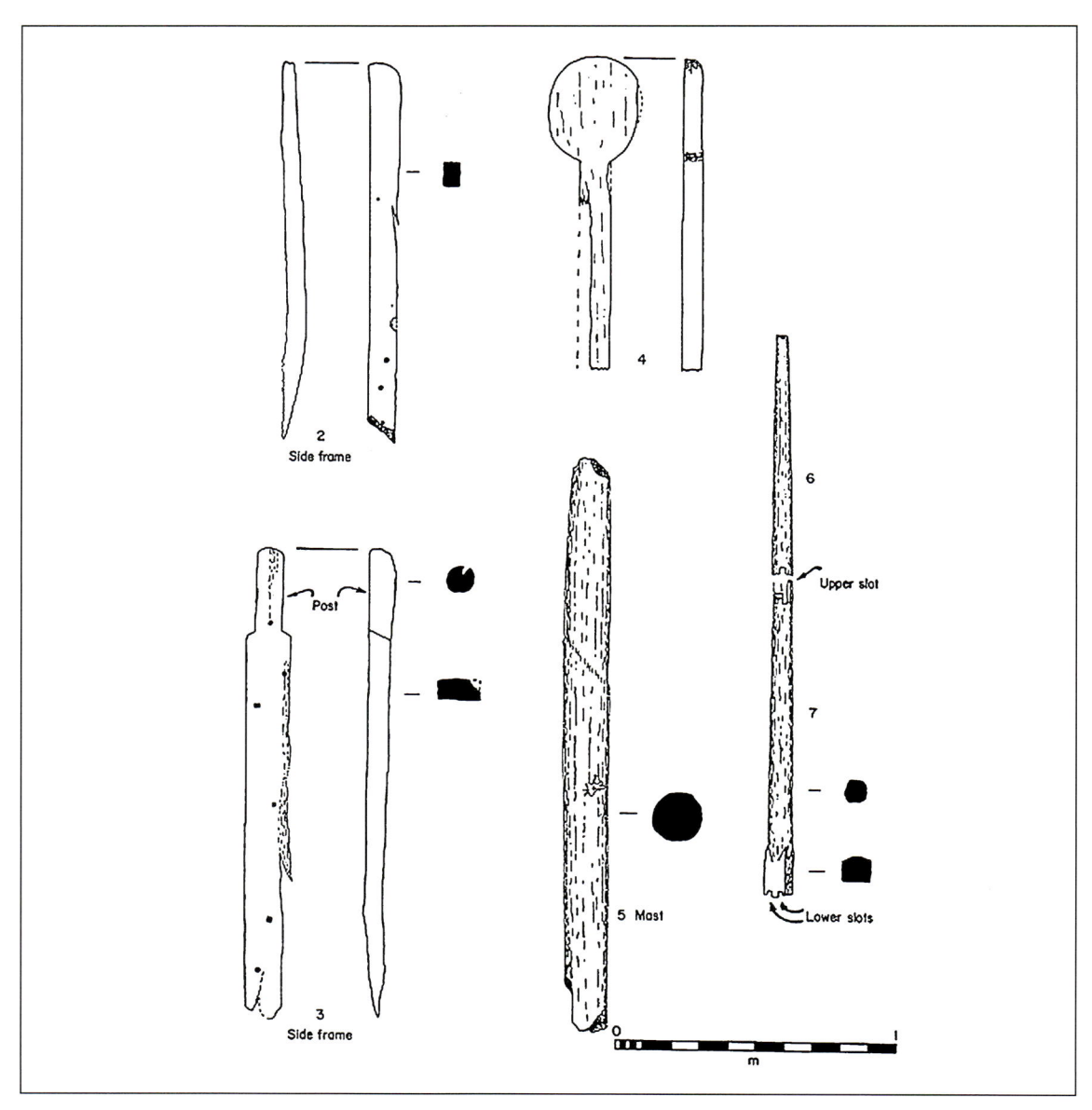

Fig. 1   Bruges. Drawings of surviving pieces of frames and the mast; 1973.

Fig. 2   Bruges. Small floor-timber probably from near the end of the boat.

Bruges Boat

Fig. 3 Bruges. Unidentified oak object from the boat.

Fig. 5 Bruges. The rudder.

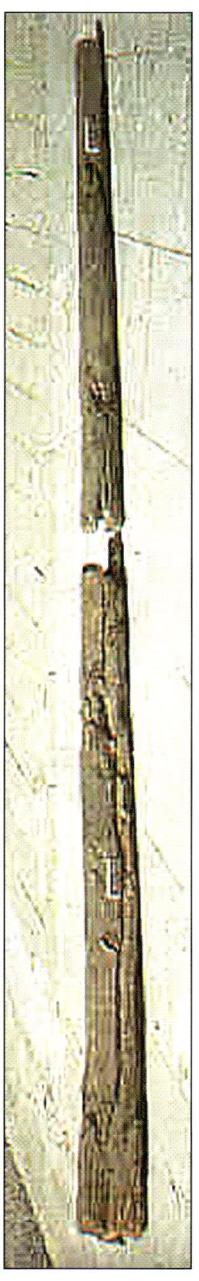

Fig. 6 Bruges. Surviving fragments of the top of the mast broken at a slot presumably to take rigging.

Fig. 4 Bruges. A floor-timber, top view.

Fig. 7 Bruges. Inboard view of the mast-step frame.

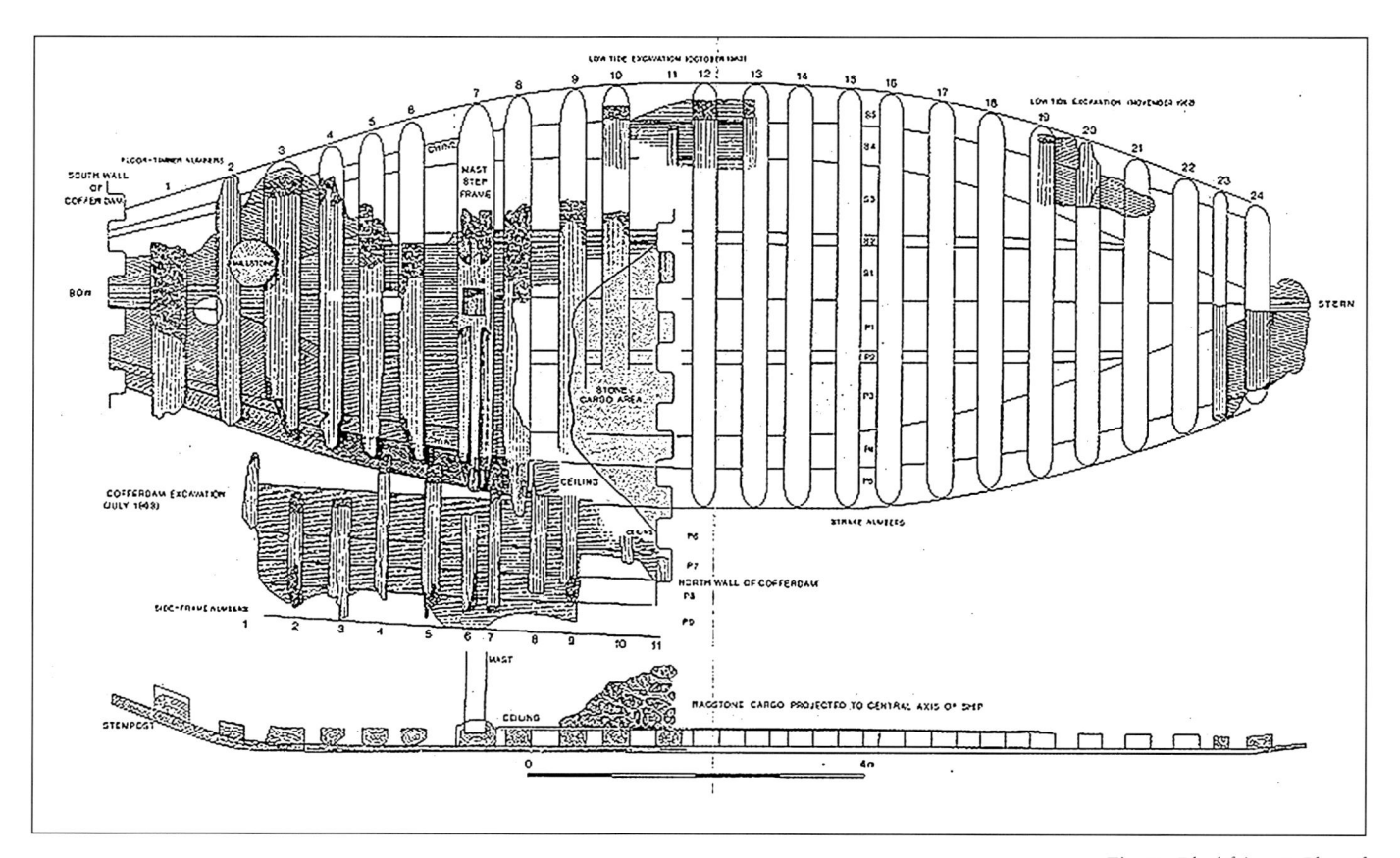

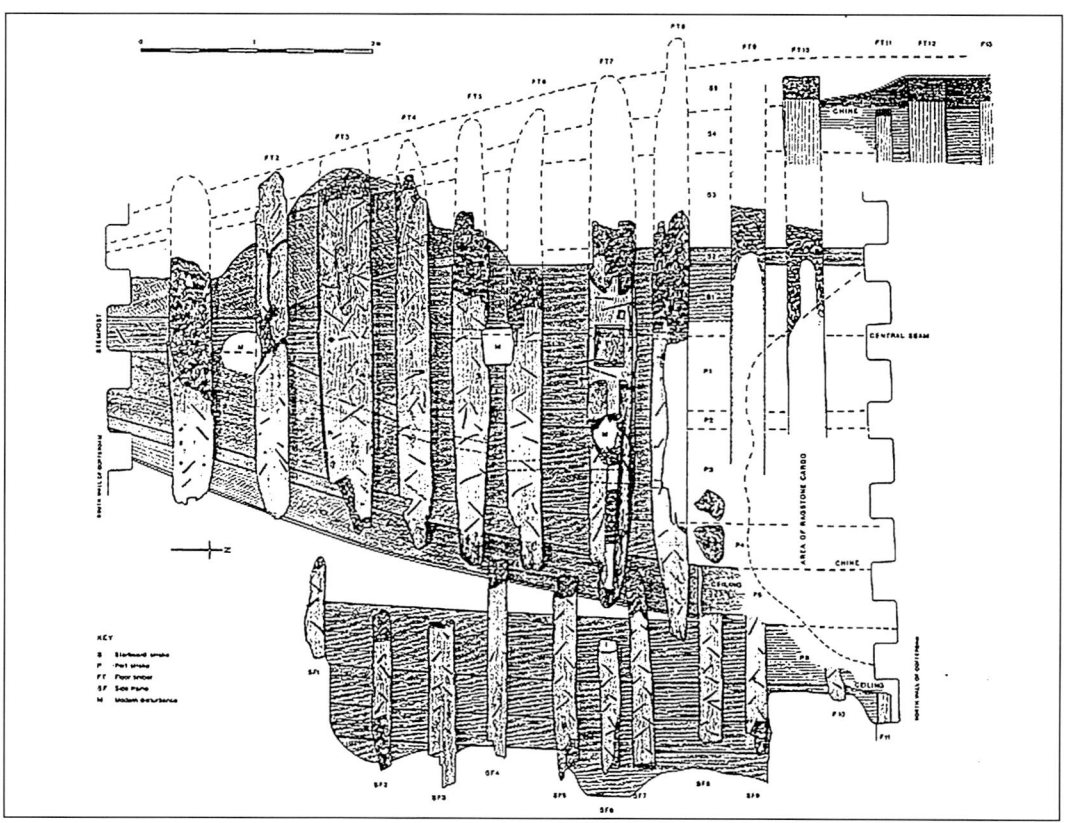

Fig. 2 Blackfriars 1. Plan of the remains of the ship in situ.

Fig. 3 Blackfriars 1. Plan of the remains of the forward half of the ship.

Blackfriars Ship 1

Fig. 4   Blackfriars 1. Timber objects found in the later 2nd century gravel fill of the wreck.

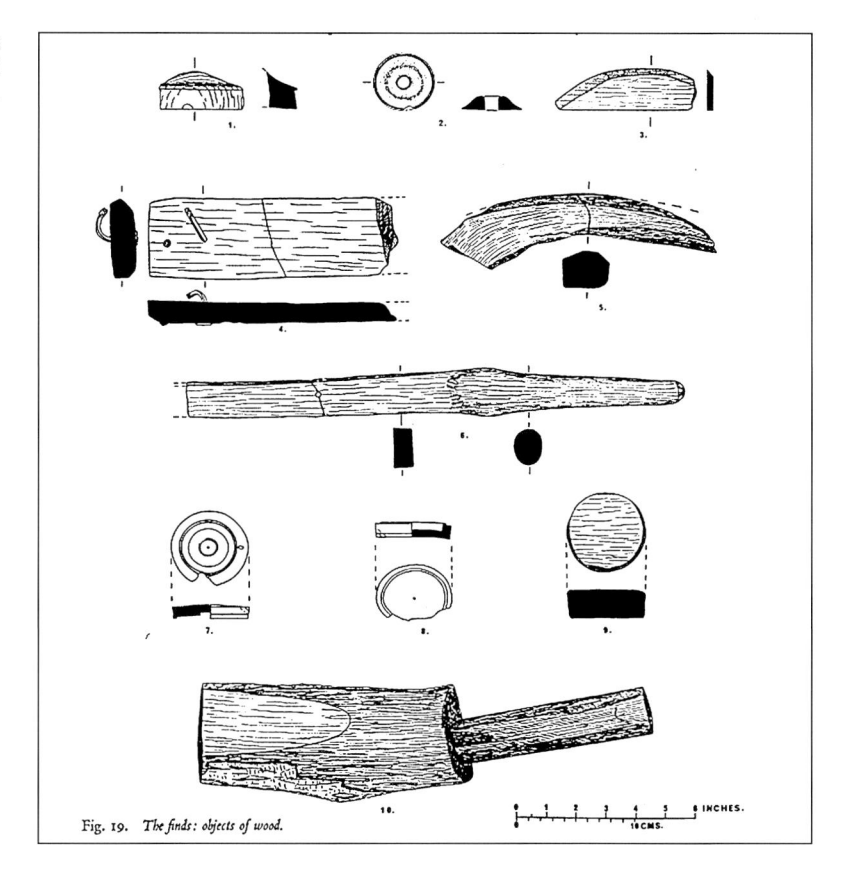

Fig. 5   Blackfriars 1. Scale drawing of floor-timber 8 and the stempost.

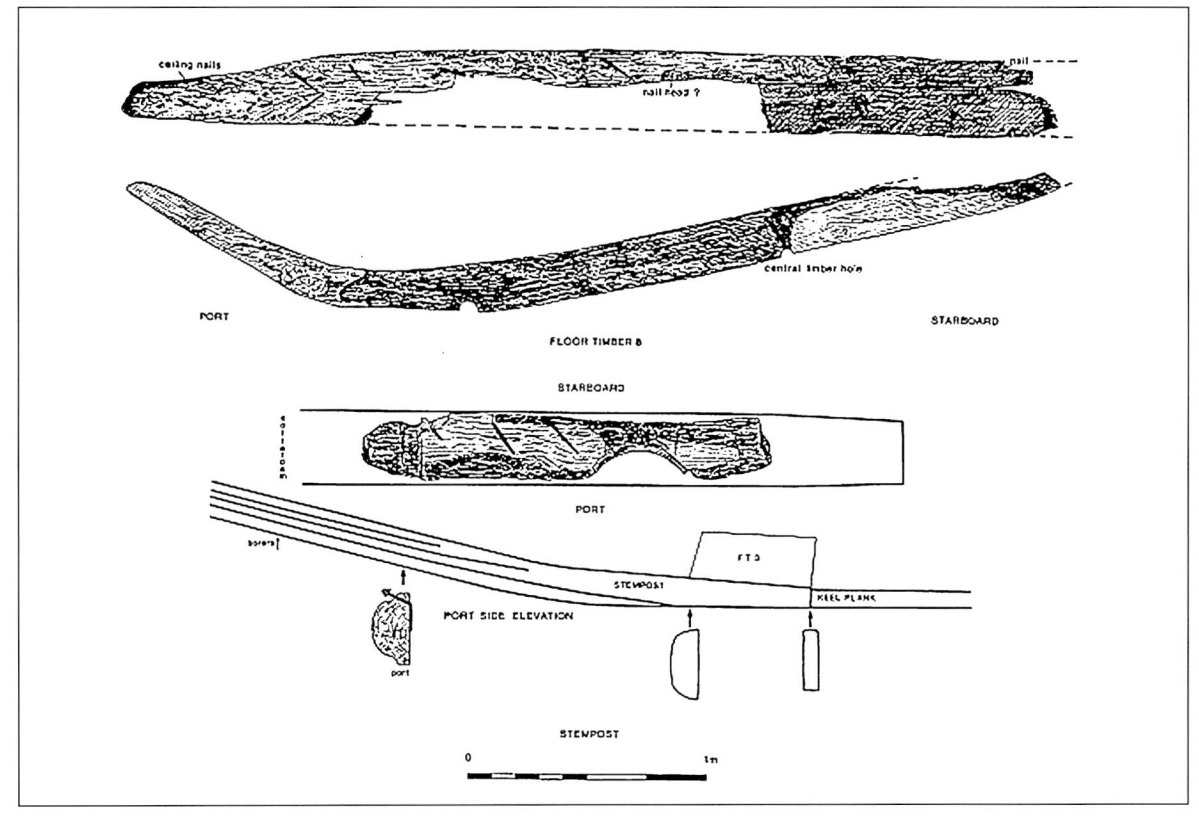

Fig. 6   Blackfriars 1. Mast-step in a floor-timber; cargo of building stone (Kentish Ragstone).

Fig. 7   Blackfriars 1. The port side (left) junction with the bottom (right). Foot scale.

Fig. 8   Blackfriars 1. Worn coin of Domitian (AD 88/89), lying in a recess in the mast-step.

Fig. 9   Blackfriars 1. The unfinished millstone, of Millstone Grit (Belgium), on the ship's bottom.

Publications:
P. Marsden, A ship of the Roman period, from Blackfriars, in the City of London (London, Guildhall Museum 1966). – Id., Roman ship from Blackfriars, London (London, Guildhall Museum 1967). – L. Basch, Ancient wrecks and the archaeology of ships. The International Journal of Nautical Archaeology and Underwater Exploration 1, 1972, 48 u. 14. P. Marsden, Blackfriars Wreck III. A preliminary note. The International Journal of Nautical Archaeology 1, 1972, 130-135. – A. E. Christensen, Ancient boatbuilding – A provisional classification. In: S.McGrail (Ed.), Sources and techniques in boat archaeology. British Archaeological Reports (Oxford), Supplementary Series 29, 1977, 269-280, 27. – P. Marsden, Celtic Ships of Europe. In: S.McGrail (Ed.), Sources and techniques in boat archaeology. British Archaeological Reports (Oxford), Supplementary Series 29, 1977, 281-288. – Id., Early Shipping and the Waterfronts of London. In: G. Milne/B. Hobley, Waterfront Archaeology in Britain and Northern Europe. Council for British Archaeology, Research Report 41, 1981, 10-16. – S. McGrail, Ancient Boats in NW Europe. The Archaeology of Water Transport to AD 1500 (Essex 1987). – P. Marsden, A re-assessment of Blackfriars 1. In: S. McGrail (Ed.), Maritime Celts, Frisans and Saxons. Council for British Archaeology Research Report 71, 1990, 66-74. – Id., Ships of the Port of London: First to Eleventh Centuries AD (London 1994). – S. McGrail, Romano-Celtic boats and ships: characteristic features. The International Journal of Nautical Archaeology 24, 1995, 139-145. – G. Milne, Blackfriars ship 1: Romano-Celtic, Gallo-Roman or Classis Britannicae? The International Journal of Nautical Archaeology 25, 1996, 234-238. – S. McGrail, Studies in Maritime Archaeology. British Archaeological Reports (Oxford), British Series 256, 1997, 205-228.

NEW GUY'S HOUSE BOAT

Fig. 1 This Roman boat was discovered by Peter Marsden in 1958 at New Guy's House, the surgical wing of Guy's Hospital, Southwark in south London, England. The boat had been abandoned during the Roman period in a stream or creek close to the River Thames. The abandonment of the boat is dated by associated pottery to the end of the second century AD.

Fig. 2 Only the extreme north end of this boat has been excavated, and it comprised a stem or sternpost with carvel-laid strakes. All the timbers were of oak (*Quercus*), but there was some caulking between the planks of hazel (*Corylus avellana*) shavings in pine resin. The planks were attached to the oak frames by iron nails with flat heads and square shanks, whose points had been bent over their inboard faces. Near the centre of the vessel was a ceiling of oak planks.

The total length of the vessel was probably at least 16 m, and it had a beam of about 4.25 m and a height amidships of only about 1 m. It was a river barge whose means of propulsion and steering is not known. A very approximate hydrostatic study shows that the vessel was a river craft that could carry a cargo of about 7 tons.

This vessel is still in situ, but fragments are preserved at the Shipwreck Heritage Centre, Hastings.

Text: Peter Marsden

Publications:
P. Marsden, Boat of the Roman period discovered on the site of New Guy's House, Bermondsey, 1958. Transactions of the London & Middlesex Archaeological Society 21, 1965, 118-131. – D. Ellmers, Keltischer Schiffbau. Jahrbuch des Römisch-Germanischen Zentralmuseums Mainz 16, 1969, 73-122. – L. Basch, Ancient wrecks and the archaeology of ships. The International Journal of Nautical Archaeology and Underwater Exploration 1, 1972, 14. – P. Marsden, Celtic Ships of Europe. In: S. McGrail (Ed.), Sources and techniques in boat archaeology. British Archaeological Reports (Oxford), Supplementary Series 29, 1977, 281-288. – Id., Early Shipping and the Waterfronts of London. In: G. Milne/B. Hobley, Waterfront Archaeology in Britain and Northern Europe. Council for British Archaeology, Research Report 41, 1981, 10-16. – S. McGrail, Ancient Boats in NW Europe. The Archaeology of Water Transport to AD 1500 (Essex 1987). – P. Marsden, Ships of the Port of London: First to Eleventh Centuries AD (London 1994). – S. McGrail, Romano-Celtic boats and ships: characteristic features. The International Journal of Nautical Archaeology 24, 1995, 139-145. – J. P. Delgado, New Guy's House Boat. In: J. P. Delgado (Ed.), Encyclopaedia of Underwater and Maritime Archaeology (London 1997) 295-296. – S. McGrail, Studies in Maritime Archaeology. British Archaeological Reports (Oxford), British Series 256, 1997, 205-228.

The New Guy's House Boat

Fig. 1 New Guy's House. East side of north end of boat.

Fig. 2 New Guy's House. Reconstructed plan; sections and elevation of the boat.

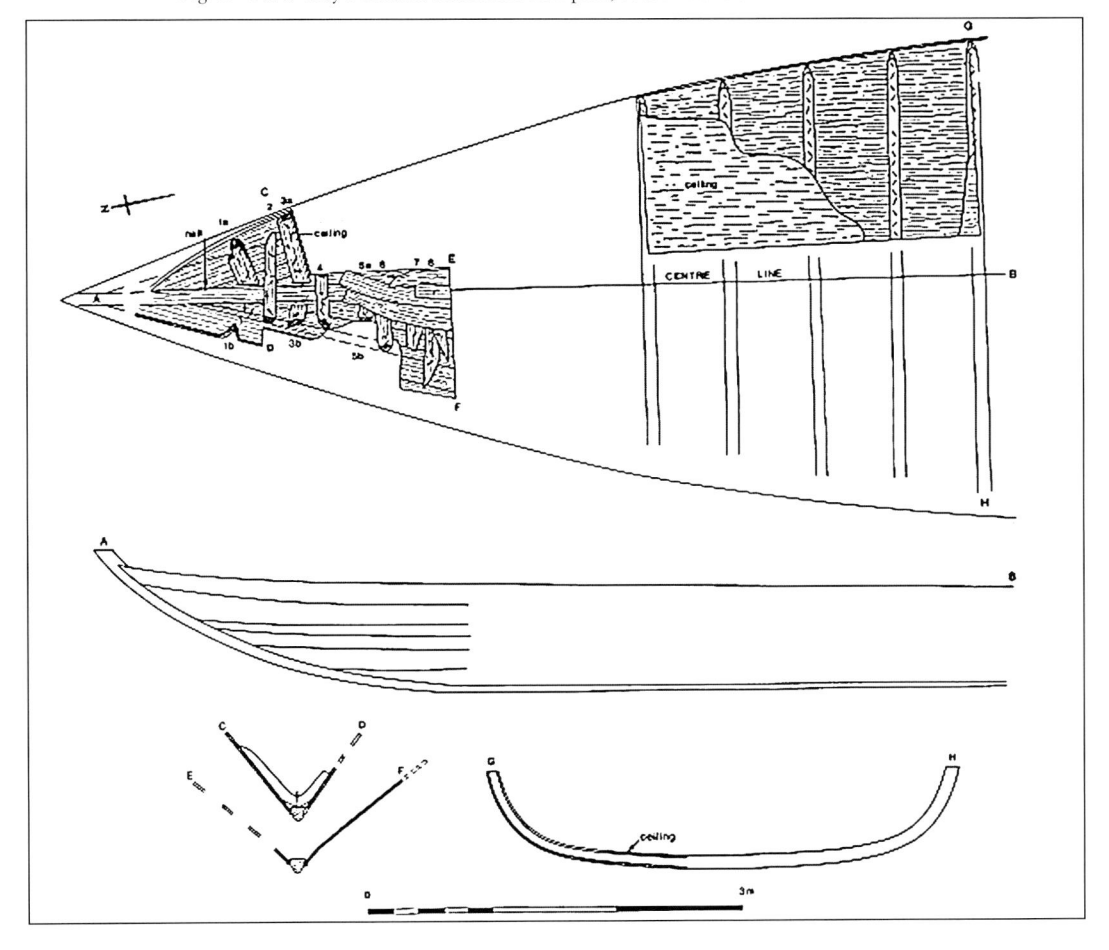

COUNTY HALL SHIP

Fig. 1-2　　This Roman ship was discovered in 1910 on the site of the County Hall, on the south bank of the River Thames opposite Westminster, London, England. The ship had been abandoned at the edge of the River Thames.

The construction of the ship is dated to about 300 AD by dendrochronology, and its loss soon after by associated pottery and coins.

Fig. 3-4　　Only part of the ship, from the centre towards one end, had survived, and the remains measured about 13 m long and 5.5 m wide. The hull comprised the bottom and part of one collapsed side. The ship was carvel built entirely of oak, and with mortice-and-tenon joints holding the planks edge-to-edge. This is typical of the Mediterranean method of Roman shipbuilding and contrasts with the Romano-Celtic method then in general use in central and north-western Europe. The dendrochronology, however, shows that the ship had been built locally.

Fig. 5-6　　The ship had a keel to which the strakes were attached. The frames were fastened to the strakes by oak treenails. The bottom of the hull had more frames than had the sides, and the side survived in a collapsed form to an original height of 1.55 m, just above which was probably the gunwale. A wale existed at a height of 1.3 m above the bottom frames, and it held the ends of deck beams. A longitudinal stringer, one of a pair originally, attached to the top of the frames on the bottom of the ship, had mortice holes presumably for the stanchions that once supported the deck near the centre of the vessel.

The ship was originally preserved in the London Museum, but did not survive intact. Some timbers of the ship are now preserved at the Shipwreck Heritage Centre, Hastings, and at the Museum of London, England.

Text: Peter Marsden

Publications:
L. Gomme / W. E. Riley, Ship of the roman period discovered on the New County Hall site (London 1912). – P. Marsden, The County Hall Ship. Transactions of the London and Middlesex Archaeological Society 21, 1965. – Id., Ships of the Roman period and after in Britain. In: G. F. Bass (Ed.), History of Seafaring (London 1972). – Id., The County Hall Ship. The International Journal of Nautical Archaeology 3.1, 1974, 55-65. – Id., Celtic Ships of Europe. In: S. McGrail (Ed.), Sources and techniques in boat archaeology. British Archaeological Reports (Oxford), Supplementary Series 29, 1977, 281-288. – Id., Early Shipping and the Waterfronts of London. In: G. Milne/B. Hobley, Waterfront Archaeology in Britain and Northern Europe. Council for British Archaeology, Research Report 41, 1981, 10-16. – S. McGrail, Ancient Boats in NW Europe. The Archaeology of Water Transport to AD 1500 (Essex 1987). – B. Arnold, Some Objections to the Link Between Gallo-Roman Boats and the Roman Foot (pes monetalis). International Journal of Nautical Archaeology 19, 1990, 273-277. – P. Marsden, Ships of the Port of London: First to Eleventh Centuries AD (London 1994). – S. McGrail, Romano-Celtic boats and ships: characteristic features. The International Journal of Nautical Archaeology 24, 1995, 139-145. – J. P. Delgado, County Hall Ship. In: J. P. Delgado (Ed.), Encyclopaedia of Underwater and Maritime Archaeology (London 1997) 115-116.

County Hall Ship

Fig. 1 County Hall. The ship being excavated in 1910.

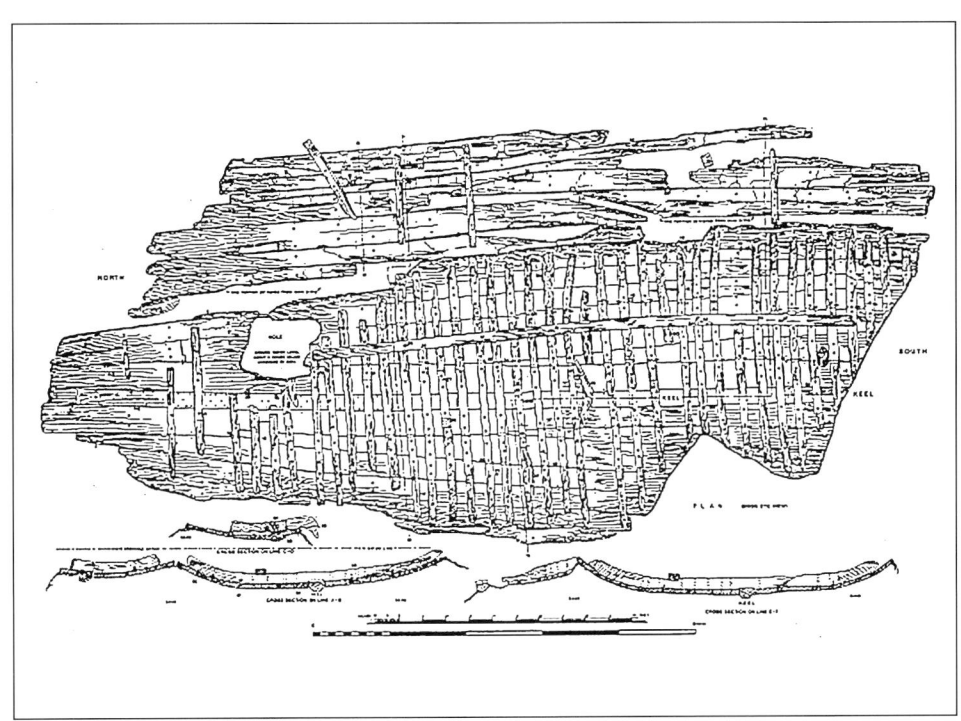

Fig. 2 County Hall. Plan of the ship in situ, with sections, drawn in 1910.

Fig. 3 County Hall. The ship at the London Museum, about 1920 (later destroyed).

Fig. 4 County Hall. Surviving deck support structure.

County Hall Ship

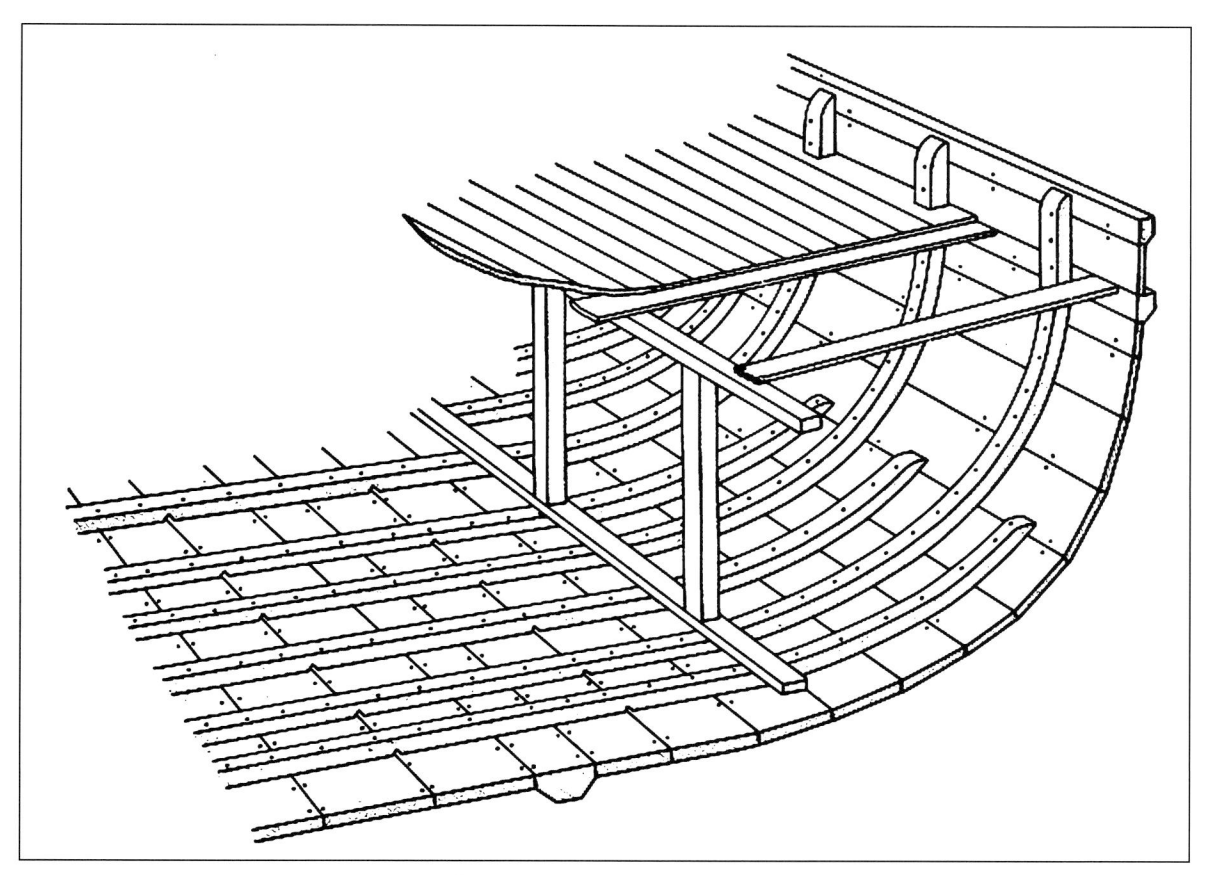

Fig. 5 County Hall. Part reconstruction of the ship; showing the deck.

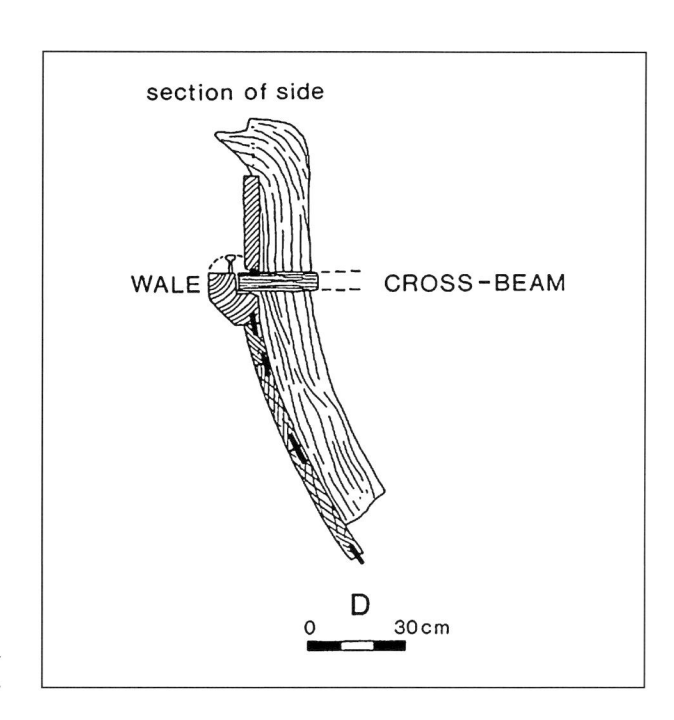

Fig. 6 County Hall. Section to illustrate the deck structure.

THE GUERNSEY GALLO-ROMAN WRECK

»The ship is the largest, most intact sea-going vessel of its antiquity found outside the Mediterranean. As a whole it is unique, but shares several features with other known shipwrecks and with written and iconographic ancient sources.« (Rule and Monaghan 1993)

Discovery

Fig. 1-2

Diving in Guernsey's St. Peter Port harbour is normally impractical due to the volume of traffic, except for one day each year, when access is traditionally allowed – on Christmas Day. Local diver Richard Keen was exercising this right to dive for scallops in the harbour, on Christmas Day in 1982, when he noticed the timbers of a wreck protruding from the sediment. The timbers were located in the centre of the narrow entrance to the modern harbour and were clearly being exposed (and therefore under threat) by the propeller wash of vessels passing overhead. The wrecked vessel seemed very heavily built, flat bottomed and about 20 metres long, though at this stage there was nothing to suggest its great antiquity. The following year, a return visit to the site lead to the discovery of associated Roman tile fragments and the age of the wreck began to be suspected. A timber fragment was subsequently dated to AD 110±80, thus alerting everyone to the importance of the site and also to the combined danger it faced – from imminent destruction by harbour traffic and biological attack of the newly exposed timbers. A further, more potent threat was the planned intention of the local authorities to dredge the harbour, to allow the passage of larger ferries. Urgent action was required, to save the wreck from total destruction.

Excavation

Excavation took place in two main campaigns, in November 1984 and March 1985. A short third campaign took place in September 1986 with additional dives being made around the site by Richard Keen (occasionally with other divers) until 1988. Essentially this was a rescue excavation, carried out in very difficult conditions by a mixture of archaeological and local divers, under the direction of Dr. Margaret Rule. Harbour traffic frequently disrupted operations, lowered visibility generally and also damaged partially excavated material. During the winter of 1984/85 the site was buried under tons of sandbags but even these were disturbed several times and had to be laboriously replaced by local divers. Despite the difficulties, the wreck site was properly surveyed, the material within the wreck was excavated and the released timbers were then removed to a holding tank, to await conservation.

Type of Vessel

Fig. 3-5

The ship was a cargo vessel, constructed entirely of oak (*Quercus* sp.) It had a flat bottom and, although the bow section was missing, is thought to have had a symmetrical shape, with stem and stern posts butted on to the ends of the three-part keel. The planks (or strakes) making up the bottom and sides of the ship were nailed onto an estimated 40 substantial timber frames, using iron nails. Smaller planks (or stealers) were inserted between the larger strakes, to assist in forming the curvature of the hull. All the planks were simp-

The Guernsey gallo-roman wreck

Fig. 1 The Channel Islands.

Fig. 2 St. Peter Port.

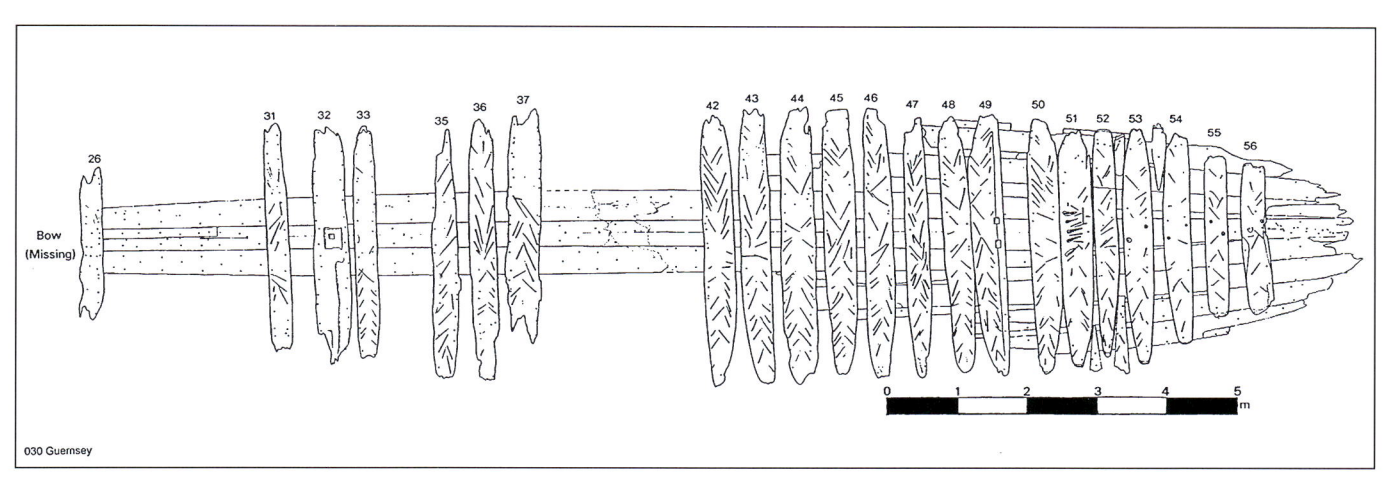

Fig. 3 Guernsey. Plan of wreck, surviving timbers replaced in position.

Fig. 4 Guernsey. Reconstruction, port side, view from above and below.

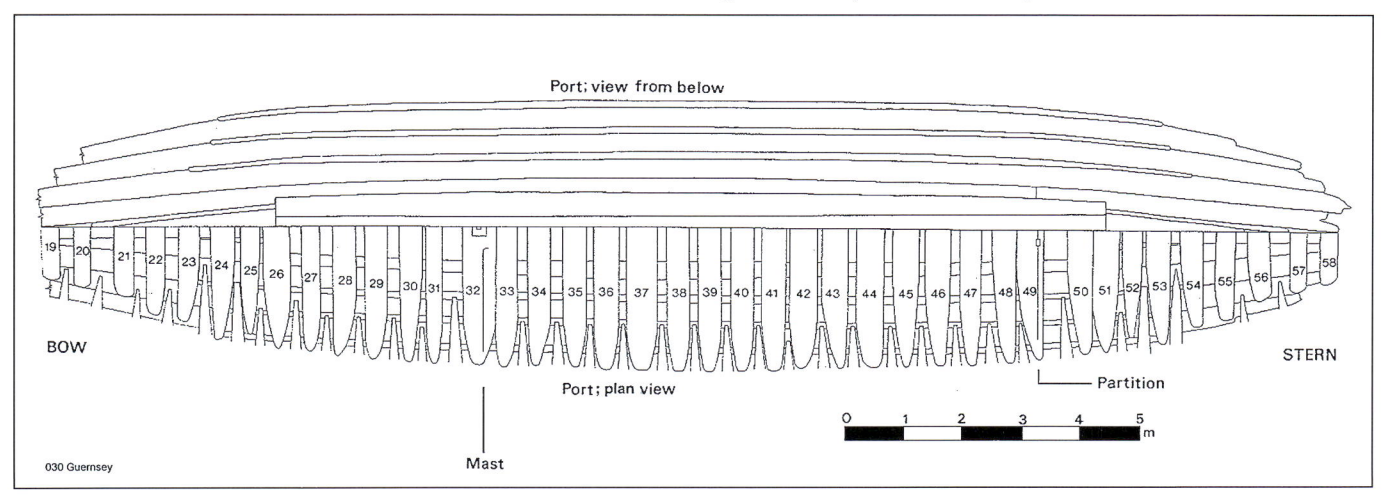

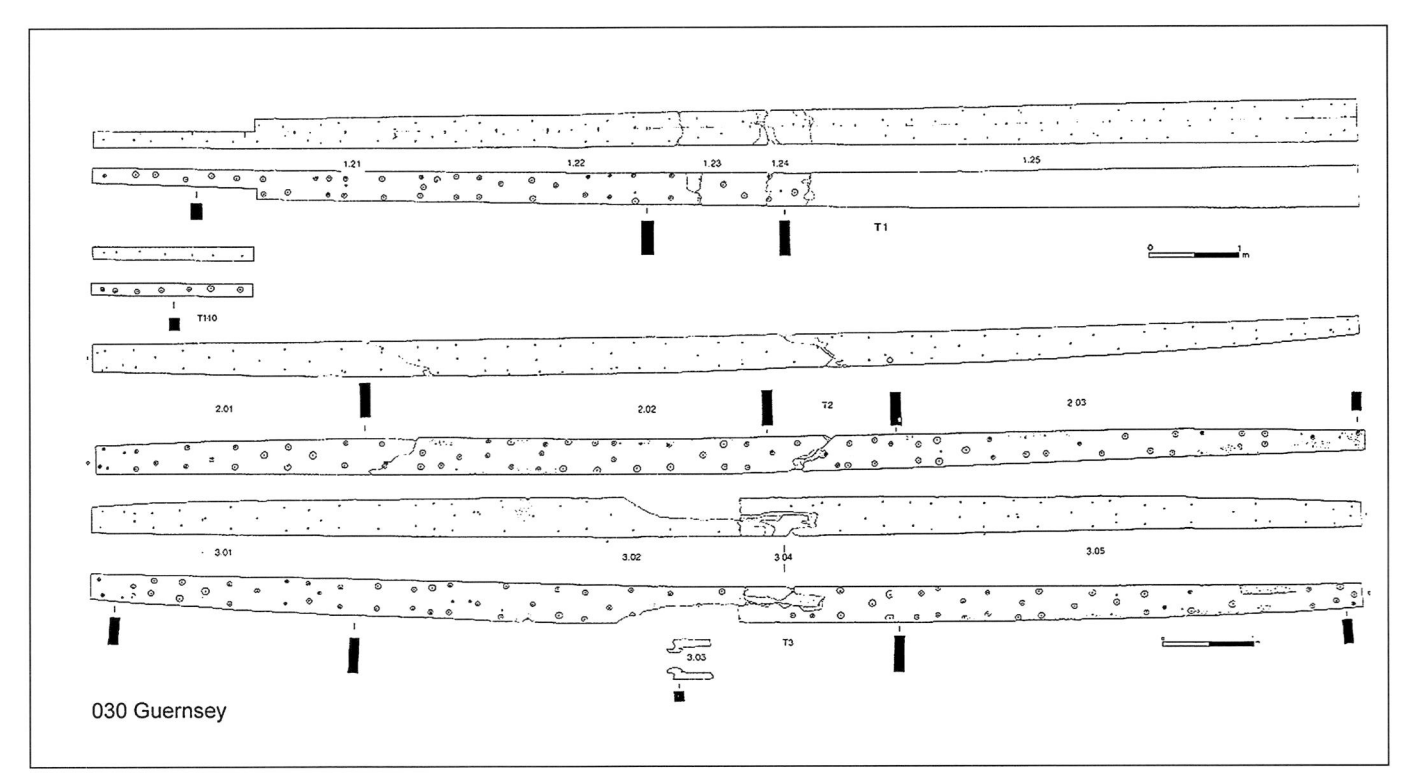

Fig. 5 Guernsey. Keel timbers T1, T2, T3.

Floor timber T32, containing the mast step

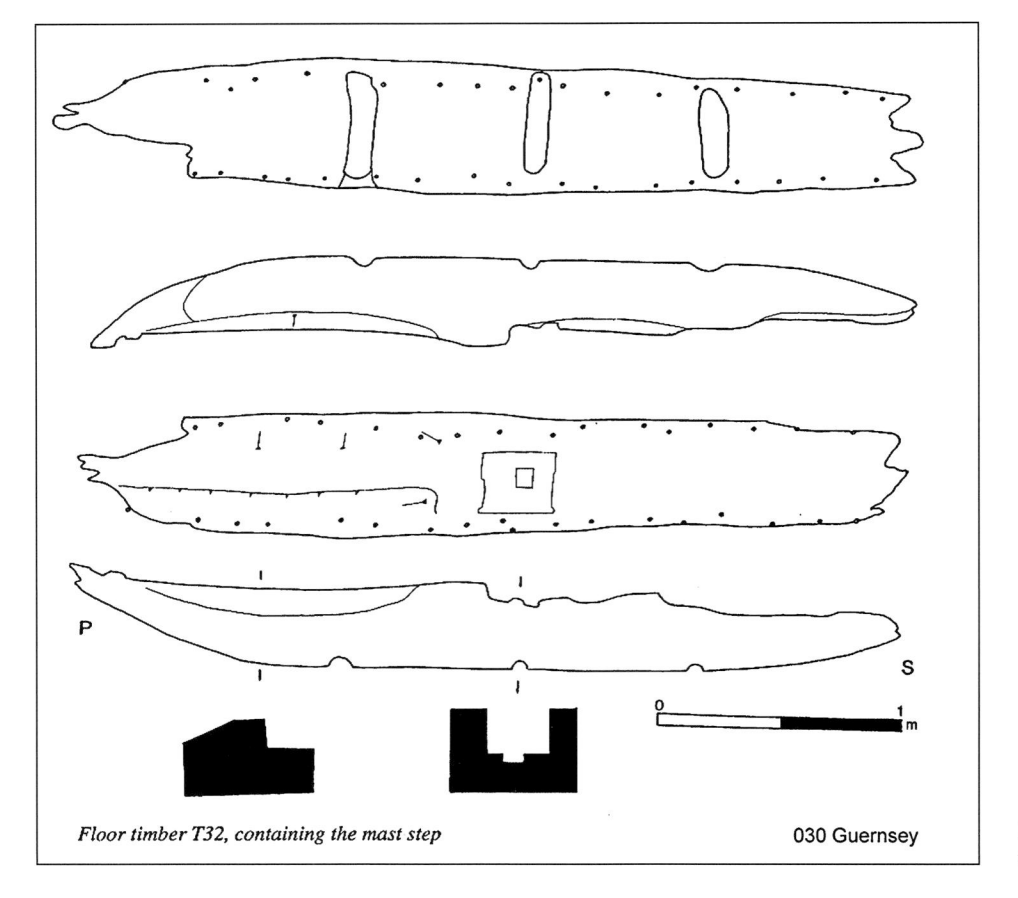

Fig. 6 Guernsey. Floor timber T32, with mast step.

Fig. 7   Guernsey. Floor timber T52.

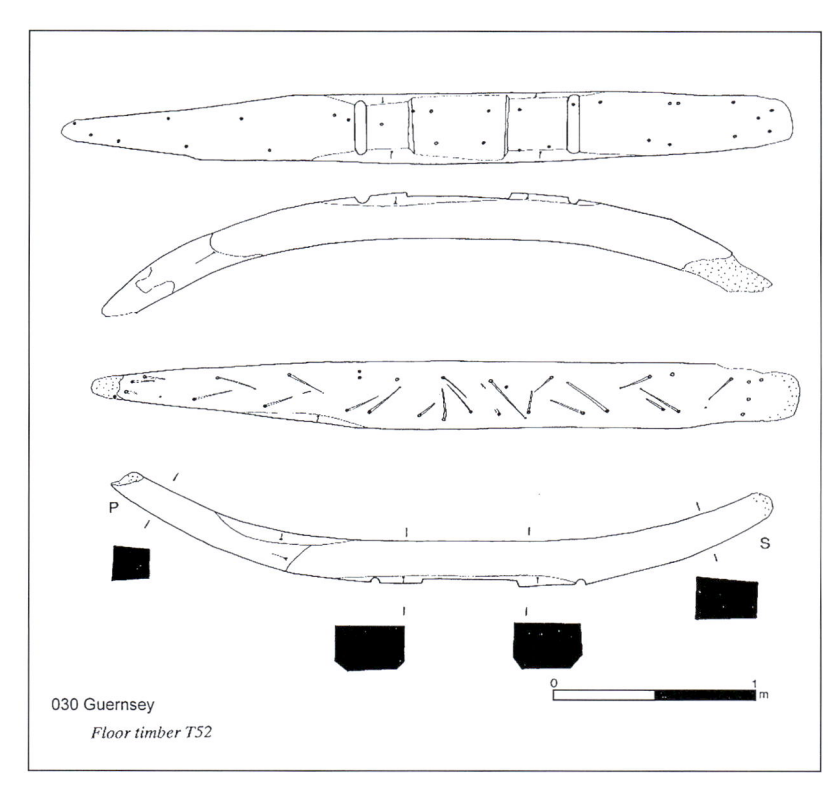

Fig. 8   Guernsey. Tool marks, vertical face, T52.

Fig. 9   Guernsey. Shaping to outside face, sternpost T4.
Fig. 10   Guernsey. Nail hole through keel T3.04.

Fig. 11 Guernsey. Pump and fitting.

Fig. 12 Guernsey. Model of the gallo-roman ship.

ly butted together (carvel built) and the joints were caulked with wood shavings. The iron nails themselves were bedded into caulking rings of moss, and the ends of the nails were bent over (clenched) on the inside of the frames, to make the structure secure. The ship was essentially built following celtic traditions, known from other wreck-sites (such as Blackfriars 1) but incorporated technological advances, such as a bilge-pump with bronze bearings, from the Mediterranean tradition.

Fig. 6-7

Fig. 8-10

The ship was originally some 25 metres in length, with a maximum beam of some 6 metres and a height to the gunwale of at least 3 metres, possibly more. It was propelled by sail, carried on a single mast of at least 13 metres in height and located approximately one third of the ships length from the bow. The mast was stepped into one of the massive floor timbers and may have been supported at deck level by a mast partner. No evidence of the sails was preserved; square sails seem to have been the norm for the region but it has been suggested that a fore-and-aft lugsail might have been more appropriate.

Fig. 11

Fig. 12

Finds from the site suggest that the ship may have had a small structure with a tiled roof in the aft area, which probably contained the cooking and food preparation area. The quantity of pottery and other 'personal' items found suggests a crew compliment of three.

Circumstances of Loss

The Guernsey ship was lost due to a fire on board, which effectively destroyed everything above the waterline. It was lost in relatively shallow water, quite close to the shore, so a number of pertinent observations may be quoted from the monograph describing the wreck, particularly with respect to the relative absence of cargo evidence:

1. »The wreck may have been only two to three metres below low water mark in the third century and therefore accessible to even the most primitive salvage techniques.«
2. »A totally flammable, biodegradable or buoyant cargo carried separate from the preserving pitch would leave no trace. Something very combustible burned the face of the timbers in the inter-frame spaces.«
3. »The ship was probably at anchor or grounded when the fire broke out. This opens up the possibility that the cargo had already been unloaded.«
4. »If a military transport role is postulated, then any troops or horses carried would probably be ashore whilst the ship was in harbour.«
5. »It is unlikely that the ship was out of commission, due to the numbers of personal possessions and food remains found.« (Rule and Monaghan, 1993).

Text: Alan Howell and Heather Sebire

Publications:
M. Rule, The Romano-Celtic ship excavated at St. Peter Port, Guernsey. In: S. McGrail (Ed.), Maritime Celts, Frisans and Saxons. Council for British Archaeology, Research Report 71, 1990, 49-56. – M. Rule / J. Monaghan, A Gallo-Roman Trading Vessel from Guernsey : Guernsey Museum Monograph No. 5 (Guernsey 1993). – S. McGrail, Romano-Celtic boats and ships: characteristic features. The International Journal of Nautical Archaeology 24, 1995, 139-145. – S. McGrail, Studies in Maritime Archaeology. British Archaeological Reports (Oxford), British Series 256, 1997, 205-228. – M. Rule, Guernsey Wreck. In: J. P. Delgado (Ed.), Encyclopaedia of Underwater and Maritime Archaeology (London 1997) 184-185.

DER PRAHM VON KAPEL-AVEZAATH

Abb. 1 Über das nur notdürftig untersuchte Wrack aus Kapel-Avezaath, Gem. Zoelen, Prov. Gelderland (NL) ist wenig bekannt. Gefunden in einem verlandeten Seitenarm (Linge) des Waal, zählt das auf noch 30,7 m Länge aufgedeckte Fahrzeug zu den größten des Typs. Seine Datierung ins fortgeschrittene bis späte 2. Jh. n. Chr. stützt sich auf eine ^{14}C-Analyse sowie den zeitlichen Ansatz von Gefäßscherben. Reste von Dachziegeln werden mit Ladung in Verbindung gebracht, ein Eisenfund als Kalfatwerkzeug interpretiert.

Abb. 2 Der Schiffskörper wurde weder in seiner ganzen Länge noch auf kompletter Breite erfasst. Erhalten war eine größere, in ein Schiffsende übergehende Strecke der Mittelsektion mit einer Breite von noch rund 2 m. An ein L-förmiges Kimmholz schloss sich der Schiffsboden aus 0,4 und 0,9 m breiten, 0,07 m starken verschäfteten Plankengängen an.

Die paarig mit alternierender Richtung verlegten Korben waren bei rund 0,2 m Breite außerordentlich flach (0,04 bis 0,06 m). Ihre Befestigung erfolgte durch zwei Eisennägel pro Plankengang mit abwechselnd außen und innen gekröpften, ins Holz zurückgetriebenen Schaftenden. Die aufgehenden Astabschnitte waren zumeist abgebrochen.

Text: Ronald Bockius

Literatur:
D. Ellmers, Keltischer Schiffbau. Jahrb. RGZM 16, 1969, 121 f. – R. S. Hulst, Romeinse Scheepsvondsten in Nederland. Spiegel Historiael 9, 1974, 234 ff. – L. Th. Lehmann, The Romano-Celtic boats from Druten and Kapel-Avezaath. In: J. du Plat Taylor u. H. Cleere (Hrsg.), Roman shipping and trade: Britain and the Rhine provinces. CBA Research Rep. 24 (London 1978) 77 ff. – L. P. Louwe Kooijmans u.a., Kapel Avezaath, gem. Zoelen. Nieuwsbulletin Koninklijke Nederlandse Oudheidkundige Bond 67, 1968, 124. – M. D. De Weerd, Römerzeitliche Transportschiffe und Einbäume aus Nigrum Pullum/Zwammerdam (Z.-H.). In: Studien zu den Militärgrenzen Roms II. Bonner Jahrb., Beih. 38 (Köln/Bonn 1977) 194. – M. D. De Weerd, Schepen voor Zwammerdam. Academisch Proefschrift Universiteit van Amsterdam (Amsterdam 1988) 229 ff.

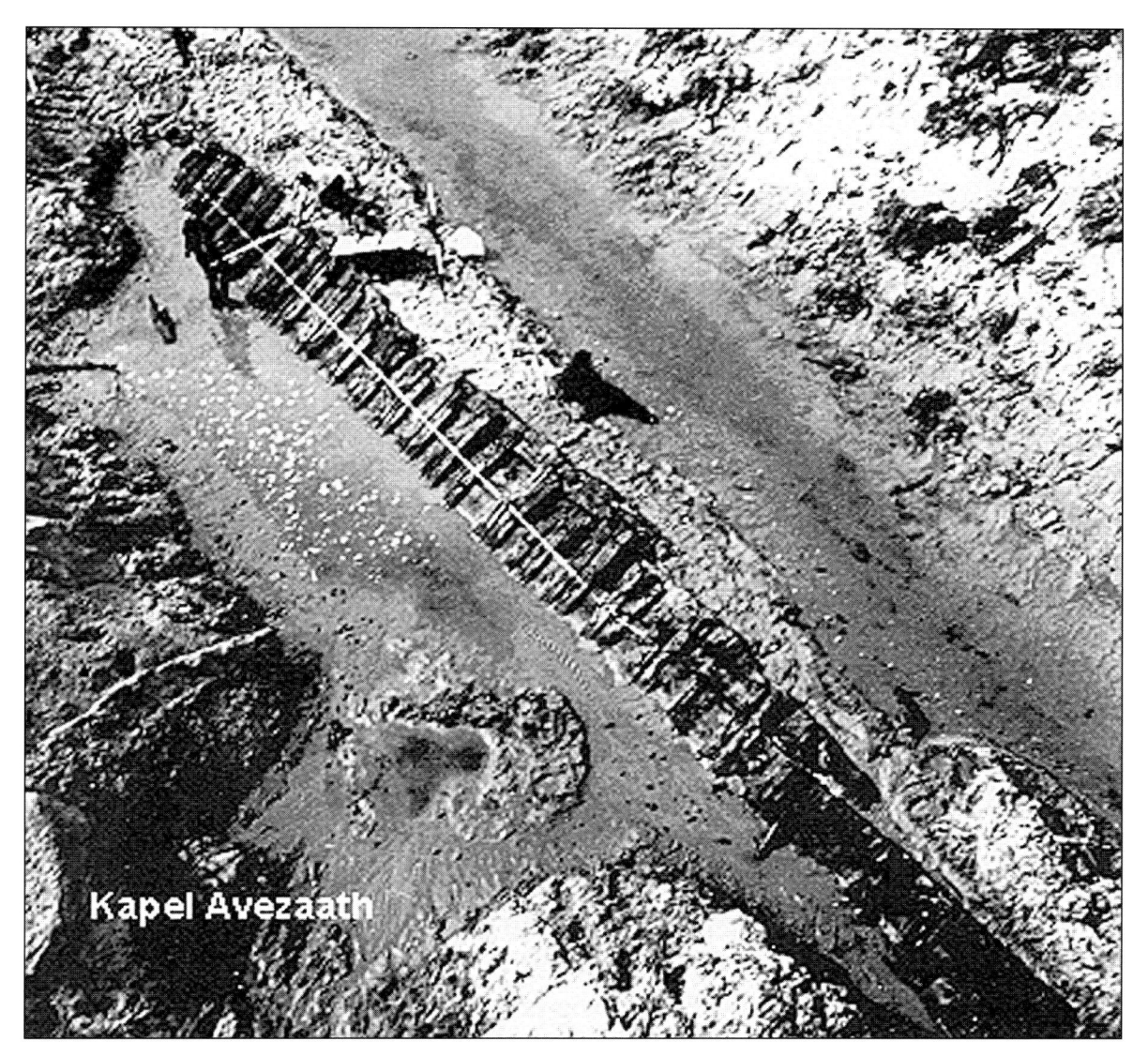

Der Prahm von Kapel-Avezaath

Abb. 1   Kapel-Avezaath. Wrack nach teilweiser Freilegung.

Abb. 2   Kapel-Avezaath. Planausschnitt vom Wrack mit Draufsicht.

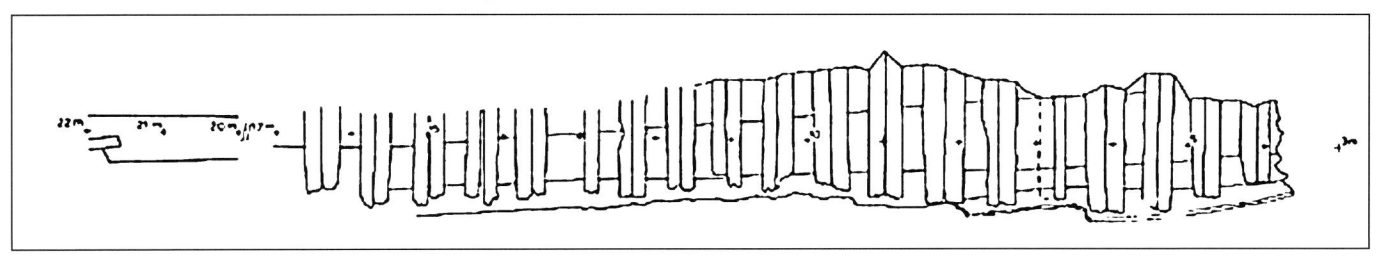

DER PRAHM VON DRUTEN

Fundplatz, Erhaltung und Datierung

Abb. 1

Das 1973 in einem verlandeten Arm des antiken Waal freigelegte Wrack eines prahmartigen Fahrzeugs aus Druten, Prov. Gelderland (NL) unterscheidet sich in dimensionalen, formalen und konstruktiven Details von den übrigen Prähmen. Von dem ursprünglich noch 27 m langen Schiffskörper, der aus einem platten Schiffsboden mit beiderseits flankierenden, über ungleich lange Strecken erhaltenen Kimmhölzern bestand, gelangte eine 16 m lange Sektion in das Nederlands Instituut voor Scheeps- en onderwater Archeologie (NISA). Verkohlungsspuren legen den Verlust des Fahrzeugs durch Feuer nahe; Bruchstücke von Dachziegeln und Schiefer deuten an, welche Art Güter transportiert worden sind. Als Datierung kommt das spätere 2. oder das 3. Jh. in Betracht.

Einzelheiten der Konstruktion

Planken

Dem Erhaltungsumfang nach handelte es sich bei dem Rumpf um die Mittschiffssektion mit anschließendem unvollständigen Schiffsende eines sehr großen, angesichts unter 4 m maximaler Breite jedoch außerordentlich schlank gebauten Plattbodenfahrzeugs. Seine 0,06 bis 0,08 m starke Bodenbeplankung wurde von zunächst fünf Plankengängen auf drei und dadurch die Bodenbreite um 40% von 2,8 auf etwa 1,7 m reduziert. Demnach war das Plankenschema asymmetrisch gegliedert, der eine oder andere Gang auch geschäftet. Rissbildung oder Einpassungen erschweren zwar die Identifizierung einer Ordnung der Nahtabfolge, doch scheint das System achsensymmetrisch angelegt worden zu sein. Auf beiden Seiten begrenzen ungewöhnlich modellierte Eicheprofile die Kimm. Im Querschnitt sichelförmig gerundet, zeichnet sich für das am besten erhaltene Kimmholz nur außen ein annähernd scharfer Wechsel vom liegenden in den aufgehenden Abschnitt ab. Nach dessen Abmessungen war der so gestaltete wannenartige Schiffskörper knapp 0,5 m hoch. In konstruktiv sinnfälliger Lage oberhalb eines der Profilhölzer im Sediment angetroffene Eisennägel könnten auf ein dort ursprünglich montiertes Oberbord hindeuten.

Spanten

Abb. 2

Die Schale enthält Korbenpaare mit alternierend gedrehten Kniesegmenten, verteilt im Abstand von um 0,6 m. Dort, wo sich der Schiffskörper verjüngt, löst sich die Regelhaftigkeit auf. Bis um 0,2 m breit und 0,05 bis 0,06 m stark, sind die Spanten mit jeweils zwei Eisennägeln pro Plankengang von außen und von innen mit der Schale verbunden. Die mit der Profilierung der Kimm nur ungefähr korrespondierenden gewachsenen Korbenäste waren nahe der Astwurzel mit dem Flankenelement dreifach vernagelt worden; zumeist abgebrochen oder vergangen, bleibt die Anbindung der oberen Partien mit den Rumpfseiten ungewiss. Zur Verteilung der Bilge war jedes Spant mit drei Durchlässen (Nüstergatts) versehen. In einem Spantzwischenfeld der Mittschiffssektion (Korben 44/45) verdeckte ein Holz die Naht zwischen Kimmprofil und Nachbarplanke. In nächster Umgebung wurde ein anderes Feld (Korben 48/49) durch ein ähnliches Arrangement aus zwei 0,6 mal 0,14 m messenden Querbrettern voll ausgefüllt.

Der Prahm von Druten

Abb. 1 Druten, Wrack 1. Ausgrabungsfoto.

Abb. 2 Druten, Wrack 1. Plan.

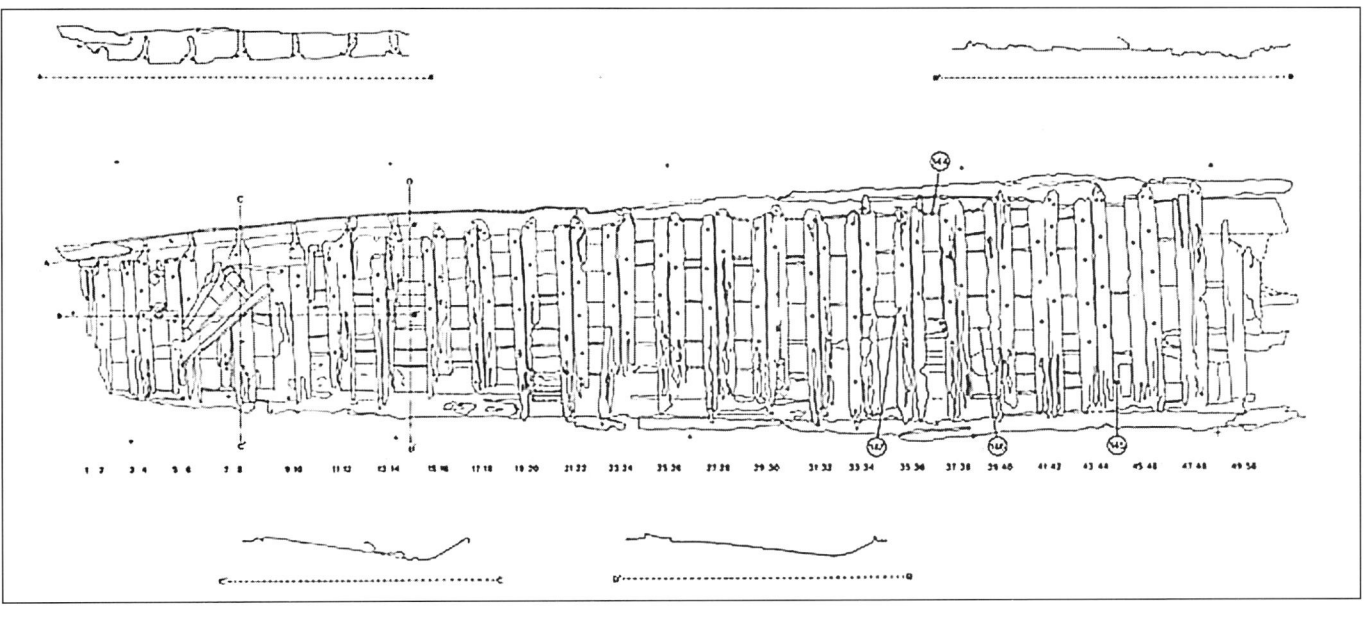

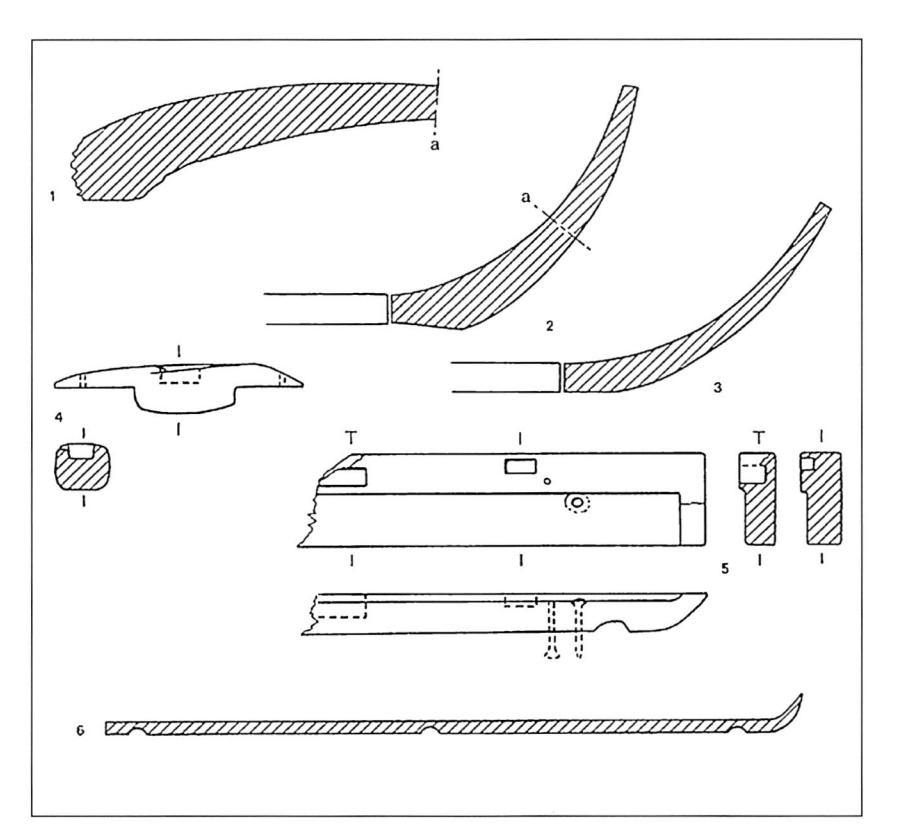

Abb. 3 Druten, Wrack 1. Auswahl von Bauelementen.

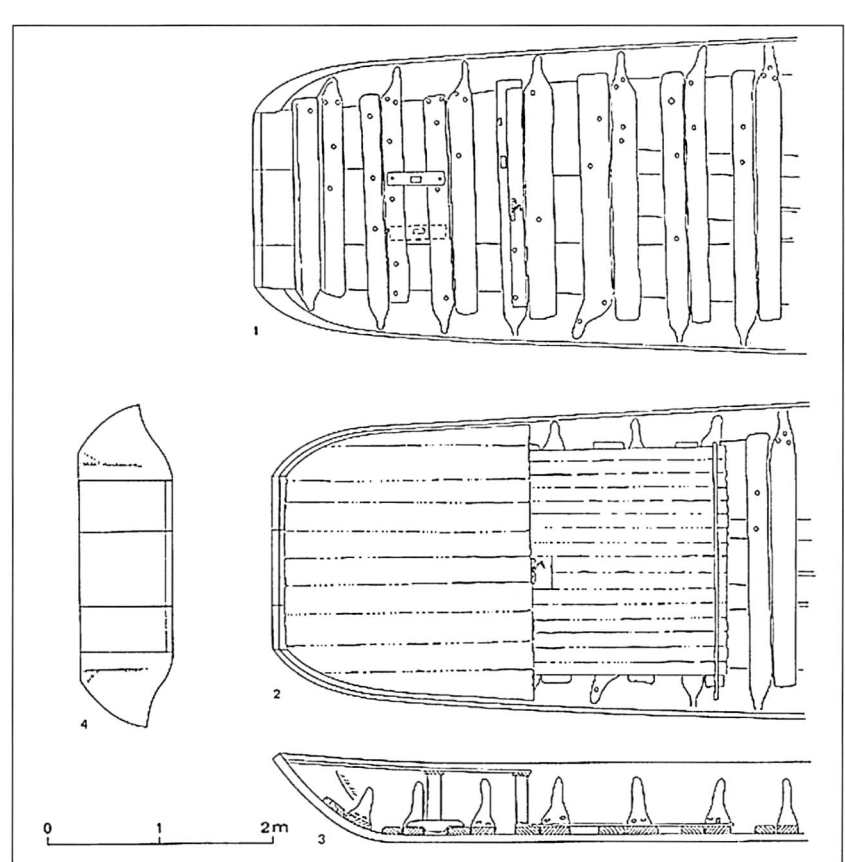

Abb. 4 Druten, Wrack 1. Rekonstruktion nach Hulst und Lehmann 1974.

Einbauten

Dort, wo sich im Wrack ein Schiffsende abzeichnet, verdichten sich Spuren von Einbauten und einzelne Beschläge: Die mit 0,08 m Stärke besonders kräftige Korbe 7 war an einer Stirnseite gratartig verdickt und mit zwei azentrisch angeordneten, von oben in die Querrippe gearbeiteten rechteckigen Eintiefungen versehen, dem Augenschein nach Zapflöcher. Ein in einer Beschlagöse beweglicher Eisenhaken war im Bereich der Schiffsmittelachse am Spant fixiert, um so ein Objekt, vermutlich ein Ruder, in der Vertikalen zu balancieren. Ein aus der Mitte seitlich verschoben auf die Korben 4 und 5 genagelter, 0,5 mal 0,1 mal 0,11 m großer Eicheklotz enthielt im Zentrum ein 4 cm tiefes Zapfloch mit 6 mal 8 cm Seitenlänge. Das Element gleicht zwar einer besonderen, durch Küsten- und Binnenschiffe gallorömischer Bauart (Barland's Farm; Yverdon) überlieferten Mastspur, kommt als solche aufgrund seiner Lokalisierung im Rumpf jedoch nicht in Betracht. Rekonstruktionen gehen von einer Funktion als Sohlholz für ein dort unterfangenes (Achter-)Deck aus, das über zusätzliche, in die Öffnungen von Korbe 7 gezapfte Stützen verfügte. Die Relikte einer sehr filigran hergestellten Vertäfelung aus 6 cm schmalen, nur 0,6 cm dicken, von Querleistchen zusammengehaltenen Eiche- und Erlebrettchen werden vermutungsweise als Rest eines Daches oder Lukendeckels erklärt, erinnern jedoch auch sehr an eine im Prahm von Woerden bezeugte, annähernd wetterfeste Verschlagskonstruktion zur Unterbringung von persönlicher Ausstattung der Schiffsbesatzung. Der individuelle Charakter des Plattbodenschiffs von Druten teilt sich nicht zuletzt dadurch mit, dass sein erhaltenes Rumpfende weniger einer rampenförmigen Kaffe als dem gerundeten Abschluss eines Einbaums geglichen zu haben scheint. Auch im Hinblick auf seine weich geformten Kimmhölzer steht der Schiffsfund diesem Zweig altertümlichen Schiffbaus näher als den schärfer profilierten Prähmen.

Abb. 3

Abb. 4

Text: Ronald Bockius

Literatur:
R. S. Hulst, Romeinse Scheepsvondsten in Nederland. Spiegel Historiael 9, 1974, 234 ff. – R. S. Hulst u. L. Th. Lehmann, The Roman Barge of Druten. Ber. ROB 24, 1974, 7 ff. – L. Th. Lehmann, The Romano-Celtic boats from Druten and Kapel-Avezaath. In: J. du Plat Taylor u. H. Cleere (Hrsg.), Roman shipping and trade: Britain and the Rhine provinces. CBA Research Rep. 24 (London 1978) 77 ff. – L. Th. Lehmann, The flat-bottomed Roman boat from Druten, Netherlands. Internat. Journal Nautical Arch. 7, 1978, 259 ff. – M. D. De Weerd, Römerzeitliche Transportsschiffe und Einbäume aus Nigrum Pullum/Zwammerdam (Z.-H.). In: Studien zu den Militärgrenzen Roms II. Bonner Jahrb., Beih. 38 (Köln/Bonn 1977) 194. – M. D. De Weerd, Schepen voor Zwammerdam. Academisch Proefschrift Universiteit van Amsterdam (Amsterdam 1988) 236 ff.

DIE PRÄHME VON WOERDEN

Einführung

Der römische Fundplatz Woerden, Prov. Zuid Holland (NL), am Oude Rijn gelegen, teilt einige Gemeinsamkeiten mit dem benachbarten Zwammerdam: Obwohl für das mit dem spätrömischen Lauri (*Laurium* oder *Laurum*) der Peutingerkarte identifizierte Woerden architektonische Spuren eines Truppenlagers fehlen, sprechen doch epigraphische Hinweise für eine dort seit der Mitte des 1. Jhs. n. Chr. existierende militärische Belegung. Grabungen in der auf einer künstlichen Anschüttung (Wurt) errichteten Innenstadt, die über mittelalterliche und neuzeitliche zivile Bebauung hinaus auch eine barockzeitliche Festung aufnimmt, förderten in den vergangenen zwei Jahrzehnten nicht nur die Überreste hölzerner Kaianlagen, Sumpfwege und Spuren wasserbaulicher Maßnahmen römischer Zeit zutage, sondern auch eine Reihe entlang eines verlandeten Flussbetts entdeckter antiker Wasserfahrzeuge. Weniger umfangreich erhalten als in Zwammerdam und nicht großflächig untersucht, teilen die römischen Wracks aus Woerden höchst erstaunliche schiffsarchäologische Übereinstimmungen. Von einem mutmaßlich antiken, im Jahre 1576 angeschnittenen Schiffsfund nicht näher definierbaren Typs (Woerden 4) abgesehen, wurden hier drei größere Plattbodenschiffe vom Charakter der inzwischen gut bezeugten Prähme angetroffen (Woerden 1, 2 und 6), darüber hinaus ein Plankenschiff mit monoxylem Unterwasserrumpf (Woerden 3, Typ Zwammerdam 3) sowie ein schwimmender Fischbehälter (Woerden 5), ein Bünne wie Zwammerdam 1 bzw. 5. Die numerischen Übereinstimmungen dreier schiffbaulich und funktional unterschiedlicher Fahrzeugfunde werden mit dem Zufall zu erklären sein; dass freilich an beiden Plätzen dieselben Gruppen von Binnenschiffen bzw. von schwimmendem Gerät nachgewiesen wurden, deutet gewissermaßen das betriebstechnische Ausstattungsmuster am Rhein niedergelassener römischer Stationen an. Von den in Woerden beobachteten Schiffsresten verdienen die Prähme besondere Beachtung, zeichnet sich doch für sie eine Besonderheit ab, die es nahelegt, eine Variante Woerden auszusondern. Trotz schwieriger Überlieferungsbedingungen und ungleichwertiger Dokumentation steht fest, dass zwei der drei als Prähme bestimmbaren Wracks über nur hier bezeugte bauliche Strukturen von Bug oder Heck verfügen.

(Abb. 1)

Woerden 1

Das als Nr. 1 gezählte Wrack wurde rund 4 m unterhalb Straßenniveau in extremer Schieflage angetroffen und auf einer Länge von knapp 10 m freigelegt. Gestört von einer spätrömischen Uferbebauung des 3. oder beginnenden 4. Jhs., deutet der dendrochronologische Befund auf eine Erbauung des Schiffes im letzten Viertel des 2. Jhs. Trotz problematischer Umstände sicherte die archäologische Untersuchung, an die sich auch eine photogrammetrische Aufmessung knüpfte, eine Reihe interessanter Deatils.

(Abb. 2)

Beplankung

Bei dem aufgedeckten Rumpfabschnitt handelt es sich um eine teilweise intakte Vorschiffssektion mit einem aus einem schweren Eichenholzelement geformten Bug sowie Vorrichtungen zur Mastlagerung in Gestalt von Mastspant mit Spur und einer Mastducht.

(Abb. 3)

Die Prähme von Woerden

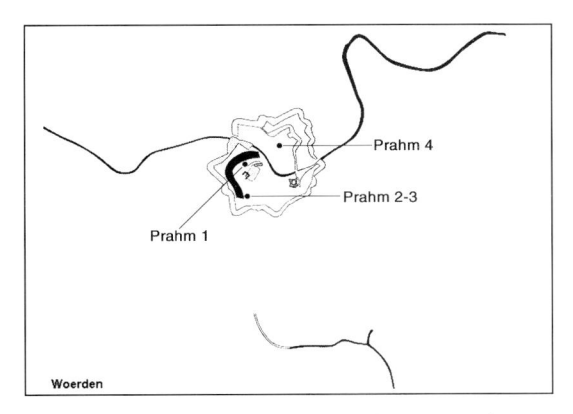

Abb. 1 Woerden, Prov. Zuid Holland. Karte mit der Lage freigelegter Wracks und wasserbaulicher Strukturen.

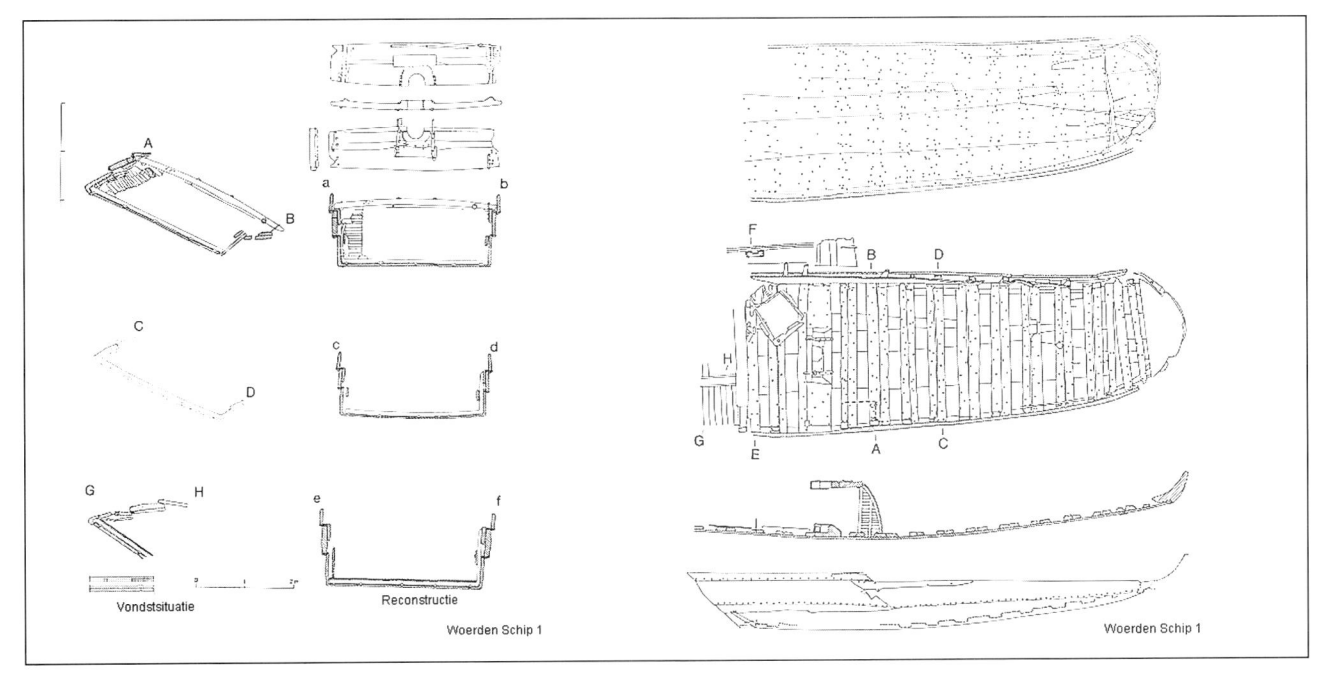

Abb. 2 Woerden, Wrack 1. Ausgrabungsfoto mit Blick auf das Bugelement, das Spantsystem sowie die Mastducht mit dem achterlich an Backbord entdeckten Ziegelherd.

Abb. 3 Woerden, Wrack 1. Plan mit Seitenansicht und Draufsichten, Längsschnitt, Rumpfquerschnitten, Teilrekonstruktionen und technischen Details.

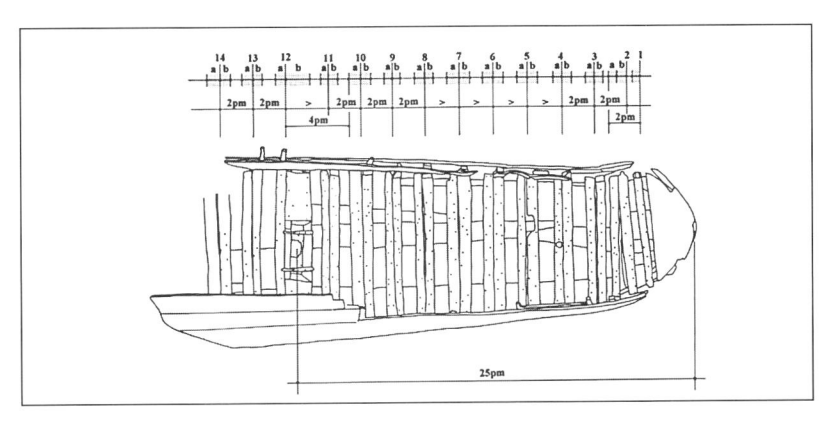

Abb. 4 Woerden, Wrack 1. Plan mit Darstellung der Spantverteilung auf der Grundlage des pes monetalis.

Abb. 5-6   Rekonstruktion von Woerden, Wrack 1. Modell im Museum für Antike Schiffahrt Mainz.

Abb. 7   Woerden, Wrack 2. Ausgrabungsfoto.

Abb. 8-9   Woerden, Wrack 6. Schiffsheck von der Seite und von achtern.

Der aus asymmetrisch zugeschnittenen Planken bestehende Plattboden kimmt vor dem Mastspant leicht auf und verjüngt sich zum oben stumpf abschließenden Bug hin in der Breite um rund 20%. Die Bodenfläche rahmten für römische Prahmfunde typische, im Querschnitt L-förmige Kimmhölzer. Ihre senkrechten Flanken wurden ungewöhnlicherweise mit zwei klinkerartig aufgesetzten Oberborden erweitert, die – einander überlappend – durch eng gesetzte Eisennägel verbunden worden sind. Für den ersten Seitengang an Steuerbord wurden eine mehrfach gewinkelte Verschäftung sowie mehrere Reparaturen in Gestalt eingepasster Segmente beobachtet. Letzteres trifft auch für das rechte Kimmholz zu, woraus sich für das Schiff eine längerfristige Nutzungsdauer erschließt. Mit seiner doppelten Seitenbeplankung kam das Fahrzeug im Bereich vom Mast auf die ungewöhnliche Höhe von rund 1,6 m, der hier eine Rumpfbreite von lediglich um 3,6 m gegenübergestanden hat. Die vor dem Bug stark in Mitleidenschaft gezogenen Bordwände scheinen mit flach verlaufender Kontur in das kompliziert geformte Bugholz übergegangen zu sein. Im Umriss D-förmig, im Querschnitt schalenartig modelliert, war das Element mit Falzen und seitlichen Ausklinkungen versehen, die – teilweise durch separate Passstücke ergänzt – oberhalb der Schwimmwasserlinie an Kaffenboden und Seitenbeplankung angebunden haben. Starke, außenbords aufgenagelte Eisenbandagen trugen zur Verstärkung bei.

Maßsystem

Die Quervergurtung der Rumpfschale, deren Nähte ebenso wie reparierte Risse über nagelgesicherte Abdichtungen verfügt haben, erfolgte durch paarweise angeordnete Eichekorben im Abstand von jeweils 0,59 bis 0,60 m. Ebenso wie bei anderen Vertretern des Fahrzeugtyps, entspricht hier das Verteilungsprinzip der Spanten einer 2 Fuß langen Messstrecke (*dupondius*) mit der metrologischen Grundeinheit des knapp 0,3 m langen *pes monetalis*. Diese schiffbauliche Orientierung an einem römischen Messsystem wird auch durch das zwischen Schiffsbug und dem Zentrum der Mastspur genommene Streckenmaß von 7,4 m Länge, dem Äquivalent von 25 Fuß à 29,6 cm, bestätigt. Diese Beobachtungen lassen nicht nur erkennen, dass die Werft Planvorgaben umgesetzt hat, sondern sie spiegeln auch technologische Verbindungen zum mediterranen Schiffsbau wider. Dessen Einfluss drückt sich auch in einer baulichen Besonderheit aus. So stellt die Verteilung etlicher Auskehlungen in den Korbenunterseiten, die sich am Verlauf der Plankennähte orientieren, ein typisches Merkmal genähter antiker Plankenfahrzeuge, namentlich solcher aus dem nördlichen Adriagebiet, dar. Woerden 1 teilt diesen Befund mit dem Prahm Zwammerdam 2.

Abb. 4

Spanten

Die aufgehenden Äste der Korben erreichen maximal die Höhe der oberen Konturlinie vom ersten Oberbord, das binnenbords mit einer Auffütterung durch eine schmalere Innenplanke versehen worden ist, die den aus der klinkerartigen Montageart resultierenden Seitenversatz überbrückt und zugleich die Auflagefläche für die gefundene Mastducht erweitert; achterlich von der Mastsektion waren überdies zwei miteinander korrespondierende Holzfittings zum Einlegen eines Querbalkens daran befestigt. Mit der Oberkante der Profilholzschenkel bündig abschließend, war in beiden Rumpfhälften je eine kräftige Wegerungsplanke auf die Korbenäste genagelt.

Mastsektion

Ebenso wie die Korben verfügte auch das Mastspant über einen als senkrechter Schenkel dienenden gewachsenen Ast. Hergestellt aus einer besonders massiven Eiche, nahm ein in der mittleren Partie bei der sonst bohlenartigen Zurichtung stehengelassener Klotz den Fuß eines Mastes oder Treidelpfostens auf. Die vierkantige Spur öffnete sich nach achtern, konnte dort aber durch einen von zwei Eisenbügeln geführten Querriegel geschlossen werden. Dieselbe Technik kennzeichnete die aus zwei hintereinanderliegenden schweren Eichebohlen gebildete Mastducht, deren U-förmiger Ausschnitt für einen mit über 0,2 m Durchmesser beträchtlich massiven Mast an der heckwärtigen Kante verriegelt werden konnte. Beide, Mastspant und -ducht, wiesen Spuren von Ausbesserungen auf, die Mastbank überdies noch eine besondere Verdickung um den Mastdurchlass (Fischung) sowie einen eisernen Beschlag (an Backbord), der die Fixierung des Elements durch Nägel ergänzte. Im Bereich unmittelbar vor und achterlich der Ducht haben sich Spuren vom Alltag der Mannschaft erhalten: Ein Ziegelherd diente der Nahrungszubereitung; an Steuerbord war der einigermaßen geschützte Raum unterhalb von der Mastducht nach vorne durch einen an drei Seiten geschlossenen Verschlag erweitert worden, eine leichte, durch klinkerartige Planken verblendete Ständerkonstruktion, die mehr mit einem Wetterschutz gemein hatte als mit einem fest eingebauten Schrank. Gemäß dort gefundener Gefäße wurden hier auch Kochutensilien verstaut.

Frachtraum

Zwei Spantentfernungen achterlich der Mastsektion, wurde der Ansatz vom Mittelschiff freigelegt. Hier fielen zunächst die erwähnten Holzbeschläge bei der Oberkante vom ersten Oberbord zum Einlegen eines Querelements auf. Oberhalb vom Schiffsboden wurde die Mittelsektion nach vorne durch eine Tannenholzplanke abgeschottet. Unmittelbar achterlich davon zeichnete sich eine sehr sorgfältig hergestellte geschlossene Bodenverkleidung aus längs- und querschiffs verlegten Leisten und Brettern ab, die den Namen »Schiffsbodenparkett« verdient. Darüber hinaus waren in diesem Bereich des Schiffes die Rumpfseiten durch breite Weger verblendet. Somit ist davon auszugehen, dass es sich bei der angeschnittenen Rumpfabteilung um den Laderaum des Prahms handelte. Dort nachgewiesene Getreidereste wurden paläobotanisch untersucht und zu einer Kornladung von ursprünglich 0,7 m Füllhöhe rekonstruiert, entweder verpackt in Säcken oder als Schüttgut.

Rekonstruktion

Abb. 5-6

Die besonderen Erhaltungsbedingungen des Wracks einschließlich der sich dort abzeichnenden metrologischen Daten gewährleisten zusammen mit den bei anderen Vertretern des Typs ableitbaren Baukonzepten, Symmetrien oder Maßverhältnissen die Wiederherstellung des Fahrzeugs, die im Museum für Antike Schiffahrt als wissenschaftlich begründetes Modell im Maßstab 1:10 umgesetzt wurde. Demnach war der Prahm um 25 m (84 bis 85 römische Fuß) lang. Im Hinblick auf die original überlieferten Dimensionen für Breite und Bauhöhe sowie auf die bis auf die Gestaltung vom Heck weitgehend bekannte oder erschließbare Schiffsform errechnen sich für das Fahrzeug Frachtkapazitäten von etwa 50 bis 70 t. Zu den größten Prähmen seiner Art zählend, wirkten sich für das Schiff von Woerden weniger die moderate Länge und Breite als vielmehr seine außergewöhnlich große Raumtiefe begünstigend aus. Nach der Untersuchung des Wracks konnte nur das Mastspant geborgen werden.

Woerden 2

Das 1988 bei Baggerarbeiten angeschnittene und so auch abschnittsweise zerstörte zweite Wrack ist nur oberflächlich beschrieben worden. Auf rund 14 m Länge aufgedeckt, soll der Schiffskörper 3,1 m breit und 1,2 m hoch gewesen sein. Eine Fotoaufnahme sowie die Notiz, dass der Rumpf über einen Plattboden mit flankierenden Kimmhölzern verfügte, bestätigen die Zugehörigkeit zur Gruppe der Schwerlastprähme. Indes fehlen eindeutige Hinweise für die Datierung des Schiffsfundes.

Das Fahrzeug war mit einem Oberbord ausgestattet, das mit dem Kimmholz klinkerartig überlappte und damit vernagelt worden ist. Als Holzart wird Eiche vermutet. Die jeweils 0,19 bis 0,22 m breiten Korben mit bohlenartig abgerichteten gewachsenen Ästen waren paarweise angeordnet. Ihre mit etwa 0,3 m Abstand mitgeteilte Verteilung wird nur das Spantzwischenfeld – ohne Berücksichtigung der Spantbreite – bezeichnen, so dass angesichts der genommenen Korbenmaße mit einem mittleren Spantabstand von ungefähr 0,7 m zu rechnen wäre.

Abb. 7

Woerden 6

Bei dem 1998 beiläufig beobachteten Wrack 6 handelt es sich um das äußerste Ende – eher Heck als Bug – eines Prahms aus dem 3. Jh. Durch Spundwandprofile beschädigt, wurde die gut 1 m lange Sektion geborgen, um sie nicht zuletzt hinsichtlich ihrer schiffsarchäologischen Bedeutung im Nederlands Instituut voor Scheeps- en onderwater Archeologie (NISA) Lelystad zu konservieren. Das sehr massive, offenbar aus Eiche hergestellte Rumpfteil bildete eine oben über die Scherlinie des Fahrzeugs hinausragende spiegelartige Konstruktion, die im oberen Abschnitt nahezu senkrecht, darunter jedoch schräg geformt war und hier die sich verjüngenden Schiffskörperkonturen aufnahm. Es bestand aus mindestens zwei schweren, auch durch außen aufgenagelte eiserne Bandagen zusammengehaltenen Elementen. Dessen oberes Kompartiment gleicht in Frontalansicht einer überdimensionierten Holzklampe, deren Hörner oberhalb des unten anschließenden Bauteiles beiderseits klüsenartige Öffnungen freilassen; diese könnten zur Lagerung riemenartiger Heckruder gedient haben, kommen ihrer Gestaltung nach aber auch als Durchführungen für Schlepp- oder Festmachertrossen in Frage. Das äußere Erscheinungsbild wie auch technische Gesichtspunkte und der Charakter als plastisch geformtes Schiffsende machen den Vergleich mit der an Woerden 1 nachgewiesenen Bugkonstruktion sinnfällig. Über Eigenschaften und bauliche Eigenarten vom Rumpf stehen noch keine Informationen zur Verfügung, doch deutet eine Fotoaufnahme an, dass auch die Schiffswände zumindest bei der Bordkante außerordentlich massiv gestaltet waren. Der seinem Umfang nach größte Teil des Prahms dürfte sich noch unangetastet im Boden befinden.

Abb. 8-9

Text: Ronald Bockius

Literatur:
R. Bockius, Zur Rekonstruktion des römischen Plattbodenschiffes aus Woerden. Jahrb. RGZM 43, 2. Teil, 1998, 511 ff. – J. K. Haalebos (mit Beiträgen von C. van Driel-Murray u. M. Neyses), Ein römisches Getreideschiff in Woerden (NL). Jahrb. RGZM 43, 2. Teil, 1996, 475 ff. – L. Th. Lehmann, L'énigme de Woerden. In: P. Pomey u. É. Rieth (Hrsg.), Construction navale maritime et fluviale. Archaeonautica 14 (Paris 1998) 69 ff. – M. D. De Weerd, Schepen voor Zwammerdam. Academisch Proefschrift Universiteit van Amsterdam (Amsterdam 1988) 236 ff.

DIE PRÄHME VON POMMERŒUL

Entdeckung, Erhaltung und Datierung

Im Zuge wasserbaulicher Aktivitäten wurden 1975 im belgischen Pommerœul, südöstlich von Tournai am Flüsschen Haine gelegen, die Überreste von sechs Wasserfahrzeugen entdeckt, aber nur teilweise dokumentiert. Über ein Plankenboot unbekannten Typs, einen Einbaum sowie zwei Stammboote vom Typ Zwammerdam 3 hinaus befanden sich darunter auch die Wracks zweier Prähme. Bei dem auf noch 12,7 m Länge am besten erhaltenen Exemplar (Pommerœul 1) handelt es um Teile vom Achter- und Mittelschiff mit einem kurzen Stück intakter Bordkante. Das Fahrzeug wurde geborgen und konserviert. Dendrochronologische Untersuchungen weisen seine Erbauung ans Ende des 2. oder an den Beginn des 3. Jhs. n. Chr. Es befindet sich heute im Museum »Espace Gallo-Romain« in Ath.

Abb. 1

Einzelheiten der Konstruktion

Der rund 3 m breite, auf 18 bis 20 m ursprüngliche Länge geschätzte Rumpf weist einige Besonderheiten auf: An drei vergleichsweise breite Bodenplanken schließen sich beiderseits Profilhölzer mit gerundet L-förmigem Querschnitt an. Ihre leicht einfallenden Seiten bilden auf 0,5 m Höhe die Bordwände. Diese werden im oberen Bereich durch eine Kombination aus einer schmalen, binnenbords überlappenden Planke sowie aus einem auf die Profilholzkante und die Spantenden gesetzten Kantholz verstärkt, deren gemeinsame Oberfläche die Basis für ein aufgelegtes Gangbord bildet. Dabei handelt es sich um ein 22 cm breites, auf der begehbaren Oberseite mit Rippen profiliertes Element, dessen Außenkante ebenso wie das tragende Kantholz durch eine zierliche Planke verblendet werden. Einschließlich des Gangbords, das beim Stakantrieb des Fahrzeuges unbehindertes Laufen eines Besatzungsmitgliedes ermöglichte, beträgt die Rumpfhöhe weniger als 0,7 m. Dieses Maß spricht in Verbindung mit der auch von anderen antiken Prähmen (Laibach; Xanten-Lüttingen) bezeugten Antriebstechnik für einen Einsatz auf extrem flachen Gewässern.

Abb. 2
Abb. 3

Im Achterschiff angetroffene Strukturen weisen auf einen Heckeinbau, einen hüttenartigen Wetterschutz, hin. In die zumeist paarweise verteilten Korben und in »Laufplanken« gezapfte Stützen hielten eine zweischalige Wandkonstruktion; sie bildete ein rund 2,3 m langes Geviert, das sich über die gesamte im Rumpf verfügbare Breite erstreckte. Die Außenfläche der Wände wurde aus sich klinkerartig überlappenden schwächeren Brettern aufgebaut, die Innenseite mit stärkeren Nadelholzplanken. Eine zentrale Stütze wird als Dachträger gedeutet. Organische Rückstände glaubt man mit einer Strohabdeckung des Laufniveaus, das aus in die Spantzwischenfelder verlegten Bohlen besteht, in Verbindung bringen zu können. Die Höhe der vermeintlichen »Kajüte« bleibt unklar.

Als Abdichtungsmaterial dient eine in die Plankennähte getriebene oder während der Beplankung zwischen die Nahtkanten gepresste Schnur unbekannten Materials, die mit zahlreichen Nägelchen von außen fixiert wurde. Nach demselben Muster waren auch andere in Pommerœul gefundene Fahrzeuge behandelt. Über das schlechter erhaltene Wrack eines

Abb. 4

Die Prähme von Pommerœul

Abb. 1 Pommerœul 1. Wrack eines römischen Prahms. Ansicht vom Schiffsinneren mit paarweise angeordneten Korben und teilweise mit Bohlen aufgefüllten Spantzwischenfeldern.

Abb. 2 Pommerœul 1. Wrack eines römischen Prahms. Rumpfquerschnitt.

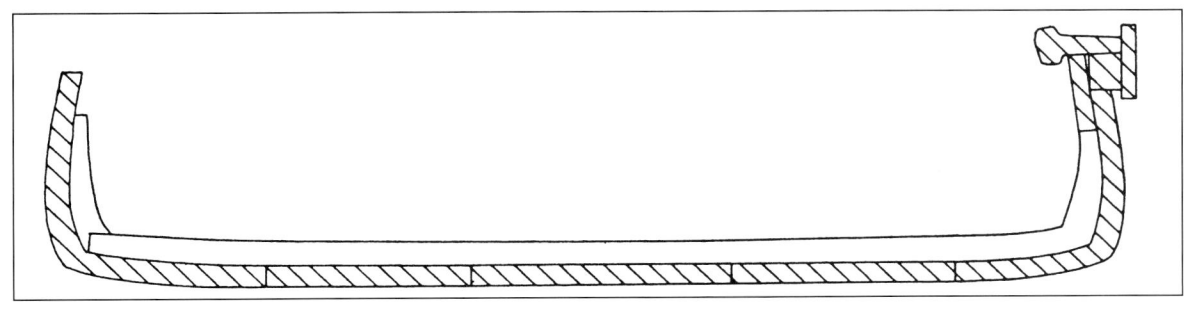

Abb. 3 Pommerœul 1. Wrack eines römischen Prahms. Detailansicht eines Gangbords mit profilierter Lauffläche und außenbords vor gesetzter Planke.

Abb. 4 Pommerœul. Überreste eines schräg im Flussbett liegenden zweiten Prahms.

Abb. 5 Pommerœul. Überreste des zweiten Prahms. Ansicht der Bordwand eines Rumpfendes von binnenbords.

zweiten Prahms wird berichtet, dass seine Bodenplanken miteinander vernagelt waren. Die den Schiffsboden einfassenden Profilhölzer wurden im Bereich der Bordwände durch kraweel aufgesetzte Planken ergänzt.

Abb. 5

Text: Ronald Bockius

Literatur:
G. De Boe, Roman boats from a small river harbour at Pommerœul, Belgium. In: J. du Plat Taylor u. H. Cleere (Hrsg.), Roman shipping and trade: Britain and the Rhine provinces. CBA Research Rep. 24 (London 1978) 22 ff.). – Ders., De schepen van Pommeroeul en de Romeinse binnenvaart. Hermeneus 52, 1980, H. 2, 76 ff. – G. De Boe u. F. Hubert, Une installation portuaire d'époque romaine a Pommerœul. Arch. Belgica 192 (Brüssel 1977). – Dies., Binnenhafen und Schiffe der Römerzeit von Pommerœul im Hennegau (Belgien). Arch. Korrbl. 6, H. 3, 1976, 227 ff. – Dies., Fouilles de sauvetage à Pommerœul. In: Arch. Belgica 186 (Brüssel 1976) 62 ff. – B. Booth, A handlist of maritime radiocarbon dates. Internat. Journal Nautical Arch. 13, 1984, 197 f. – M.-H. Corbiau, Les cours d'eau au sein des communications antiques. Les témoinages de l'archéologie en Belgique. In: Archéologie des Fleuves et des Rivières. Ausstellungskat. Chalon-sur-Saône 2 (Paris 2000) 96. – P. Hoffsummer u. D. Houbrechts, La dendrochronologie, une science au service de l'archéologie. In: M.-H. Corbiau (Hrsg.), Patrimoine archéologique de Wallonie (Namur 1997) 54 ff. – A. Terve, La présentation et le remontage des barques de Pommerœul. In: Actes du LIe Congrès de la Fédération des Cercles d'Archéologie et d'Histoire de Belgique (Liège 1992) 278 f. – Ders., Le remontage des barques gallo-romaines de Pommerœul (Belgique): étape nécessaire de l'étude archéologique? In: P. Pomey u. É. Rieth (Hrsg.), Construction navale maritime et fluviale. Proceedings of the Seventh International Symposium on Boat and Ship Archaeology, Île Tathihou 1994 (Saint-Vaast-la-Hougue). Archaeonautica 14, 1998 (Paris 1999) 79 ff. – M. D. De Weerd, Schepen voor Zwammerdam. Academisch Proefschrift Universiteit van Amsterdam (Amsterdam 1988) 253 ff.

DIE SCHIFFE VON ZWAMMERDAM

Ausgrabung

Abb. 1

Zwischen 1968 und 1974 durchgeführte archäologische Untersuchungen am römischen Truppenlager von Zwammerdam (Nigrum Pullum), Prov. Zuid Holland (NL) förderten 1971 bis 1974 umfangreiche Überreste antiker Wasserfahrzeuge, Schiffsgerät und mehrphasige Kaianlagen zutage. Das von der Mitte des 1. Jhs. n. Chr. bis um 260 besetzte Kastell sicherte die entlang vom Oude Rijn verlaufende Grenze der Provinz Germania Inferior. Verteilt auf zwei Fundstellen im antiken Flussuferbereich, wenige Meter jenseits vom Verlauf des äußersten Umwehrungsgrabens entfernt, wurden ein gut erhaltenes Fahrzeug der Art eines erweiterten Einbaums (Zwammerdam 3), zwei Fischbehälter (Zwammerdam 1 und 5), ein Heckruder, diverse mutmaßliche Schiffsplanken (Zwammerdam 2a) mit mediterraner Nut-Feder-Verbindungstechnik sowie drei große Plattbodenfahrzeuge gallorömischer Bauart (Zwammerdam 2, 4 und 6) gefunden.

Die grossen Prähme Zwammerdam 2, Zwammerdam 4 und Zwammerdam 6

Schiffstypologische und bautechnische Gemeinsamkeiten

Trotz unterschiedlicher Abmessungen und baulicher Eigenarten verkörpern die umfangreich erhaltenen Schiffsfunde Zwammerdam 2, 4 und 6 einen gemeinsamen Fahrzeugtypus, der sich sowohl nach schiffstechnischen als auch nach formalen Kriterien definieren lässt. Ihrem Wesen nach handelt es sich um schutenartige Rümpfe mit kraweelem Plattboden, der von L-förmigen Kimmhölzern flankiert wird. Diese formen mit je einem liegenden sowie einem stehenden Profilschenkel den nahtlosen Übergang in die mehr oder weniger vertikalen Bordwände und bestimmen durch die Winkelanordnung der Flächen einen rechteckigen Schiffskörperquerschnitt. Da Breite und Höhe der Übergangsprofile aufgrund deren Modellierung aus kräftigen Eichestämmen natürlichen Grenzen unterlagen, wurden die Bordwände durch je eine klinkerartig aufgesetzte Planke erweitert.

Bei den an die Mittelsektion ansetzenden Schiffsenden handelt es sich um sogenannte Kaffen, vorne und achtern stumpf abschließende Rumpfabschnitte mit sanft aufkimmendem Plattboden. Dieser wird gleichermaßen von L-förmigen Kimmhölzern eingefasst; der überlappend angesetzte Plankengang trägt überdies zur Versteifung der hier zwangsläufig angeschäfteten Übergangselemente bei. Vor- und Achterschiff verjüngen sich auch in der Ebene merklich, wohingegen die Bordkanten nur gegen die Schiffsenden hin geringfügig ansteigen. Dadurch entsteht ein Gesamterscheinungsbild, das rezenten Fährprähmen entspricht und auch in der Antike die Funktion solcher Binnenfahrzeuge als flachgehende Frachtschiffe bestimmt haben wird, die, mit ihren rampenartigen Bugs an Uferstränden anlandend, be- und entladen werden konnten.

Zur Festigung der Außenhaut dienen gewöhnlich Korben, knieförmige Spanten mit jeweils einem längeren balkenartigen Abschnitt sowie einem kürzeren Querarm. Ersterer steift den Schiffsboden aus, letzterer die Seiten. Hergestellt aus Stammholz mit kräftigem Astansatz, wurden die Rippen in unterschiedlicher Weise angeordnet, um beide Schiffsseiten festigen zu können. Stark reduzierte Seitenhöhen ließen in Vor- und Achterschiff auch die Verwendung einfacher Querbalken zur Stabilisierung des Rumpfes zu. Dem Anordnungsprinzip der Spanten und vielleicht auch der Dimensionierung anderer Bauglieder liegt die Vermessung nach dem *pes Romanus* zugrunde. Verbindungen zwischen Bauteilen besorgen

Die Schiffe von Zwammerdam

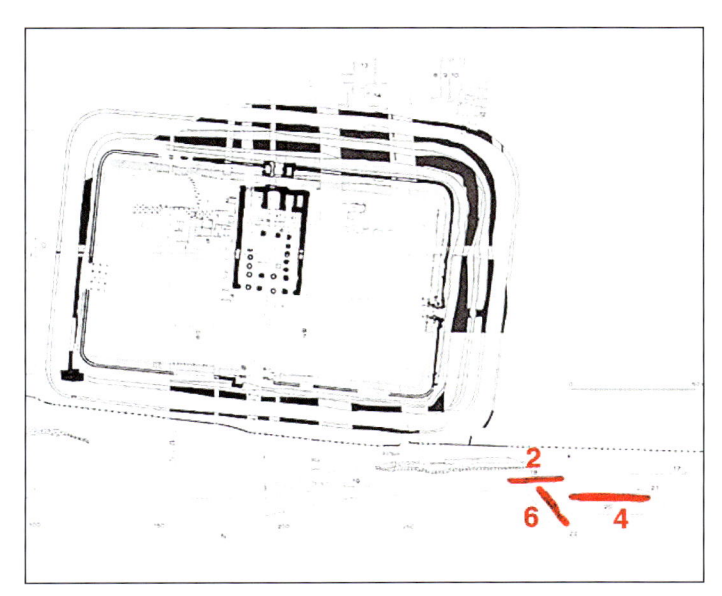

Abb.1 Zwammerdam, Prov. Zuid Holland. Auxiliarlager mit Uferbefestigungen und Schiffsfunden. Planübersicht der Grabungen.

Abb. 2 Zwammerdam, Wrack 2. Ausgrabungsfoto.

Abb. 3 Zwammerdam, Wrack 2. Isometrischer Querschnitt.

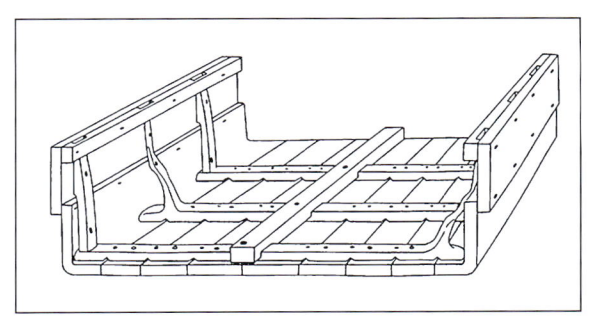

Abb. 6 Modell von Zwammerdam 2. Rekonstruktion im Museum für Antike Schiffahrt Mainz nach S. de Jong und R. Bockius.

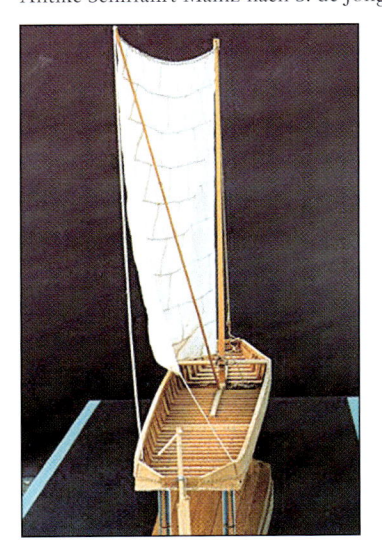

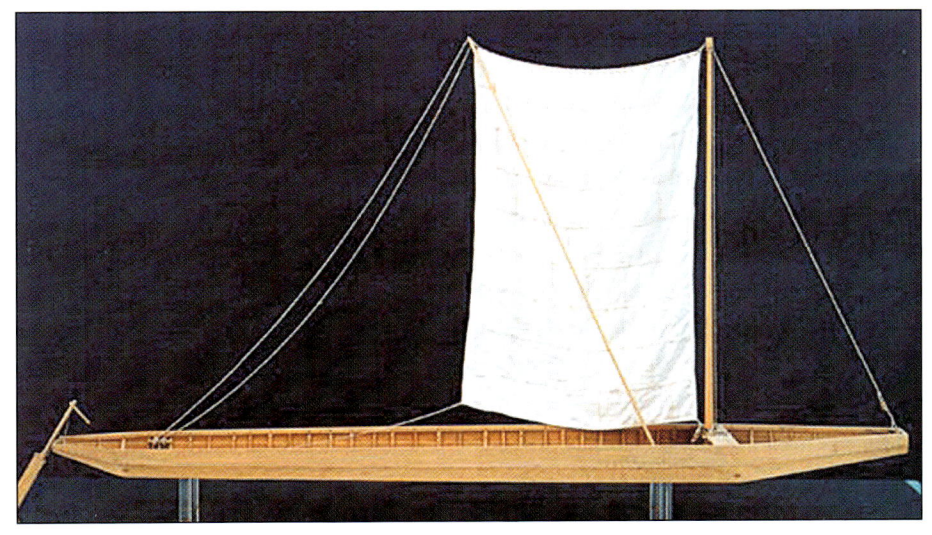

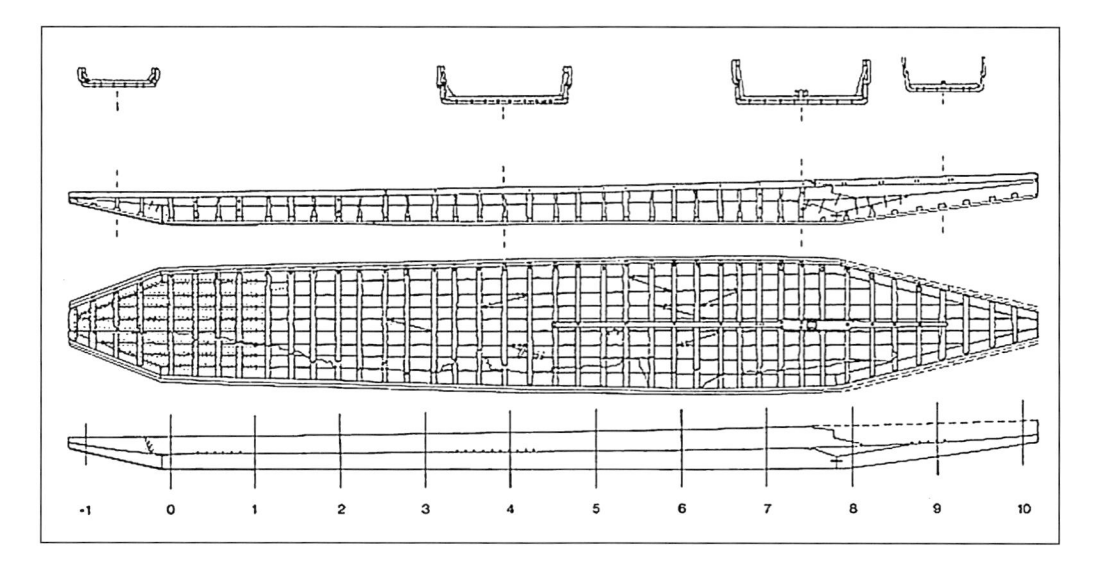

Abb. 4 Zwammerdam, Wrack 2. Wrackplan mit Draufsicht und Rumpfquerschnitten.

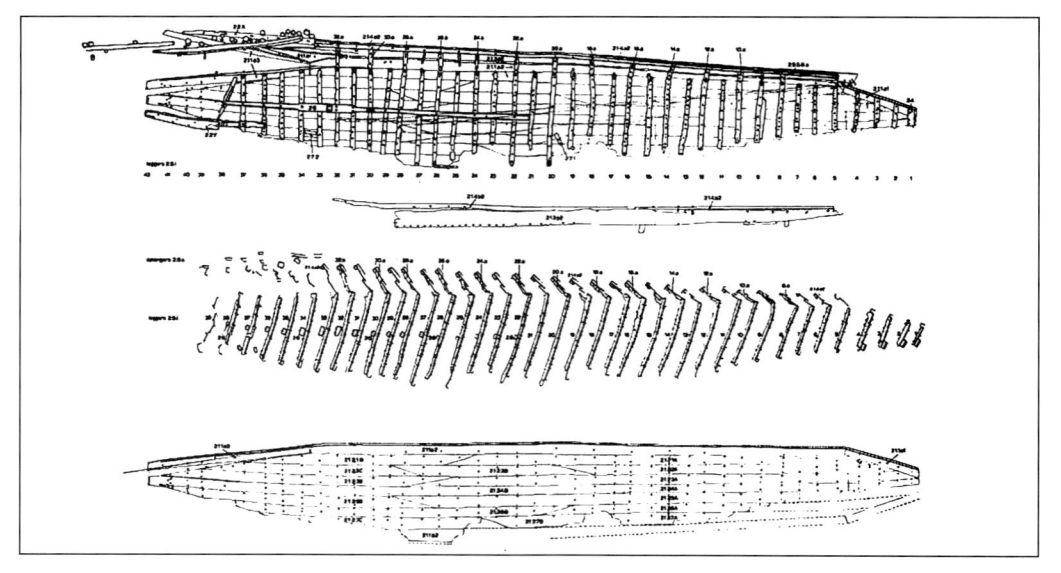

Abb. 5 Zwammerdam, Wrack 2. Rekonstruktionspläne ergänzt nach S. de Jong.

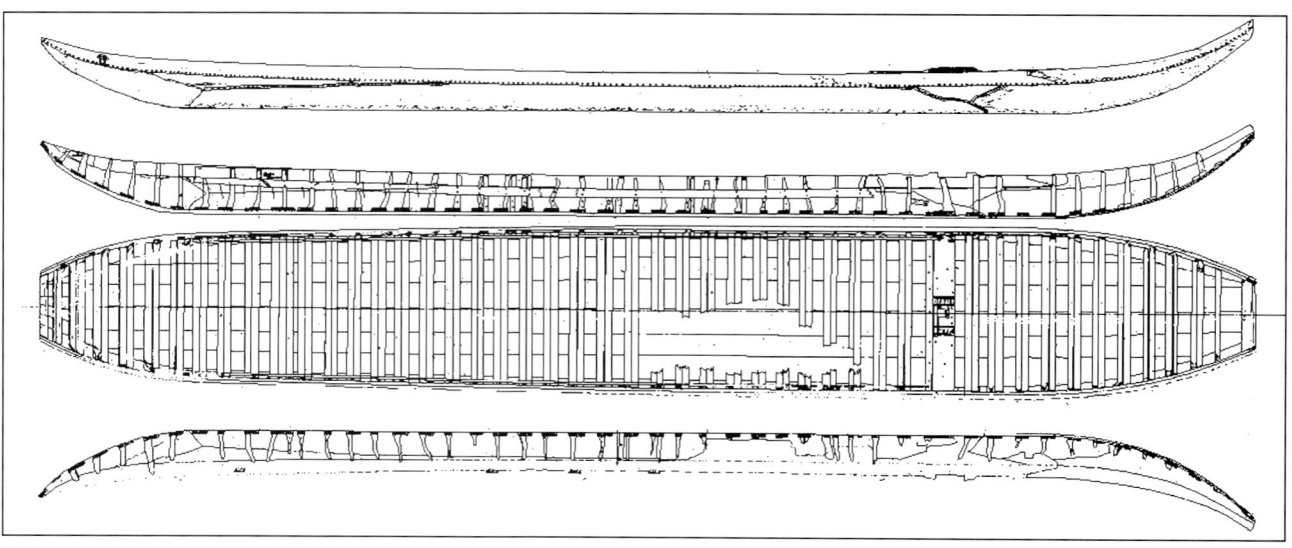

Abb. 7 Zwammerdam, Wrack 4. Wrackplan.

Die Schiffe von Zwammerdam

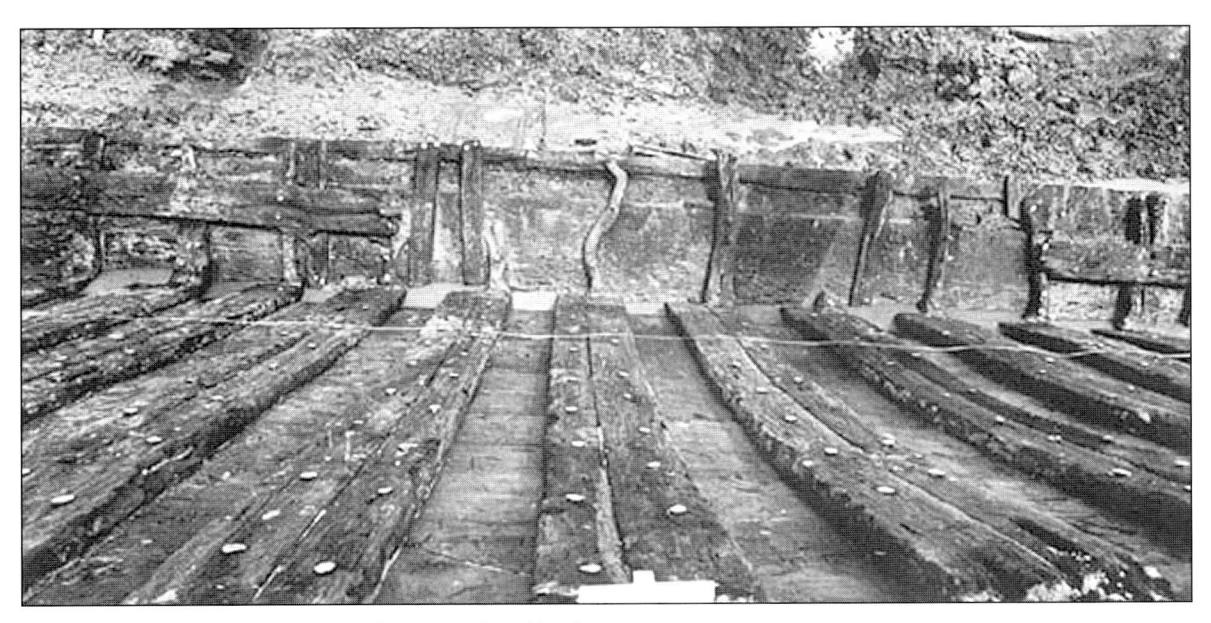

Abb. 8   Zwammerdam, Wrack 4. Schiffsboden und Backbordseite in der Hauptsektion.

Abb. 10   Zwammerdam, Wrack 4. Rumpfquerschnitt durch die Mastsektion mit Mastspur und -ducht.

Abb. 9   Zwammerdam, Wrack 4. Zweiteilige Mastducht mit achterlichem Ausschnitt, eisernen Bandagen und Bügel für die Arretierung vom Mast.

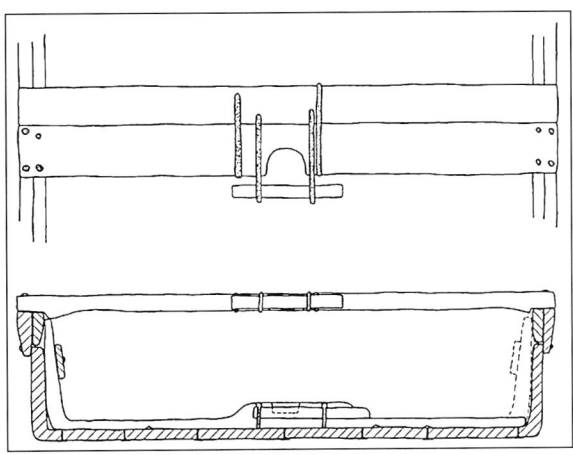

Abb. 11 Zwammerdam, Wrack 6. Ausgrabungsfoto.

Abb. 13 Zwammerdam, Wrack 6. Achterschiff.

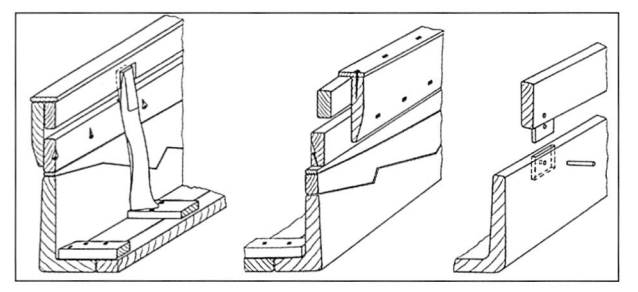

Abb.14 Zwammerdam, Wrack 6. Konstruktive Details.

Abb. 12 Zwammerdam, Wrack 6. Wrackplan mit Draufsicht, Längsschnitt und sektionalen Seitenansichten.

überwiegend Eisennägel, deren austretende Nagelschäfte gewöhnlich ein- bis zweifach gekröpft und mit der abgewinkelten Spitze ins Holz geschlagen worden sind. Plankennähte wurden mit pflanzlichem Material (Zwammerdam 2) gedichtet und zusätzlich durch außen aufgenagelte Holzleisten oder Eisenbänder (Zwammerdam 2 und 4), sogenannte Sintellatten oder Sinteleisen, geschützt.

Hinweise auf die Antriebsweise liefern Mastspuren, entweder eingelassen in ein starkes Spant (Zwammerdam 4) oder in längsschiffs über die Spanten gelegte Kielschweine (Zwammerdam 2 und 6). Nach der daraus hervorgehenden Position eines Mastes mit Abständen vom Bug um 25% bzw. um 30% der Schiffslänge über alles kommen hier sowohl Besegelung als auch Treidelantrieb in Frage. Über typspezifische formale Merkmalen hinaus fallen bautechnische Überschneidungen (bevorzugte Verwendung von Eichenholz, Eisennägel als dominierende Verbindungstechnik, Mastspant) mit römischen Wracks küsten- oder seetauglicher Schiffe aus Gallien und Britannien ins Gewicht, so dass die Prähme einer gemeinsamen gallrorömischen Schiffbautradtion zugerechnet werden. Besondere konstruktive Einzelheiten oder Ausstattungsdetails sprechen aber auch für Einflüsse aus dem mediterranen Schiffsbau (Verwendung von Weich- und Hartholzarten, selbsttragende Rumpfhaut mit Nut-Feder- oder genähten Verbindungen, Dominieren von Holznägeln, Kielschwein).

Datierung

Die jüngste aus Zwammerdam 4 entnommene Holzprobe legt laut dendrochronologischen Befunds ein Baudatum nicht vor 98 n. Chr. nahe. Das Alter von Zwammerdam 2 und 6 lässt sich nicht schärfer abgrenzen. Archäologische Funde und die daraus ermittelte Belegungsdauer des Kastells deuten auf einen zeitlichen Ansatz vom 2. bis zur Mitte des 3. Jhs. n. Chr. hin.

Zwammerdam 2

Das Wrack repräsentiert einen in kompletter Länge bis auf Schäden im Vor- und Achterschiff sowie die aus dem Verband gerissene Bordwand an Steuerbord auch in ursprünglicher Höhe erhaltenen Prahm. Die backbordseitige Bordwand fehlt komplett; ihr Ansatz wird aber noch stellenweise vom Plattboden berührt. Dessen symmetrisches Plankenschema mit einer die Kielachse definierenden Zentralplanke gewährleistet die Rekonstruktion des Rumpfes durch Spiegelung an der Mittelachse. Die Gesamtlänge des Fahrzeugs beträgt 22,75 m. Für die maximale Breite sind 3,15 m, für die Bauhöhe nach dem Verlauf der wieder aufgerichteten Steuerbordseite um 0,75 m (Heck) bis 1,25 m (Bug) zu veranschlagen. — Abb. 2

Der in der Mittelsektion ebene, im Vor- und Achterschiff rampenartig aufkimmende Schiffsboden setzt sich aus sieben jeweils einmal an unterschiedlichen Stellen geschäfteten Gängen aus 7 bis 8 cm starken, z.T. mehr als 40 cm breiten Planken mit 15 m maximaler Länge zusammen. Demgegenüber waren die flankierenden Kimmhölzer dreifach gegliedert. Jeweils an den Übergängen von der Hauptsektion in die Schiffsenden aneinandergesetzt, waren die Segmente seitlich mit schweren Eisenklammern, am Vorschiffsansatz auch durch jeweils ein dreieckiges verzahntes und mit den stehenden Profilschenkeln vernageltes Passstück gesichert. Ein mit dem trogartigen Unterbau klinkerartig vernageltes, bis zu 50 cm breites Oberbord bestand aus drei Planken. Diese waren oberhalb der Passstücke kraweel verschäftet und dort wie die Schäftungen der Bodenbeplankung mit lotrecht durch die Nahtkanten geschlagenen Eisennägeln fixiert. Nicht so im Achterschiff, wo die Segmentenden vom Oberbord auf eine kurze Strecke überlappten; lange, diagonal durch die — Abb. 3

übereinanderliegenden Plankenabschnitte nach unten in das Kimmholz geschlagene Eisennägel sorgten hier für die Verbindung zwischen drei Bauelementen.

Zur Versteifung der Rumpfschale dienten insgesamt 42 Spanten, mehrheitlich vierkantige Korben, die über ihren gewachsenen Ast hinaus durch je einen eingezapften aufgehenden Holm U-förmig erweitert worden sind; um der einheitlichen Festigkeit willen wurden die Spanten mit dem gewachsenen Seitenstück alternierend nach Steuerbord und Backbord gewendet eingebaut. Die eingezapften, an ihrer Berührungsfläche zumeist an die getreppte Bordwand angepassten Seitenstücke wurden von innen her mit Kimmholz und Oberbord vernagelt, wohingegen die astseitigen Korbenenden lediglich an der Basis jeweils einen von außen durch den unteren Bordwandansatz geschlagenen Nagel enthielten. Über rahmenförmige Spanten hinaus kommen – ausschließlich in den Schiffsenden – Querlieger ohne aufgehende Seitenholme vor; davon bestand ein Element (Spant 38) offenbar aus zwei aneinandergesetzten Segmenten. Die einzeilig, im Abstand von um 60 cm (2 römische Fuß [*dupondius* aus *pedes monetales*]) angeordneten Schiffsrippen waren durch Holz- und (bzw. oder) Eisennägel in gemischter Abfolge und Kombination mit der Außenhaut verbunden. Nagellöcher im Schiffsboden unmittelbar achterlich vom Bug sowie das leicht vorlich versetzte Querholz im Heck deuten auf spiegelartig geschlossene Rumpfenden hin. Die Bordkante war innen durch ein bündig mit dem Oberbord vernageltes Kantholz aufgedoppelt. In dessen Berührungsfläche geschnittene Ausklinkungen nahmen die oberen Enden der gewachsenen und eingezapften Spantseitenstücke auf.

Abb. 4

Abb. 5

Ein schlankes, im Bereich der Mastspur verstärktes Kielschwein von gut 9 m Länge zeichnet sich durch seine außerordentlich feste Verankerung im Rumpf aus. Mit dem klotzartigen Abschnitt lediglich auf den Spanten liegend, sparten auf den übrigen Strecken Ausklinkungen in der Kielschweinsohle den Verlauf der Quergurte aus. Kräftige, an etlichen Stellen und teilweise sogar paarweise versenkt eingelassene Eisennägel hielten das Element in Position. Angesichts der steifen Verankerung ist für den Prahm mit einer Treibbesegelung zu rechnen; mit Rücksicht auf eine tiefe Einlassung rund 1,3 m achterlich von der Mastspur, die sich als Widerlager eignet, kommt besonders eine Spriettakelung in Frage. Spuren an der Bordkante scheinen – wie in den Wracks Woerden 1 und Zwammerdam 4 – auf eine Mastducht zurückzugehen, die ursprünglich in das Oberbord eingelassen und dort mit einem Eisennagel befestigt worden ist.

Abb. 6

Hinweise auf Reparaturen oder Verstärkungsmaßnahmen begegneten vergleichsweise häufig: Gelegentliche Ausbesserungen gebrochener Korbensegmente; ein zwischen die Spanten 33 und 34 gekeiltes Holzstück, das einen Riss in einer Bodenplanke dichtete; die Sicherung einer Plankenschäftung zwischen Spant 19 und 20 mittels einer diagonal kreuzenden Holzlasche. Auch die an Steuerbord von unten über die Naht zwischen Kimmholz und angrenzendem Plankengang in die Korben 33 und 34 getriebenen Eisenklammern kommen als Instandsetzung in Betracht. Die Nähte der Bodenbeplankung waren im Bereich der Heckkaffe sowie mindestens streckenweise auch im Achterschiff von außen durch vermutlich aufgenagelte Holzleisten (Sintellatten) geschützt. Zur Abdichtung von Schiffsboden und -seiten diente pflanzliches Material. Die Spantsohlen verfügten über zahlreiche Durchlässe, die oberhalb jeder Naht und selbst oberhalb der Schäftungsstöße angeordnet waren, wie sie typisch sind für mediterrane Wasserfahrzeuge genähter Bauart. Waren dort Ausklinkungen in den Quergurten erforderlich, um binnenbords auf die Nahtkanten gepresste Stränge Dichtmaterials auszusparen, fehlt in Zwammerdam 2 für die nach ihrem Umfang außergewöhnliche Zurichtung der Spanten jeder konstruktive Anlass. Darin wie auch in der Verwendung eines Kielschweins als Mastfundament anstelle eines Mastspants deuten sich schiffstechnische Einflüsse aus dem Mittelmeerraum an.

Zwammerdam 2 zählt mit rund 8 t Schiffsgewicht zu den kleineren Vertretern römischer Frachtprähme. Dennoch konnte das Fahrzeug bei mittlerem Tiefgang über 10 t Last tragen. Die auf die schiffsarchäologische Auswertung des Wracks gründenden Modellrekonstruktionen des Fahrzeugs in verschiedenen Ausführungsstadien befinden sich unter anderem im Nederlands Instituut voor Scheeps- en onderwater Archeologie, Lelystad, sowie im Museum für Antike Schiffahrt, Mainz.

Zwammerdam 4

Über Wrack 4 stehen nur in geringem Maße Detailinformationen zur Verfügung. Der mit etwa 34 m längsschiffs fast komplette Rumpf war deformiert und streckenweise auseinandergebrochen. Die äußersten Schiffsenden fehlten. Das Fahrzeug erreichte gegen 5 m maximale Breite; die durchschnittliche Bauhöhe lag bei etwa 1,2 m. In Anbetracht der Schäden sowie der durch partienweise Bergung erschwerten Dokumentation ist die ursprüngliche Schiffsform nur oberflächlich zu beschreiben. Der Rumpf war schwächer gegliedert als Zwammerdam 2, die Mittelsektion annähernd parallelseitig mit fließendem Übergang in die weniger markant verjüngten Schiffsenden. Für die Silhouette wird mit gestreckt-flachem Verlauf der Scherlinie gerechnet, die zu Bug und Heck hin aufkimmt.

Abb. 7

Die Bodenbeplankung setzt sich aus nur sechs 9 bis 10 cm starken, teilweise aber 90 cm Breite erreichenden Gängen zusammen, die angesichts der Fahrzeuglänge zwangsläufig gegliedert waren und aus bis zu 21,6 m langen Planken bestehen. Auch die beiderseits anschließenden L-förmigen Kimmhölzer fallen durch ihre mächtigen Abmessungen auf. Lediglich 25 cm Breite stehen hier 85 cm Höhe und 10 cm Stärke der Profilschenkel gegenüber. Das steuerbordseitige Element erreichte noch 22,4 m Länge. Rissbildungen in der Flanke waren streckenweise auf bis 7 m Länge mit außen aufgenagelten Metallbändern geschlossen worden. Dreieckige Passstücke bildeten die Übergänge zu den Kaffen. Der aus Schiffsboden und Kimmhölzern geformte Rumpftrog wurde durch ein überlappendes, mit dem stehenden Profilschenkel in handbreiten Abständen vernageltes Oberbord um bis zu 40 cm erhöht.

Das Spantsystem kennzeichnen noch 46 paarweise verlegte Korben sowie ein Mastspant, das lediglich an Backbord über einen gewachsenen Ast verfügt. Die Astabzweigung der jeweils vorderen Korbe eines Spantpaares wies nach Backbord, die der jeweils achteren nach Steuerbord. Im Bodensegment mit rund 10 mal 20 cm Querschnitt bohlenartig abgerichtet und im Wechsel mit 1 oder 2 von innen eingetriebenen Eisennägeln an den Bodenplanken

Abb. 8

fixiert, fallen einige natürliche Äste durch geringe Durchmesser, krummen Wuchs und teilweise stammrunde Oberfläche auf. Die damit verbundene Schwächung der Bordwandaussteifung wurde an mehreren Stellen mit separat von innen an die Rumpfseiten genagelten Kanthölzern ausgeglichen. Anders als in Zwammerdam 2 lagen die aufgehenden Spantsegmente nicht unmittelbar am Oberbord an, sondern an einer innen bündig mit der Bordkante abschließenden Bohle, mit der die Abstufung zwischen dem senkrechten Kimmholzschenkel und dem außen überlappenden Oberbord aufgefüttert worden ist. Im Heck bildete ein Korbenpaar zusammen mit einem balkenförmigen Querriegel eine Dreiergruppe. Nach Auskunft eines Plans im Maßstab 1:100 waren die Korbenpaare regelmäßig über den Rumpf verteilt. Der Abstand zwischen den aufeinanderfolgenden Gruppen beträgt, von Zentrum zu Zentrum gemessen, 65 bis 70 cm. Aufgrund ähnlicher Beobachtungen an galloromischen Prähmen, wie beispielsweise Mainz 6, wird diese metrische Strecke als das Äquivalent von 2 *pedes Drusiani* (à 33,3 cm [= 1 1/8 *pes monetalis* à 29,6 cm]) aufzufassen sein. Spantentfernung von zwei Fuß (*dupondius*) sind in antiken Prähmen üblich, wobei in den genannten Fällen nach dem besonders in den germanischen Provinzen verbreiteten System des Drusianischen Fußes gemessen worden ist.

Das bohlenartige, gut 60 cm breite Mastspant verfügte über eine zentrale Verdickung mit einer achterlich offenen Mastspur, die durch einen von zwei Eisenbügeln geführten Querriegel zugesetzt werden konnte, ähnlich wie bei den Prähmen Woerden 1 und Xanten-Wardt. Dasselbe Verschlussprinzip wiederholte sich an einer oberhalb vom Mastspant in die Bordkante eingelassenen Ducht mit halbrundem, nach achtern offenem Ausschnitt, der einen über 30 cm starken Mast oder Pfahl aufnehmen konnte. Die zweiteilige Bank wurde durch zwei Eisenbandagen versteift. An den Flanken durch modellierte Knaggen falzartig gestaltet, war das Element auf beiden Seiten randbündig in Oberbord und Futterholz eingelassen, dort aber nur durch das achtere Segment mit jeweils vier Eisennägeln befestigt.

Abb. 9

Abb. 10

Für den Bereich der Mastsektion mitgeteilten Beobachtungen lässt sich entnehmen, dass die Spanten jeweils mit einigen ohne Rücksicht auf die Nahtführung der Bodenplanken angeordneten Nüstergatten versehen, und die Nähte vom Schiffsboden außen durch aufgenagelte Metallbänder geschützt waren.

Seinen Abmessungen wie auch den konstruktiven Einzelheiten zufolge steht Zwammerdam 4 dem Prahm Mainz 6 aus dem späteren 1. Jh. n. Chr. am nächsten. Die besondere Größe spricht für eine ähnlich große Frachtkapazität. Verschiedentlich im Wrack entdecktes Ziegelgrus lässt die Art der Ladungen erahnen. Von dem Fahrzeug wurden drei identische Modelle gebaut; zwei befinden sich in den Niederlanden, das dritte im Museo delle Nave di Fiumicino.

Zwammerdam 6

Abb. 11

Abb. 12

Das laut Feldvermessung 20,3 lange Wrack repräsentiert den am besten erhaltenen Fund eines antiken Prahms. Bis auf Verluste im Aufgehenden der Bugkaffe war das Fahrzeug so gut wie intakt. Die maximale Schiffsbreite lag bei 3,7 m, die Bauhöhe mittschiffs bei annähernd 1 m. Obwohl die Sprungkurve im Achterschiff deutlich fällt, ist hier keineswegs mit vertikaler Deformierung zu rechnen, hätte das doch Spuren am konstruktiven Verband hinterlassen. Zusammen mit seinen schwach gebogenen Seiten, die übergangslos in die kaum verjüngte Bug- und Heckpartie münden, gleicht der Rumpf in der Silhouette den aus Mittelalter und Neuzeit bekannten Fährprähmen (z.B. Egernsund; Hallwil).

Der ebene Schiffsboden setzte sich aus sechs bis sieben maximal 0,55 m breiten und rund 6 cm starken Plankengängen zusammen, seitlich gerahmt von Kimmhölzern. Die Plankengänge waren mehrheitlich jeweils einmal geschäftet, die Flankenelemente am Übergang in die seicht aufkimmenden Kaffen angesetzt. Zur Versteifung der Anschlüsse dienten ebenso wie bei Zwammerdam 2 und 4 dreieckige Passstücke mit Hakenausschnitt, die in die Seiten der bis 0,44 m hohen Kimmhölzer eingefügt wurden. Die Bordwände bestanden aus zwei Plankengängen: Den Rumpftrog ergänzte zunächst ein bis 0,24 m breiter, kraweel aufgesetzter Seitengang, den von innen schräg durch die Nahtkanten getriebene Eisennägel mit versenkten Köpfen fixierten; darüber hinaus wurden an Steuerbord (zwischen Spant 21 und 22) und Backbord einzelne Nut-Feder-Verbindungen beobachtet. Auf den kraweelen Seitengang, der zumindest im Bugbereich nach Art der dreieckigen Passstücke mit einer hakenförmigen Schäftung in das dort schräg aufgerichtete Kimmholz eingebunden war, folgte ein rund 0,15 m überlappendes, bis 0,35 m breites Oberbord. An seiner Außenfläche streckenweise profiliert, wurde jener oberster Plankengang nahe seiner Unterkante von außen vernagelt. Ein von innen randbündig mit dem Oberbord abschließendes Futterholz (0,15 mal 0,07 m) verbreiterte die Bordkante auf rund 0,14 m, die ihrerseits mit einem 2 cm dünnen Schandeckel abschloss.

Den Rumpf versteifen 30 im Abstand von durchschnittlich 0,55 m querschiffs verlegte Einzelkorben mit rund 0,2 mal 0,1 m Kantenlänge sowie jeweils ein kreuzweise angeordnetes Paar in den Schiffsenden. Im Bodenbereich mit zwei bis vier gekröpften Eisennägeln pro

Plankengang fixiert, wurden die knieförmigen Seiten der Korben bis auf zwei Ausnahmen (Korbe 11 und 27) abwechselnd nach Backbord und Steuerbord gewendet eingebaut; die aufgehenden Äste waren zumeist in das Futterholz eingelassen und dort ebenso wie mit dem kraweelen Seitengang von innen her vernagelt. Die auf 2,4 m Breite verjüngte Bugkaffe schloss mit einem profilierten, vorne 0,15 m hohen, auf die Planken genagelten Querholz ab, woran jeweils der oberste Seitengang mündete; eine der Kaffenecken schützte noch ein eiserner Beschlagswinkel. Die Heckkaffe endete in ähnlicher Weise, jedoch mit einem flacheren bohlenartigen Querholz.

Zum Schiffsantrieb gehören die Überreste eines noch 5,06 m langen Kielschweins aus Eschenholz mit rund 0,14 m Breite und 0,09 m Stärke. Auf 1,75 m Länge bis 0,28 m breit, enthielt das verstärkte Segment eine etwa 0,1 mal 0,1 m große, aber eher seichte Mastspur; knapp achterlich davon fiel eine Dreiergruppe vierkantiger Vertiefungen auf. Hölzerne Fittings im Achterschiff, darunter ein längs und hochkant eingebautes Element mit querverlaufender, 0,11 bis 0,13 m großer Öffnung, dürften mit der Hecksteuerung des Fahrzeugs in Verbindung gestanden haben.

Abb. 13
Abb. 11

Anders als das nach achtern mehr oder weniger offene Heck war das gegenüber der Mittelsektion höhere Vorschiff vorne geschlossen. Aufgrund von vier mit Schwalbenschwanzzinken in die Bordkanten eingelassenen Querbalken ist hier mit einem Deck zu rechnen; wenigstens war der Rumpf dort nicht frei begehbar. Über Reparaturen oder Verstärkungen, wie teilweise durch angelaschte Kanthölzer verlängerte Korbenäste, im Bodenbereich an die Korben gesetzte Dopplungen und eine Flickung der Bodenbeplankung, hinaus enthielten etliche Spanten oben oder an den Längsflanken zapflochartige Strukturen bzw. Ausklinkungen. Sofern es sich dabei nicht um die Spuren vergangener Einbauten handelt, ist hier mit Baustoffrecycling zu rechnen.

Prahm 6 fällt nicht nur aufgrund seiner formalen und strukturellen Charakteristik auf, die ihn von anderen auch funktional abhebt: Konstruktive Merkmale, wie die beiden Nut-Feder-Verbindungen in der kraweelen Überhöhung der Kimmhölzer sowie die anspruchsvolle Holzverbindung der Decksbalken, und nicht zuletzt die Ausstattung mit einem Kielschwein besonderen Typs bezeugen hier technologische Einflüsse mediterranen Schiffbaus. Das drückt sich auch im verwendeten Maßsystem aus, entspricht doch die Fahrzeuglänge erstaunlich genau 69 kapitolinischen Fuß (*pedes monetales*). Überdies scheint beim werftseitigen Einmessen der häufiger auf 0,6 m Abstand verteilten Korben der systemgleiche *dupondius* (siehe Zwammerdam 2) eine Rolle gespielt zu haben.

Abb. 14

Text: Ronald Bockius

Literatur:
B. Arnold, Batellerie gallo-romaine sur le lac de Neuchâtel 2. Arch. Neuchâteloise 13 (Saint-Blaise 1992) 73 ff. – R. Bockius, Zur Rekonstruktion des römischen Plattbodenschiffes aus Woerden. Jahrb. RGZM 43, 1996, 511 ff. – R. Bockius, Antike Schwergutfrachter – Zeugnisse römischen Schiffbaus und Gütertransports. In: Steinbruch und Bergwerk. Denkmäler römischer Technikgeschichte zwischen Eifel und Rhein. Vulkanpark-Forsch. 2 (Mainz 2000) 110 ff. – W. Dammann, Rheinschiffe aus Krefeld und Zwammerdam. Das Logbuch 10, 1974, H. 1, 4 ff. – U. Teigelake, Untersuchungen zum »keltischen« Schiffbau. Skyllis. Zeitschr. Unterwasserarch. 1, H. 2, 1998, 6 ff. – M. D. De Weerd, Römerzeitliche Transportsschiffe und Einbäume aus Nigrum Pullum/Zwammerdam (Z.-H.). In: Studien zu den Militärgrenzen Roms II. Bonner Jahrb., Beih. 38 (Köln/Bonn 1977) 187 ff. – M.D. De Weerd, Ships of the Roman period at Zwammerdam/Nigrum Pullum, Germania Inferior. In: J. du Plat Taylor u. H. Cleere (Hrsg.), Roman shipping and trade: Britain and the Rhine provinces. CBA Research Rep. 24 (London 1978) 15 ff. – M. D. De Weerd, Sind »keltische« Schiffe »römisch«? Jahrb. RGZM 34, 2. Teil, 1987, 387 ff. – M.D. De Weerd, Schepen voor Zwammerdam. Academisch Proefschrift Universiteit van Amsterdam (Amsterdam 1988) – M. D. De Weerd, Zwammerdam. In: J.P. Delgado (Hrsg.), Encyclopaedia of Underwater and Maritime Archaeology (London 1997) 476 ff. mit weiterer Lit.

DER ERWEITERTE EINBAUM VON ZWAMMERDAM (SCHIFF 3)

Abb. 1

Unter den 1968 bis 1974 in unmittelbarer Nähe vom römischen Hilfstruppenkastell Zwammerdam (*Nigrum Pullum*), Prov. Zuid Holland (NL), ausgegrabenen Schiffsfunden repräsentiert das Wrack Zwammerdam 3 einen eigenständigen Typus, dessen konstruktive Merkmale von den Einbaumfahrzeugen (Stammbooten) zu den großen Plattbodenschiffen (Prähmen) überleiten. Der Schiffskörper ist in der Länge nahezu komplett erhalten. Schäden und Verluste konzentrieren sich weitgehend auf die Backbordseite und den achteren Rumpfabschnitt.

Bauweise, Form und Abmessungen

Abb. 2

Die Außenhaut setzt sich aus zwei Baugruppen zusammen, erstens aus einem trogartig gehöhlten Eichestamm, dessen Bodenpartie vorne durch ein separates Element verlängert und zugleich in der Höhe ergänzt worden ist, zweitens aus einem klinkerartig mit den schrägen Seiten des Einbaums überlappenden Seitengang aus Weißtanne, dessen intaktes vorderes Ende in das angesetzte Bugholz mündet. Form und Abmessungen wurden durch das monoxyle Unterwasserschiff vorgegeben. Im Querschnitt trapezförmig mit plattem Boden und annähernd scharf ansetzenden, etwa 120° schrägen Seiten, lieferte die mutmaßlich mit dem Dechsel modellierte Eiche einen rund 9,7 m langen und oben bis gut 1,1 m, am Boden knapp 0,6 m breiten Hohlkörper mit einer Wandstärke von lediglich 4 cm. Dessen Raumtiefe (Höhe) reduziert sich von rund 0,3 m in der mittleren Partie gegen 0 an den Enden, verursacht durch die im Winkel von 14° bzw. 16° ansteigenden kaffenartigen Abschnitte zu Bug und Heck hin. Dazwischen verläuft der Schiffsboden auf eine Länge von über 5 m mehr oder weniger eben.

Abb. 3

Die bugwärtige Verlängerung des Einbaums besteht aus einer 4 bis 6 cm starken, knapp 1 m langen Bohle, deren vorderes Ende die Scherlinie des Rumpfes in der Höhe markant überragt. Das Bauteil – vermutlich aus Eichenholz – wurde mittels eines maximal 3 cm starken und 0,37 m langen Falzes auf dem rampenartig auslaufenden Rumpfboden montiert und dort durch drei Eisennägel befestigt. Ein zentral angeordneter Durchbruch mit 7,5 cm Durchmesser wird mit einer simplen Ankermethode in Verbindung gebracht, gedacht als ein durch das Loch in den Flussgrund gestecktes Rundholz; die Bohrung könnte jedoch auch einen verloren gegangenen Beschlag aufgenommen haben. Ursprünglich an beiden Seiten mit randlichen Auskehlungen versehen, läuft die den Einbaum nach oben erweiternde Weißtanneplanke in der Bugplatte aus; ihr ungefähr 6 cm schmales Ende wurde hier angeformt. Unmittelbar achtern davon überlappt das Oberbord mit dem Rumpftrog und ist dort bis in den Heckbereich von außen mit im Abstand von etwa 0,3 m gesetzten, binnenbords gekröpften Eisennägeln befestigt worden. Die 4 bis 4,5 cm starke Planke übertrifft geringfügig die Wandungsstärke vom Rumpftrog. Bis um 0,25 m breit, steigerte das Bord die Rumpfhöhe auf 0,43 m und die Breite über alles auf 1,4 m. Die gerundete Plankenoberkante stellt offensichtlich die Bordkante dar, fehlen hier doch Spuren, die eine Verbindung mit anderen Bauteilen nahelegen. Ein längerer Riss im Vorschiffsbereich wurde mit von oben in die Kante geschlagenen Nägeln gesichert. Ausbesserungen in Gestalt von Leisten, die binnenbords auf den Schiffsboden genagelt worden sind, verstärken zwei besonders schwache Stellen im Rumpf. Der Erhaltungszustand vom Heck liefert keine klare Auskunft darüber, ob seine Konstruktion dem des vorderen

Der erweiterte Einbaum von Zwammerdam (Schiff 3)

Abb. 1 Zwammerdam, Wrack 3. Detailfoto der Bugkonstruktion.

Abb. 3 Zwammerdam, Wrack 3. Ansicht.

Abb. 2 Zwammerdam, Wrack 3. Plan.

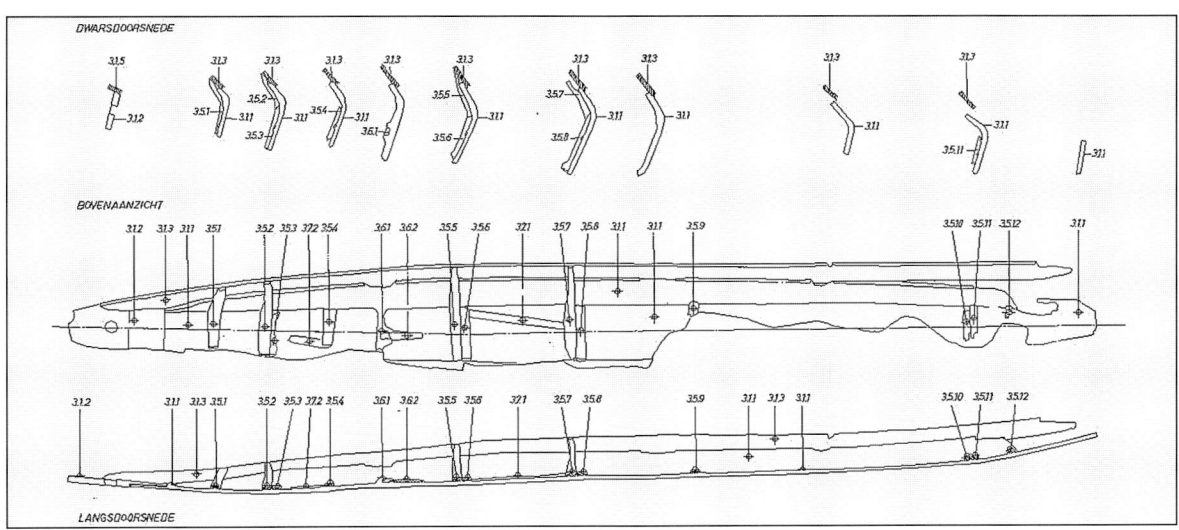

Abb. 4 Zwammerdam, Wrack 3. Rekonstruktionsplan.

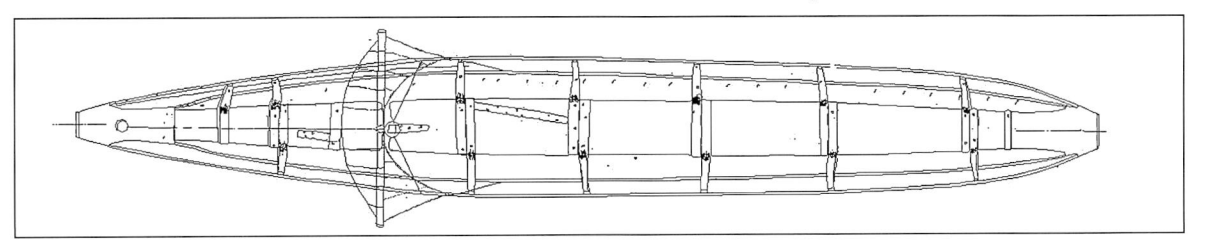

Abb. 5 Woerden, Wrack 3. Ausgrabungsfoto.

Abb. 6 Pommerœul, Wrack eines erweiterten Einbaums. Ausgrabungsfoto.

Abb. 7 Hasholm. Eisenzeitliches Stammboot (4./3. Jh. v. Chr.). Zeichnerische Darstellung der Bauelemente und Konstruktion.

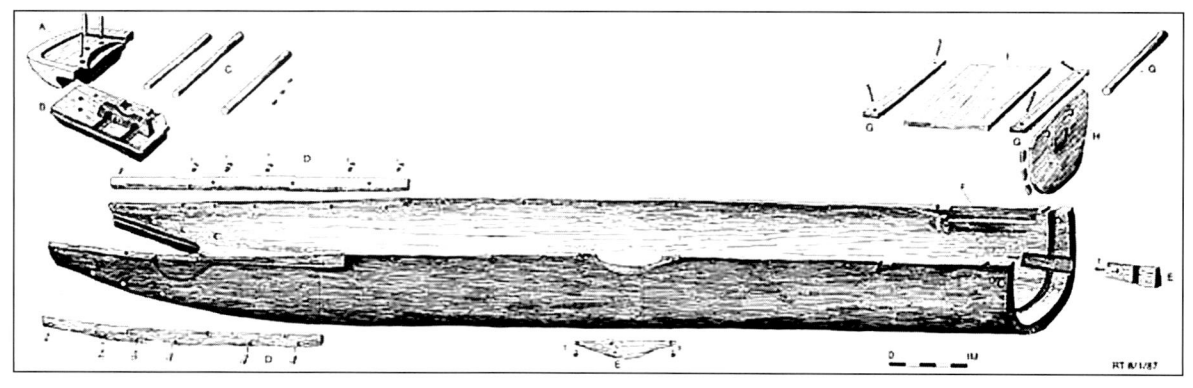

Rumpfendes entsprochen hat. Zwei Nagellöcher im aufkimmenden Boden sowie dessen stumpfe Stirn sprechen allerdings eher dafür als dagegen.

Von der Quervergurtung haben sich einige originale Reste erhalten; Nagelverbindungen im monoxylen Rumpftrog sowie im Oberbord gehen auf verlorene Spanten zurück. Demnach war die Rumpfhaut mehrheitlich durch ein System aus paarweise angeordneten gewachsenen Kniehölzern ausgesteift, jeweils das vordere nach Steuerbord, das achtere nach Backbord gerichtet. Unten rund 3,5 cm stark und 9 bis 10 cm breit, waren die Elemente im Bodenbereich von innen mit zwei bis drei Eisennägeln befestigt, an den Trogflanken und am Oberbord in der Regel einfach vernagelt. Nüstergatts (Breite 4 cm; Tiefe 1 cm) sorgten für die Verteilung der Bilge. Der ungefähr 1,2 m große Spantabstand halbiert sich in den Rumpfenden, wo mit der Anwesenheit einzeln versetzter Knie gerechnet werden kann.

Den einzigen unmittelbaren Hinweis auf den Fahrzeugantrieb stellt die teilweise aus dem monoxylen Unterwasserteil massiv geformte Lagerung für einen Mast dar, die beim Modellieren des Trogs als Relief ausgespart worden ist. Dabei handelt es sich um eine aus dem Boden ragende Rippe mit zwei im Bereich der Rumpfmittelachse nach achtern gerichteten Auszipfelungen, die eine vierkantige Mastspur rahmen. Die oben offene Rückseite ist durch ein zungenförmiges, mit dem Schiffsboden vernageltes Riegelholz geschlossen worden. Der Abstand des Elements zum Bug beträgt recht genau 1/3 der Schiffsgesamtlänge. Ein in derselben Querachse angetroffener Schaden in der Oberkante vom Rumpftrog lässt die Möglichkeit offen, ob hier eine Mastducht aufgelegt war. Auch ein mit 3 cm Durchmesser außergewöhnlich großes, womöglich aber aufgeweitetes Bohrloch unterhalb von der Bordkante rund 0,3 m achterlich lässt sich mit einer antriebsspezifischen Installation in Zusammenhang bringen. Sofern die Mastspur nicht einen Treidelpfosten aufgenommen hat, ist für das Fahrzeug eine Besegelung vorauszusetzen, freilich angesichts dessen außerordentlich schlanker und auch flacher Rumpfform kaum etwas anderes als eine Treibbesegelung. Davon abgesehen, ist mit windunabhängigem Primärantrieb zu rechnen, mangels andersartiger Hinweise mutmaßlich durch Paddeln in kniender Körperhaltung.

Die außergewöhnlich gute Erhaltung des Wracks, das im Nederlands Instituut voor Scheeps- en onderwater Archeologie, Lelystad, konserviert und dort auch präsentiert wird, begründete eine Rekonstruktion als großmaßstäbliches Modell im Maritiem Museum Prins Hendrik Rotterdam.

Abb. 4

Schiffstypologische Parallelen

Zwammerdam, Wrack 3, teilt mit den großen gallorömischen Plattbodenschiffen nicht nur konstruktive Gemeinsamkeiten, wie etwa die klinkerartige Seitenbeplankung oder das Spantschema; mit seinen rampenartigen Rumpfenden und dem durch ausfallende Seiten gekennzeichneten Schiffskörperquerschnitt fallen auch formale Übereinstimmungen ins Gewicht. Die deutlich geringere Größe legt den Verdacht nahe, dass dieser Fahrzeugtyp nichts anderes darstellt als die Grundversion des Prahms: Dessen Rumpf erforderte im Unterwasserbereich erst dann eine Stückelung in Bodenplanken und L-förmige Flankenprofile, wenn die auftragsgemäße Schiffsbreite ein Maß überschritt, das sich nicht mehr auf der Basis eines gehöhlten Stammes realisieren ließ. So betrachtet, vertritt der Typ Zwammerdam 3 nicht ein entwicklungsgeschichtliches Bindeglied zwischen Einbäumen und Prähmen – im typochronologischen Sinne ohnehin unhaltbar –, sondern er figuriert als die bautechnisch dem gewachsenen Rohstoff angepasste kleine Ausführung des römischen Plattbodenschiffs. Unter den einschlägigen Schiffsfunden sind demgemäß weitere Vertreter seiner Art zu erwarten. Tatsächlich sind einige Parallelen bekannt, wenngleich deutlich schlechter erhalten als Zwammerdam 3 und teilweise noch unzureichend publiziert. Als unmittelbare Vergleichsfahrzeuge kommen römische Funde aus Chalon-sur-Saône (F), Wrack 1, und aus Woerden (NL), Wrack 3, in Betracht. Typologische Verzahnungen zwischen diesen und kaiserzeitlichen Einbäumen mit konstruktiven Erweiterungen aus Pommerœul (B) spiegeln die Verflechtung solcher Kleinfahrzeuge mit dem prähistorischen Bootsbau wider:

Woerden 3

Trotz dürftiger Überlieferung lässt sich der 1988 beiläufig beobachtete Schiffsfund Woerden 3 unzweifelhaft identifizieren. Als erweiterter Einbaum mit klinkerartig aufgesetztem Oberbord beschrieben, betrug die Rumpfbreite im mittleren Bereich um 1,2 m (am Boden etwa 0,6 m), die Bauhöhe dort etwas weniger als 0,5 m. Paarweise verteilte Korben bzw. Kniespanten mit einzeln angelegten Nüstergatts waren mit Eisennägeln an der Außenhaut befestigt, pro Knie mit je zwei Nägeln am Schiffsboden und einer Bordwand. Der einmal messbare Spantabstand betrug ungefähr 0,8 m. Eine auf den Oberkanten der Trogwände aufgelegte Mastducht deutet nicht nur das Antriebsprinzip des Fahrzeugs an, sondern liefert auch einen Hinweis auf die anzunehmende Schiffslänge. 3,5 m entfernt wurde der Bug freigelegt, der überdies binnenbords durch ein besonderes Element verstärkt und mit einem Beschlag versehen gewesen sein soll. Gemäß der relativen Mastposition in Zwammerdam, Wrack 3, sind für Woerden 3 somit gut 11 m Gesamtlänge zu kalkulieren. Nach einer Fotoaufnahme der notdürftig präparierten Antriebssektion beurteilt, kann sich unterhalb der Mastducht allenfalls eine seichte, auf den Boden konzentrierte Struktur befunden haben; ein Fundament für den durch die Bank gesteckten Pfahl oder Mast ist hier unabdingbar. Funde aus der Umgebung liefern zur Datierung des Schiffsfundes einen Ansatz im 2. oder in der ersten Hälfte des 3. Jhs.

Abb. 5

Chalon-sur Saône 1

Tauchuntersuchungen an den Substruktionen römischer Brückenpfeiler in der Saône führten unlängst zur Entdeckung zweier Plattbodenschiffe aus dem 1. Jh. n. Chr. Unmittelbar bei einem stark zerstörten Prahm wurden umfangreiche Reste eines auf einem eichenen Einbaum basierenden Rumpfes mit ansatzweise erhaltenen Schiffsenden gefunden, dessen ursprüngliche Gesamtlänge mit 15 m genannt wird. Der mit ebenem Boden und schrägen Seiten geformte monoxyle Körper wird durch ein Oberbord aus Tannenholz ergänzt. Für die Bauhöhe sind mindestens 0,33 m, für die größte Breite um 1,5 m zu veranschlagen. Separat angesetzte stevenartige Elemente, der Nachweis von Falzverbindungen sowie knieförmige Spanten in paarweiser Anordnung lassen hier die Zugehörigkeit zum Typus Zwammerdam 3 ebenso unstrittig erscheinen wie die bislang nur beschriebene Rumpfgestalt und deren Proportionen. Spuren von Abdichtungsmaßnahmen in Gestalt tordierter, mit Harz oder Pech getränkter Textilstreifen sowie locker verteilter Nut-Feder-Verbindungen stellen Indizien mediterranen Technologietransfers dar, die – gleichermaßen von Prähmen aus dem südlichen Verbreitungsgebiet bezeugt – nicht als typspezifisch, sondern als Zutat zu gelten haben.

Pommerœul

Zwei der in einem antiken Binnenhafen zwischen Mons und Tournai gefundenen älter-kaiserzeitlichen Stammboote von Pommerœul geben sich durch ihre mit Paaren L-förmiger Spanten ausgesteiften Bootskörper als erweiterte Einbäume zu erkennen. Ein markanter Unterschied zu den Wracks aus Chalon, Woerden und Zwammerdam drückt sich nur durch ihre steilwandigen, partiell auch annähernd stammrunden Querschnittsformen aus, wohingegen das übrige morphologische Muster sowie ihre Konstruktion Merkmale vom Typ Zwammerdam 3 und der Prähme miteinander vereinen. Das trifft insbesondere für das noch 9,7 m lange, auf ursprünglich 11,5 bis 12 m geschätzte Eichefahrzeug von Pommerœul mit einem komplett erhaltenen Schiffsende zu. Die monoxyle Hauptsektion wird dort durch eine mehrgliedrige Konstruktion erweitert und zugleich geschlossen: Mit Hakenschlössern an der Einbaumpartie verankert, fungieren seitliche Profilhölzer als Bordwände; im kaffenartigen Bodenbereich trifft man – wie für Fahrzeuge vom Typ Zwammerdam 3 üblich – auf ein dazwischen eingepasstes Segment. Das etwas aufgerichtete äußerste Schiffsende trägt zudem eine versteifende Abdeckung. In den bis auf rund 5 cm Wandstärke ausgehöhlten Stamm sind ähnlich wie in dem mehrgliedrigen Fahrzeug Yverdon 2 plankenartige Elemente und Füllstücke eingesetzt worden.

Abb. 6

Eine als »taillée dans la masse même le la coque« beschriebene Struktur am Rumpfboden kommt als Relikt einer Mastlagerung in Frage, wie sie im typologisch nahestehenden Wrack Zwammerdam 3 begegnet. Prinzipiell vermisst man an dem rund 1 m breiten, mittschiffs 0,58 m hohen belgischen Fund das separate Oberbord aus Weichholz. Statt einer klinkerartig angesetzten Planke trägt die Bordkante jedoch ein halbrundes Nadelholzprofil, gleichermaßen ein unverkennbares Indiz für die enge Verwandtschaft zwischen eher prahmartigen (Typ Zwammerdam 3) und mehr einbaumähnlichen Kompositfahrzeugen (Variante Pommerœul). Hier zeichnen sich aber auch kaum zu übersehende Beziehungen zum vorgeschichtlichen Bootsbau ab.

Kein Fund ist geeigneter, dem gallorömischen Fahrzeug aus der Haine gegenübergestellt zu werden, als der erweiterte Einbaum von Hasholm in East Yorkshire aus dem 4. bis 3. Jh. v. Chr. Sieht man einmal von den abweichenden Holznagel- und Riegelverbindungen ab, überschneiden sich dort nicht nur der Rumpfquerschnitt und die Kaffenform vom Bug; ein hier separat in ein Falz eingefügtes Passstück, der vorne zusätzlich verstärkte Bug, Intarsien in der monoxylen Rumpfbasis sowie mit den Bordkanten verstiftete Leisten füllen eine Stückliste von Baukomponenten, die das konstruktive Erscheinungsbild des Pommerœul-Wracks bestimmen, analog dann auch bei den Vertretern des kaiserzeitlichen Typs Zwammerdam 3 wiederkehren.

Abb. 7

Vergleichsweise komplex oder fortschrittlich anmutende Ausstattungsmuster, wie skulpierte spantähnliche Strukturen oder selbst die klinkerartige Trogerweiterung mittels Seitenplanken, gehen – letztere unter anderen technischen Vorzeichen – weit in die Vorgeschichte zurück. Aus diesem Blickwinkel könnte man in monoxyl basierten gallorömischen Kleinfahrzeugen das Produkt einer bodenständigen Fortentwicklung auf der Grundlage prähistorischer Einbaumtradition sehen. Das steht auch keineswegs zur Debatte, jedoch zeichnet sich hier gleichermaßen eine Überlagerung von außen ab; wird man doch unter den nicht eben wenigen, vereinzelt bis ins Mesolithikum zurückreichenden Stammbooten der Vorgeschichte keines antreffen, das über denselben trapezoiden Rumpfquerschnitt, über die elegant in das Bugkleid eingepassten Seitenplanken verfügt oder gar mit Vorrichtungen zur Lagerung eines Riggs versehen ist. Hierin zeichnet sich der Einfluss zeitgenössischen Plankenbaus ab. Das archäologische Nebeneinander von kleineren Kompositfahrzeugen und größeren Prähmen an Fundplätzen in den Niederlanden, Frankreich, Belgien und in eingeschränkter Weise auch in der Schweiz legt zusammen mit der austauschbaren Handwerkstechnik offen, dass beide ihren festen Platz im gallorömischen Alltag eingenommen haben. So kann gegenseitiges technologisches Vermischen kaum verwundern.

Text: Ronald Bockius

Literatur:
B. Arnold, Piroques monoxyles d'Europe centrale. Construction, typologie, évolution. Teil 1 u. 2. Arch. Neuchâteloise 20-21 (Neuchâtel 1995;1996). – L. Bonnamour, Les techniques de construction navale sur la Saône du Ier au IIIe siècle de notre ère. Caesarodunum 33, 1999, 1 f. – L. Bonnamour, Archéologie de la Saône. 150 ans de recherches (Paris 2000) 55 ff. – G. De Boë, Roman boats from a small river harbour at Pommerœul, Belgium. In: J. du Plat Taylor u. H. Cleere (Hrsg.), Roman shipping and trade: Britain and the Rhine provinces. CBA Research Rep. 24 (London 1978) 22 ff. – G. De Boe, De schepen van Pommerœul en de Romeinse binnenvaart. Hermeneus 52, 1980, 76 ff. – G. De Boe u. F. Hubert, Une installation portuaire d'époque romaine a Pommerœul. Arc. Belgica 192, 1977, 23 ff. – G. De Boe u. F. Hubert, Binnenhafen und Schiffe der Römerzeit von Pommerœul im Hennegau (Belgien). Arch. Korrbl. 6, 1976, 231 ff. – M.-H. Corbiau, Les cours d'eau au sein des communications antiques. Les témoinages de l'archéologie en Belgique. In: Archéologie des Fleuves et des Rivières. Ausstellungskat. Chalon-sur-Saône 2 (Paris 2000) 96. – J. K. Haalebos (mit Beiträgen von C. van Driel-Murray u. M. Neyses), Ein römisches Getreideschiff in Woerden (NL). Jahrb. RGZM 43, 2. Teil, 1996, 499. – M. D. De Weerd, Schepen voor Zwammerdam. Academisch Proefschrift Universiteit van Amsterdam (Amsterdam 1988) 69 ff; 305 f.

DIE FISCHHÄLTER (BÜNNEN) VON ZWAMMERDAM

Am nordwestlichen Rand des römischen Schiffsfriedhofs Zwammerdam (*Nigrum Pullum*), Prov. Zuid Holland (NL) wurden die teilweise vorzüglich erhaltenen Wracks zweier Einbaumkonstruktionen gefundenen, die nur in eingeschränktem Sinne zu den Wasserfahrzeugen zählen. In beiden Fällen handelt es sich um gedeckte, durch Spüllochbohrungen im Rumpf bewässerte Fischhälter, die mangels Auftrieb nicht als Boot, sondern ausschließlich als schwebend im Wasser verankerte oder durch Fahrzeuge geschleppte Bünnen zur Lebendhälterung des Fangs verwendet worden sind. Ihre schiffsartige, an Einbaumboote erinnernde Gestalt wie auch einige bautechnische Einzelheiten sprechen allerdings dafür, dass die schwimmenden Geräte aus vollgültigen Fahrzeugen zweckentfremdend umgebaut worden sind. Ihre Datierung lässt sich nur grob mit 2. bis 3. Jh. n. Chr. umreißen.

Zwammerdam 1

Der in der mittleren Partie durch einen Bagger zerstörte Fund Zwammerdam 1 besteht aus einer ausgehöhlten Eiche mit 4 bis 8 cm Wandungsstärke und U-förmig bis gerundet-rechteckig modellierten Querschnitten. Die Gesamtlänge beträgt knapp 7 m, die Breite rund 1 m und die Höhe 0,3 bis 0,5 m. Eines der beiden Rumpfenden entspricht der charakteristischen Einbaumform mit stumpfem, vom Boden her gerundet aufkimmendem Abschluss mit leicht einziehenden Seiten. Das gegenüber liegende Ende wurde dagegen mit einem senkrechten Spiegelbrett geschlossen, das mit dem monoxylen Trog sowie zwei sich gegenseitig überlappenden, knieförmigen Spanten vernagelt worden war. Dadurch erhielt der Schwimmkörper eine Orientierung: Die bugartige Sektion bewahrt noch Fragmente einer vollflächigen Abdeckung aus drei 4-6 cm starken Bohlen, die auf noch zwei in die Bordkanten eingelassenen Querbalken genagelt waren. Deren Enden liegen unter einer schmalen Schandeckelleiste verborgen. Gegen das stumpfe Rumpfende hin deutet sich eine hier ursprünglich vorhandene Lukenöffnung für die Beschickung des Fischkastens an. Eine vertikale Bohrung im aufkimmenden Boden wird mit der Verankerung des Schwimmkörpers mittels eines Steckens in Verbindung gebracht. Aufgrund der nur 10-30 cm unterhalb der Bordkante durch die Rumpfwand gebohrten Spüllöcher wird der Behälter bis fast zum Rand im Wasser gelegen haben.

Abb. 1-2

Zwammerdam 5

Mit rund 5,5 m Länge, 0,76 m maximaler Breite und etwas weniger als 0,4 m Höhe fällt der Fischhälter Zwammerdam 5 etwas zierlicher aus, gleicht aber dem ersten in etlichen morphologischen und technischen Details. Der eichene Einbaumtrog ist hier mehr geometrisch geformt und verjüngt sich, am stumpfen Ende mit angesetztem Spiegelbrett beginnend, bis zum bugartigen Ende kontinuierlich. Die Wandung ist mit 2,5 bis maximal 4 cm nur halb so stark wie bei Nr. 1. Der an den Seiten bis dicht unterhalb der Seitenlinie mit Spüllöchern versehene Einbaum wird durch ein Querschot in zwei geflutete Abteilungen unterteilt, deren Abdeckung über kleine Scharnierklappen zum Einsetzen und Entnehmen des Fangs verfügte.

Abb. 3

Abb. 4

Abb. 5

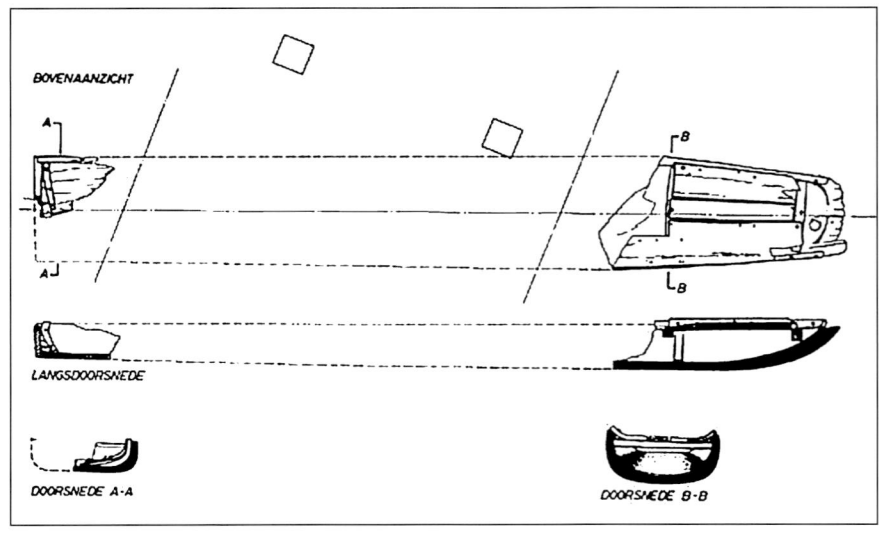

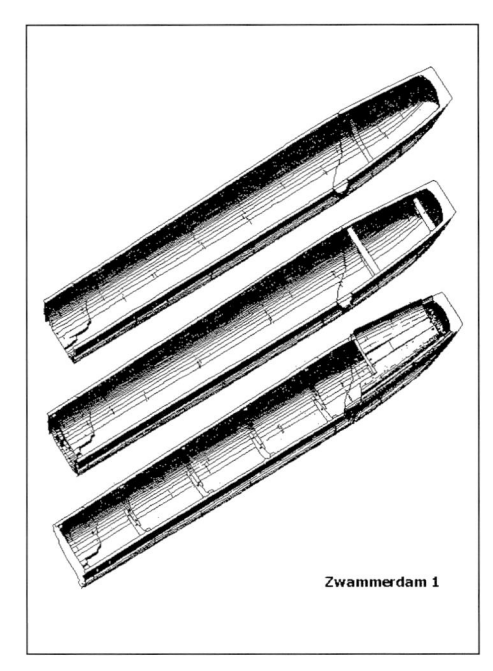

Abb. 1 Zwammerdam, Wrack 1. Plan.

Abb. 2 Zwammerdam, Wrack 1. Perspektivische Rekonstruktionszeichnung.

Abb. 3 Zwammerdam, Wrack 5. Ausgrabungsfoto.

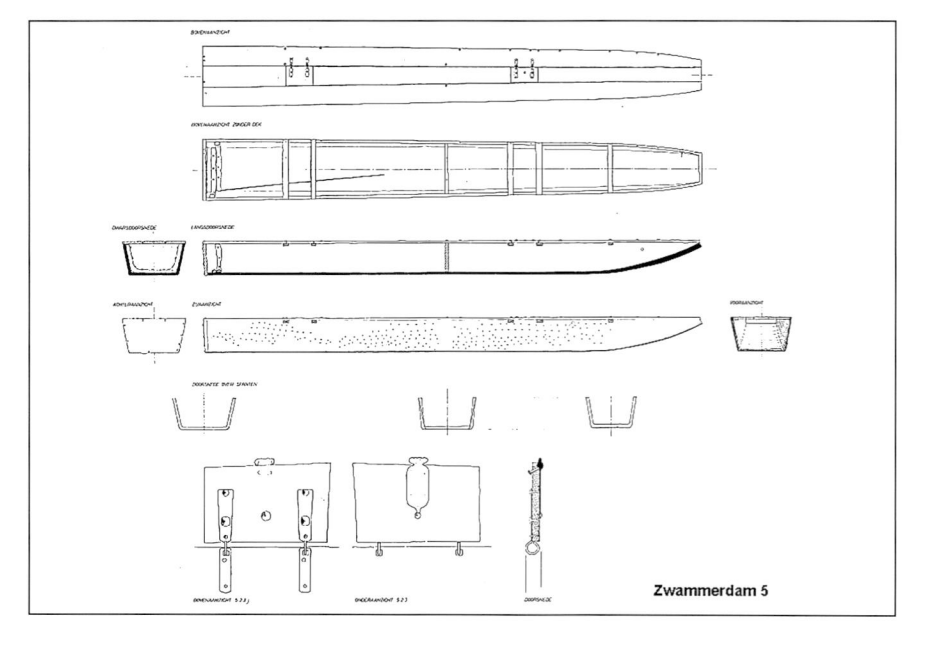

Abb. 4 Zwammerdam, Wrack 5. Plan.

Abb. 5 Rekonstruktion von Zwammerdam 5. Perspektivische Rekonstruktionszeichnung.

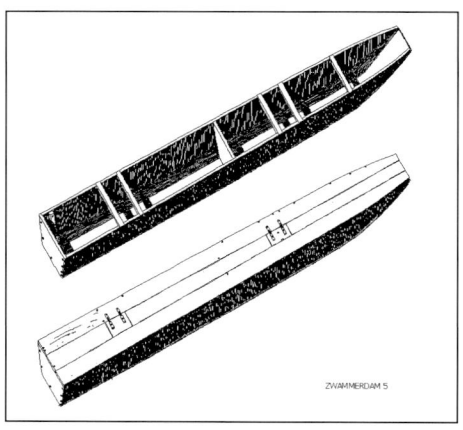

Bis vor kurzem ihrer Art nach einzigartig, steht den römischen Bünnen aus Zwammerdam jetzt ein in Woerden, Prov. Zuid Holland, entdeckter, aber noch unpublizierter Neufund (Woerden, Wrack 5) gegenüber.

Text: Ronald Bockius

Literatur:
B. Arnold, Piroques monoxyles d'Europe centrale. Construction, typologie, évolution. Teil 1 Arch. Neuchâteloise 20 (Neuchâtel 1995) 117 f. – M. D. De Weerd, Schepen voor Zwammerdam. Academisch Proefschrift Universiteit van Amsterdam (Amsterdam 1988) 55 ff.; 83 ff.

DAS WRACK VON VECHTEN

Entdeckung, Ausgrabung und Zeitstellung

Abb. 1

In den Jahren 1892 bis 1894 durch S.F. Muller vorgenommene Ausgrabungen der »Provinciaal Utrechts Genootschap van Kunsten en Wetenschappen« am frühkaiserzeitlichen Kastell von Vechten, Gem. Bunnik, Prov. Utrecht (NL), führten zur ersten Entdeckung eines römischen Schiffsfundes nördlich der Alpen. Das Wrack lag in beträchtlicher Tiefe, teilweise überschnitten von römischen Strukturen. Aufgrund archäologischer Indizien und historischer Erwägungen wird für sein Alter mit augusteisch-tiberischer Zeitstellung gerechnet. Obwohl das Hauptaugenmerk der archäologischen Untersuchung den Baubefunden des Militärplatzes galt, wurde der gut erhaltene Schiffskörper in der mittleren Partie freigelegt, in für die Zeit vorbildlicher Weise dokumentiert und bereits 1895 veröffentlicht. Ein Wassereinbruch in den Grabungsschnitt verursachte allerdings Schäden, so dass die Authentizität fotografischer und zeichnerischer Aufnahmen später mit der Vermutung in Frage gestellt wurde: Am Zustand des Wracks sei korrigiert und die Pläne erst danach angefertigt worden. Überdies tauchten vor rund 20 Jahren unpublizierte Aufzeichnungen des Ausgräbers auf, die dessen Unschlüssigkeit über Details der Schiffsform belegen und darüber hinaus Misstrauen gegenüber der Genauigkeit von mitgeteilten Hauptabmessungen erzeugt haben. Davon einmal abgesehen, enthält die Erstpublikation jedoch wertvolle technische Angaben, die sowohl mit der Bauweise der Oberstimm-Funde übereinstimmen als auch durch im Nederlands Instituut voor Scheeps- en onderwater Archeologie Lelystad aufbewahrte Überreste des Vechtener Wracks bestätigt werden können.

Bauweise und Ausstattung

Abb. 1-2

Bei dem Schiffsfund von Vechten handelte es sich um ein offenes Boot kraweeler Bauart, dessen Außenhaut aus Nadelholzplanken nach mediterranem Muster mit Nut-Feder-Verbindungen versteift war. Obwohl die Schiffsenden nicht freigelegt worden sind, kommt doch für das Fahrzeug nach den erfassten Linien nur die Doppelspitzgattform in Betracht. Für den Querschnitt des Rumpfs bietet die in diesem Punkt unzuverlässige Dokumentation sowohl eine rundgebaute als auch eine plattbodige Version an; erstere überzeugt mehr, weil sie noch am ehesten mit der Zeichnung eines Spantfragments »Eh« in Einklang steht. Die angeblich einheitliche Ausstattung des Rumpfes mit Halbspantpaaren in den Schiffsenden und Wrangen mit angesetzten Seitenstücken in der Mittelsektion löst Misstrauen aus. Hier legen die Grabungsumstände den Verdacht nahe, dass der Bilgebereich des Fahrzeugs aufgrund des Wasserschadens durch den Ausgräber nicht mehr genau untersucht werden konnte und durch ihn nach der Erinnerung – möglicherweise falsch – beschrieben worden ist. Die erwähnte Spantzeichnung geht aufgrund eines dort sichtbaren Nüstergatts wohl auf eine lose auf dem Kiel aufgelegene Bodenwrange zurück, so dass ein System aus Wrangen und Halbspantpaaren näher liegt. Für den auf seiner gesamten Länge gebogenen, zur Sohle hin trapezförmig verschmälerten Kiel lässt sich zwar auf den Befund der Oberstimm-Fahrzeuge, dort insbesondere auf Wrack 1, verweisen; in welchem Maße die Muller'schen Zeichnungen den archäologischen Befund korrekt wiedergeben, bleibt aber ungewiss. Hingegen lässt sich durch Autopsie erhaltener Originalteile bestätigen, dass der

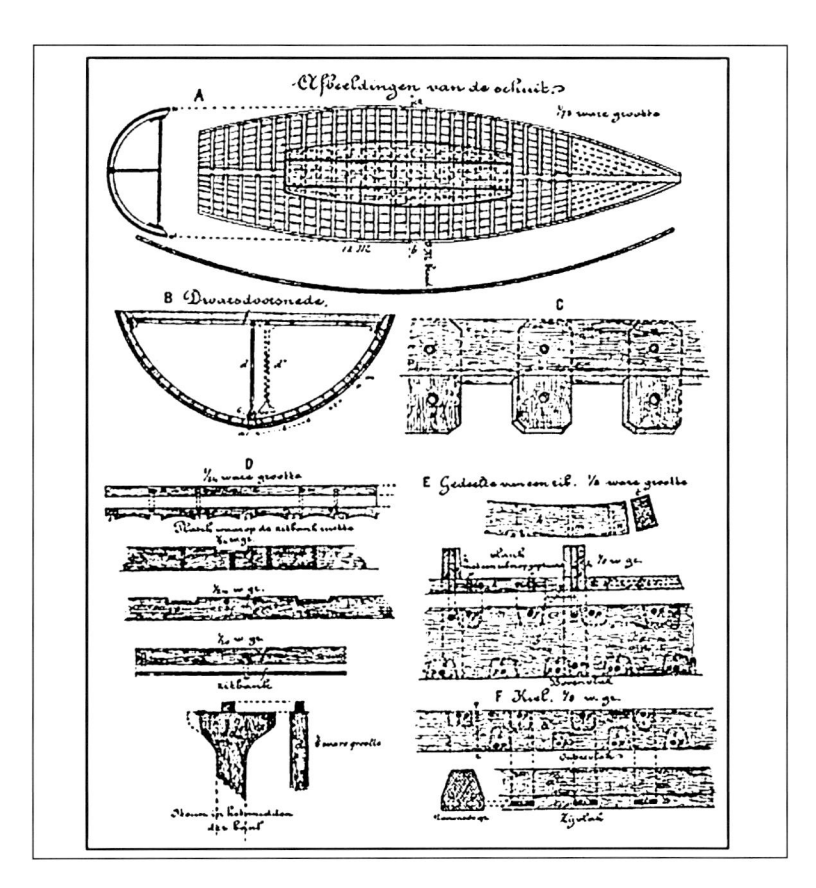

Das Wrack von Vechten

Abb. 1 Vechten. Plan und Bauteilzeichnungen von S.F. Muller aus dem Jahre 1895.

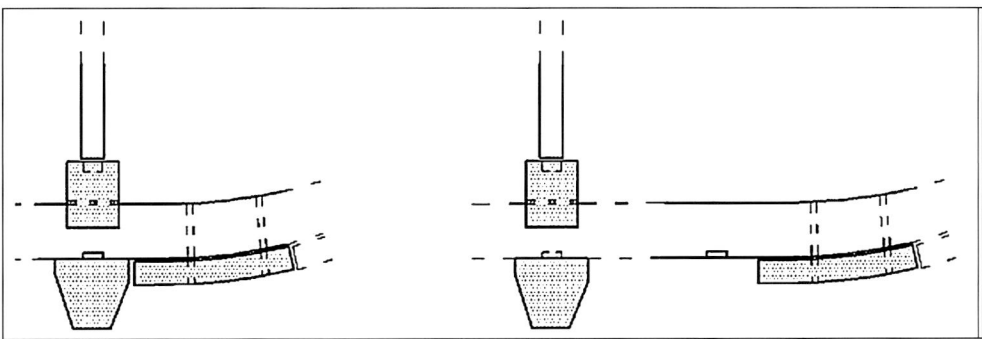

Abb. 2 Vechten. Darstellungsmöglichkeiten des Rumpfquerschnitts auf der Basis einer veröffentlichten Spantzeichnung mit gerundeter Kontur (ein mutmaßliches Nüstergatt lässt gleichermaßen die Zentrierung wie auch seitliches Versetzen des Elements zu).

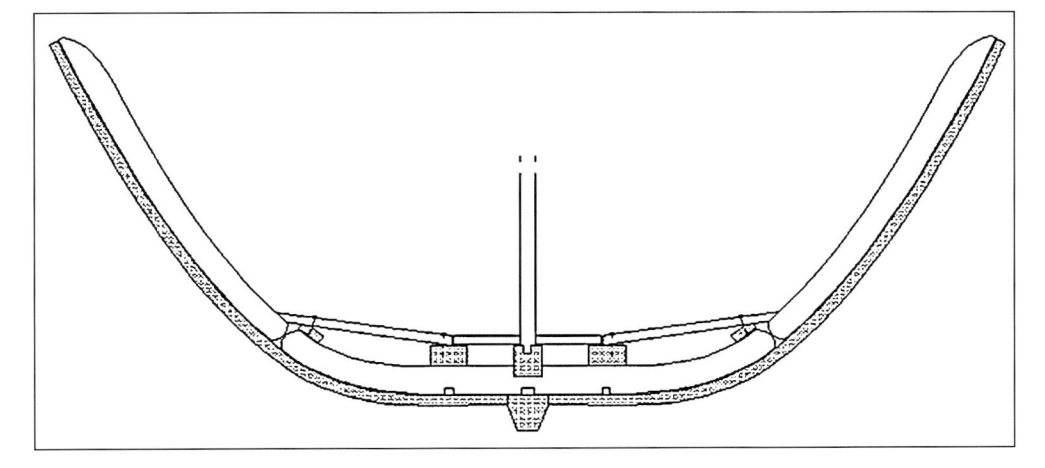

Abb. 3 Vechten. Hypothetische Rekonstruktion des Schiffskörpers mit gerundetem Querschnitt und Einbauten auf der Grundlage einer Neuinterpretation der Grabungsdokumentation sowie der Auswertung erhaltener Originalteile und unveröffentlichter Planunterlagen.

Abb. 3　Rumpf über eine Art Auskleidung verfügte, sei es eine Wegerung im Bodenbereich oder ein auf die Mittelsektion beschränktes tiefliegendes Deck.

Antrieb und Funktion

Das Wrack von Vechten enthielt wichtige Spuren, die auf die Art der Mannschaftsunterbringung schließen lassen. Ein mittels Ausklinkungen auf die Spanten gesetztes und dort in lockeren Abständen vernageltes Kielschwein diente als Fundament zur Unterfangung von etwa 20 cm breiten Ruderbänken. Diese lagen auf mittig angeordneten Stützen, die jeweils mit dem Kielschwein und den Duchten verzapft waren. Die Ruderbankflanken rasteten in Duchtwegern mit länglich-flachen Ausschnitten. Ihr Zwischenabstand von weniger als 1 m weist auf eine Platz sparende Mannschaftsunterbringung und eine relativ große Besatzungszahl hin. Der Nachweis eines Kielschweins weist auf eine Hilfsbesegelung hin.

Für die Gesamtlänge des Bootes ist ein Maß von deutlich über 12 m anzunehmen, für die maximale Breite 2,5 bis 3 m und weniger als 1,5 m für die Höhe mittschiffs. Die Platzverhältnisse im Rumpf lassen mit einer Mannschaftsgröße von 18 oder 20 Ruderern rechnen. Demnach stimmt der Schiffsfund von Vechten in wesentlichem Umfang mit Bauweise, Abmessungen und Betriebsart der Mannschaftsboote von Oberstimm überein und kommt als früher Vertreter des Typs Oberstimm in Betracht.

Text: Ronald Bockius

Literatur:
R. Bockius, Die römerzeitlichen Schiffsfunde von Oberstimm (im Druck). – D. Ellmers, Frühmittelalterliche Handelsschiffahrt in Mittel- und Westeuropa. Offa-Bücher 28 (Neumünster 1972) 293 ff. – O. Höckmann, Römische Schiffsfunde westlich des Kastells Oberstimm. Ber. RGK 70, 1989, 321 ff. – O. Höckmann, Der erste römische Schiffsfund am Rhein. Das Logbuch 30, 1994, 201 ff. – O. Höckmann, Antike Schiffsfunde aus der Donau. In: In Poseidons Reich. Archäologie unter Wasser. Zaberns Bildbände Arch. 23 (Mainz 1995) 82 ff. – S. F. Muller, Verslag van de opgravingen van Romeinsche oudheden te Vechten gedaan op kosten van het Provinciaal Utrechts Genootschap van Kunsten en Wetenschappen in de jaren 1892-1894. In: Verslag van het verhandelde in de Algemeene Vergadering van het Provinciaal Utrechts Genootschap van Kunsten en Wetenschappen, gehouden en 25 Juni 1895 (Utrecht 1895) 122 ff. – M. D. De Weerd, Schepen voor Zwammerdam. Academisch Proefschrift Universiteit van Amsterdam (Amsterdam 1988).

DAS BOOT YVERDON 2

Entdeckung, Erhaltung und Datierung

Gefunden im Jahre 1984 bei Grabungen in der Altstadt von Yverdon (CH), rund 200 m nördlich der römischen Festung Eburodunum im Bereich vor dem antiken Mündungstrichter der Thièle in den Neuenburger See, repräsentiert das am Übergang vom 3. zum 4. Jh. n. Chr. entstandene Boot einen Fahrzeugtypus, der in seinem ursprünglichen Bauzustand einer Variante der Stammboote angehörte, die im späten 4. Jh. im Rahmen von Reparaturmaßnahmen durch Einfügen von Planken verändert worden ist. Der einst etwa 10 m lange, kaum 1,5 m breite und mittschiffs 0,7 m hohe eichene Rumpf ist umfangreich erhalten. Schäden beschränken sich auf Bug und Heck sowie auf eine der Bordwände. Der Schiffskörper verjüngt sich in unterschiedlichem Maße zu den stumpf abschließenden Enden hin, wobei der flache Schiffsboden dort jeweils in gerundeten Konturen aufkimmt. Trotz seiner Plattbodigkeit verlaufen die Seiten des Schiffskörpers – begünstigt durch dessen Modellierung aus gehöhlten Baumstämmen – leicht gerundet, mit den Bordkanten sogar etwas nach binnenbords gelehnt.

Abb. 1-2

Abb. 3

Bauart

Das Fahrzeug war ursprünglich als zweischaliges Stammboot konstruiert, dessen Rumpf aus zwei gehöhlten Eichen bestanden hat. Zur Herstellung einer provisorischen Bausteifigkeit waren die im Bodenbereich bis zu 8 cm starken Elemente vorübergehend mit Holzstiften auf einer Unterkonstruktion befestigt. Die Naht zwischen den spiegelsymmetrisch geformten Hälften verlief entlang der Mittelachse, gesichert durch wechselweise von der einen oder anderen Seite tangential eingeschlagene Nägel sowie in lockeren Abständen außen aufgenagelte kurze Bandeisen. Eiserne Bandagen im Heckbereich deuten auf eine separat angesetzte Aufhöhung hin. Mit Flacheisen oder Eisenklammern und tangentialer Vernagelung wurde Rissbildung entgegengewirkt, und so sind auch die nachträglich eingepassten Flickhölzer bzw. Planken fixiert worden. Zur Abdichtung der Nähte dienten von außen eingepresste Stränge aus Moos, die mit hauchdünnen Leistchen abgedeckt und durch doppelreihig angeordnete Nägelchen geheftet waren.

Abb. 4-5

Für die Verbindung und Queraussteifung beider Rumpfschalen sorgte ein in Abständen von rund 1 m bis 1,25 m verlegtes System aus gewachsenen Spanten, mehrheitlich Paare knieartiger Korben. Ein zierlicher, im Vorschiffsbereich quer über die Mittelnaht genagelter Eicheklotz enthielt ein Stemmloch zum Einsetzen eines Masts (oder Treidelpfostens?). Ein ähnlich geformtes Objekt aus Nadelholz (*Abies alba*) wurde auf dem Boden des Achterschiffs liegend angetroffen. Das Element kommt aufgrund fragwürdiger Festigkeit sowie wegen seiner Anordnung im Rumpf nicht als weitere Mastspur in Betracht, weist aber auf die ursprüngliche Existenz eines Einbaus hin, vermutlich auf eine Sitzducht, die dort durch eine vertikale Stütze unterfangen worden ist.

Antrieb und Verwendung

Auf den Antrieb durch menschliche Muskelkraft deuten die Montagespuren von Duchten hin. Fünf an der fast komplett erhaltenen Steuerbordseite nachweisbare, beim Höhlen des Rumpfrohlings modellierte Knaggen mit horizontalem Einschub dienten als Lager für et-

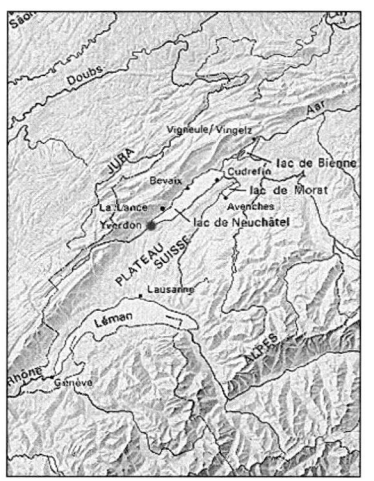

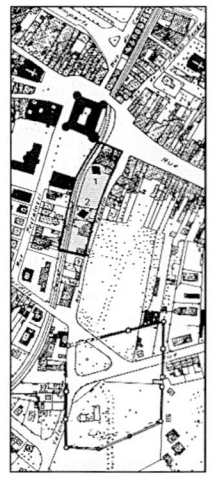

Abb. 1-2 Yverdon, Wrack 2. Karte und Plan.

Abb. 3 Yverdon, Wrack 2. Ausgrabungsfoto.

Abb. 4 Yverdon, Wrack 2. Schematische Darstellung des Bauvorgangs.

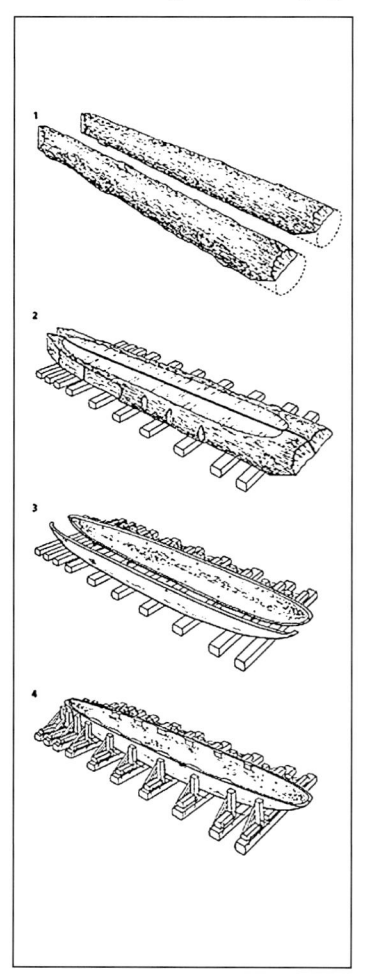

Abb. 5 Yverdon, Wrack 2. Plan: Oben (Nr. 6-7) Ansicht von unten, mit und ohne eingepasste Planken; unten (Nr. 8-9) Seitenansicht und Draufsicht.

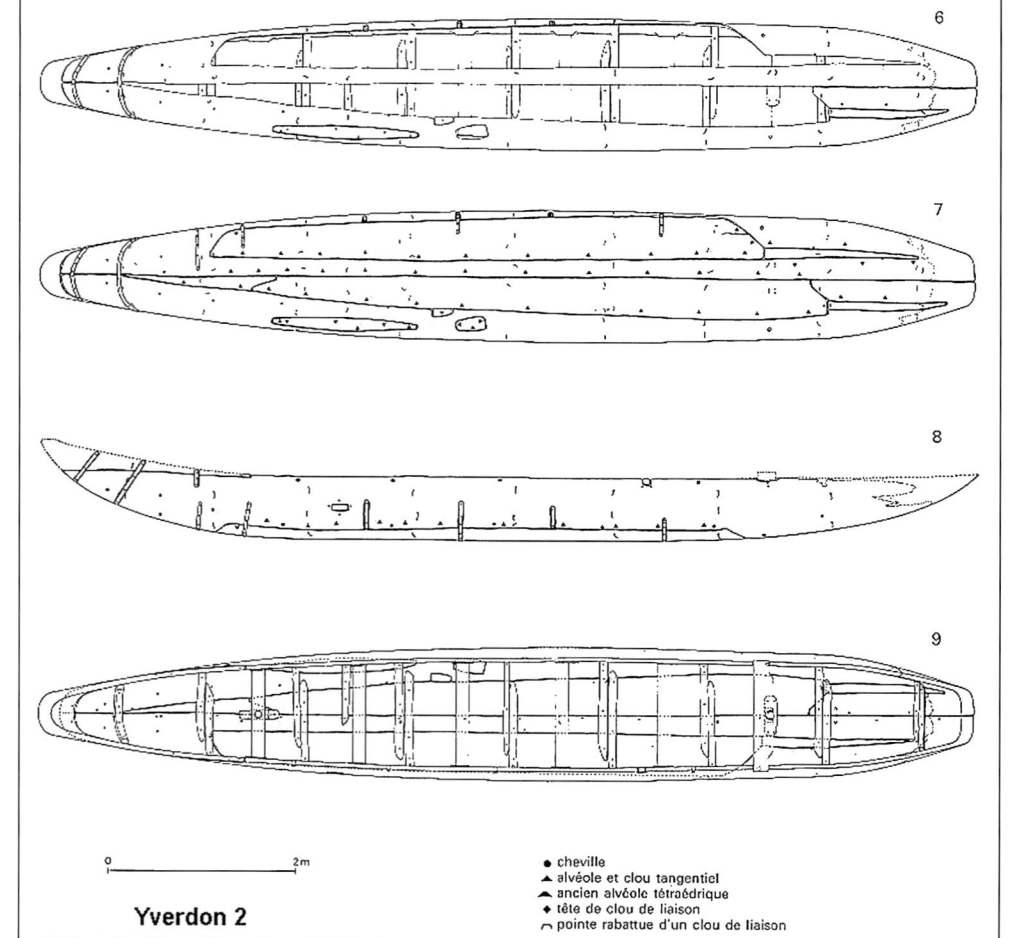

- cheville
- alvéole et clou tangentiel
- ancien alvéole tétraédrique
- tête de clou de liaison
- pointe rabattue d'un clou de liaison

wa 3 cm starke Bänke mit einem Abstand von 108 bis 110 cm. Ihre Sequenz wies im Bereich der Querschiffsachse durch die Mastspur eine Lücke auf; dort ist mit dem ursprünglichen Vorhandensein einer weiteren Ducht zu rechnen, die unmittelbar achterlich vom Mast den Bootskörper querte und zur Versteifung der Takelage beigetragen hatte. Das Fahrzeug ließ sich nicht konventionell mit paarweise untergebrachter Riemenbesatzung fahren – dagegen spricht seine viel zu geringe Breite. Sechsköpfiger Riemenbetrieb bei jeweils einfach besetzten Duchten ist nur dann denkbar, wenn das Boot gegen die unter Segel übliche Fahrtrichtung, also über das Heck, gerudert worden ist. Darauf weisen nach dem Anordungsprinzip der Ruderbänke verteilte und von diesen in geeigneter Distanz (rund 35 bis 40 cm) bugwärtig entfernte zylindrische Bohrungen knapp unterhalb der Bordkante hin, wenn man sie als Tauwerkdurchführungen für Grummets (Riemenwiderlager) auffasst. Allerdings lässt der mit knapp 10 cm allzu geringe Höhenunterschied zwischen der erschließbaren Sitzfläche sowie der Bordkante grundsätzlich an Ruderbetrieb zweifeln. Hingegen würde sich das mit 0,7 t leichte Boot, besetzt mit zwölf Mann, in idealer Weise für den Antrieb mit Paddel eignen; reduzierte sich unter solchen Voraussetzungen doch der Freibord auf weniger als 40 cm. Der in Erwägung gezogenen militärischen Verwendung des Fahrzeugs durch die ortsansässige *Classis Barcariorum* steht auch aus dieser Sicht nichts im Wege, zumal selbst der aus der Notitia dignitatum bekannte, auf das befestigte spätantike Yverdon beziehbare lateinische Flottenname an die Ausrüstung mit Kleinfahrzeugen denken lässt.

Text: Ronald Bockius

Literatur:
B. Arnold, Batellerie gallo-romaine sur le lac de Neuchâtel 2. Arch. Neuchâteloise 13 (Saint-Blaise 1992) 22 ff. – R. Bockius, Gleichmaß oder Vielfalt? Zum interscalmium bei Vitruv (De architectura I2,21f.). Studia Antiquaria. Festschr. Niels Bantelmann. Universitätsforschungen zur Prähistorischen Archäologie 63 (Bonn 2000) 119 ff. – M. Reddé, Mare Nostrum. Bibl. Écoles Franç. Athènes Rome 116 (Rom 1986) 307 f.; 628 ff. – Fr. Terrier (Hrsg.), Les embarcations gallo-romaines d'Yverdon-les-Bains. Exposition permanente au Château d'Yverdon-les-Bains (Yverdon-les-Bains 1997) bes. 18 ff. – D. Weidmann u. M. Klausener, Un canot gallo-romain à Yverdon-les-Bains. Arch. Suisse 8, 1985, 8 ff.

DAS SCHIFF MAINZ 1

Entdeckung und Erhaltung

Abb. 1
Abb. 2

Das Schiff 1 wurde im November 1981 in der Baugrube des Hotels Hilton II zwischen Rhein- und Löhrstraße entdeckt. Es lag mit seiner linken hinteren Seite auf der Uferböschung, so dass sich nur auf der Backbordseite die aus sieben Plankengängen bestehende Bordwand bis zum Dollbord erhalten hat. Von der Steuerbordseite blieben nur die untersten drei Plankengänge übrig. Der Rest ist ebenso wie das Vorschiff mit Mastspant und Bug vergangen. Das Wrack ist heute noch 10,80 m lang, 1,80 m breit und 1 m hoch.

Datierung

Dendrochronologische Untersuchungen ergaben, dass das Eichenholz, aus dem Schiff 1 besteht, in den Jahren um 376 n.Chr. gefällt wurde. Ausbesserungen wurden anscheinend in den Jahren 385 und 394 n.Chr. vorgenommen. Von besonderer Bedeutung ist eine Bronzemünze, die als Opfergabe zwischen der Bordwand und Spant 2 auf der Höhe des 4. Plankengangs steckte. Sie wurde unter Kaiser Theodosius I. in den Jahren 388-392 n.Chr. geprägt.

Funktion

Abb. 4

Das Schiff 1 gehört wie die Schiffe 2, 4 und 5 aus Mainz zu einem Schiffstyp, der in der Fachliteratur als Typ Mainz A bezeichnet wird. Dessen ursprüngliches Aussehen zeigt der Nachbau I im Museum für Antike Schiffahrt in Mainz. Es handelt sich bei diesem Typ um ein schlankes, schnelles Ruderschiff, das bei günstigem Wind auch gesegelt werden konnte und als Mannschaftstransporter für Soldaten diente.

Einzelheiten der Konstruktion

Planken

Abb. 3

Wie jedes der fünf spätantiken Schiffe aus Mainz ist auch Schiff 1 mit Hilfe von Mallen (Schablonen, die die Rumpfkontur vorgeben) gebaut worden. Es ist kraweel beplankt ohne zusätzliche Nut-und-Feder-Verbindung der 2 cm dicken und 20-24 cm breiten Planken untereinander. Der 2. und 4. Plankengang sind Totgänge; im Plankengang Backbord 5 gibt es eine stumpfe Schäftung.

Kiel

Abb. 5
Abb. 6

Der 5 cm starke, 25 cm breite Kiel besitzt in der Mitte eine Bilgerinne. An seinem achteren Ende ist der Achtersteven aus gewachsenem Krummholz aufgelascht. In Abständen von

Schiff Mainz 1

Abb. 1   Mainz 1. Lageplan der Mainzer Schiffe 1-5.

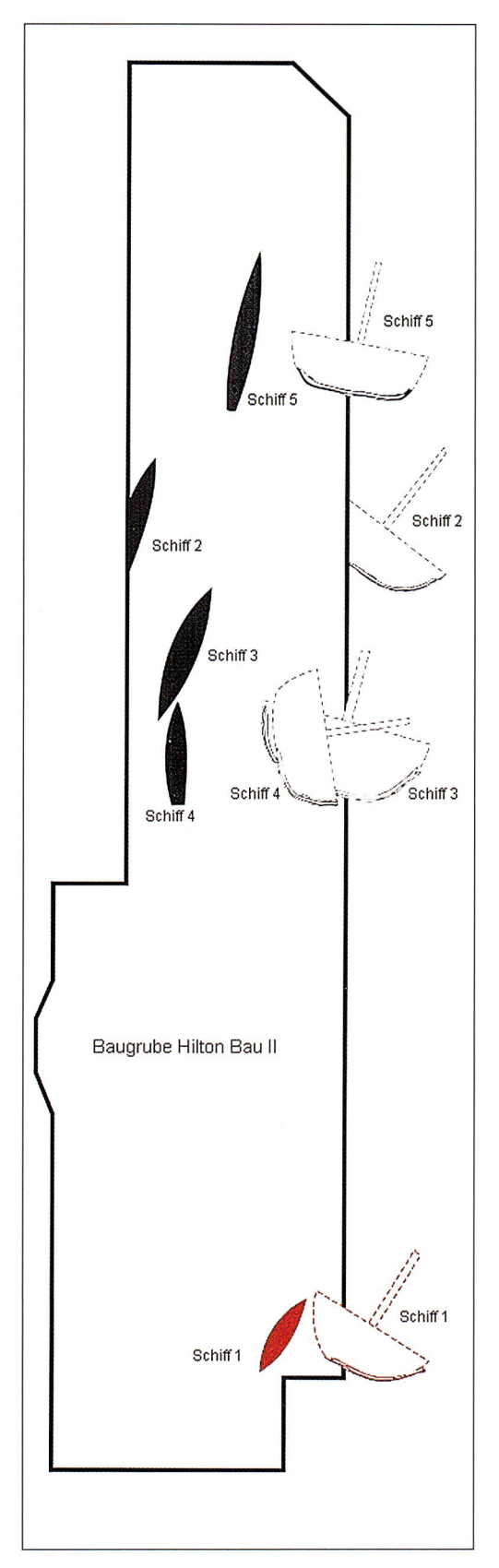

Abb. 2   Mainz 1. Ausgrabung.

Abb. 3   Mainz 1. Schemazeichnung mit Totgängen (markiert).

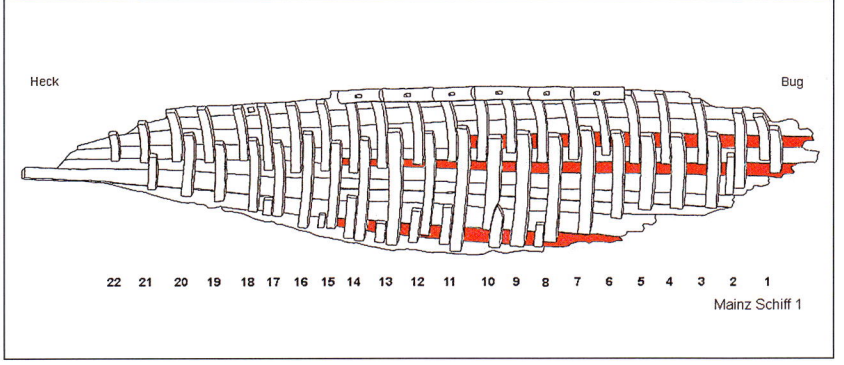

Abb. 4   Rekonstruktion des Typs Mainz A als Nachbau I im Museum für Antike Schiffahrt.

Schiff Mainz 1

Abb. 5 Mainz 1. Achtersteven mit Resten von Plankengang 1 von der Steuerbordseite.

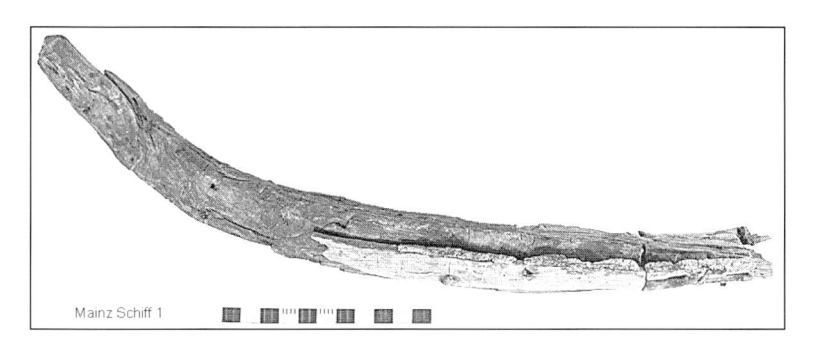

Abb. 6 Mainz 1. Kiel mit Anrisslinien von Wrange A12 und A13, innen.

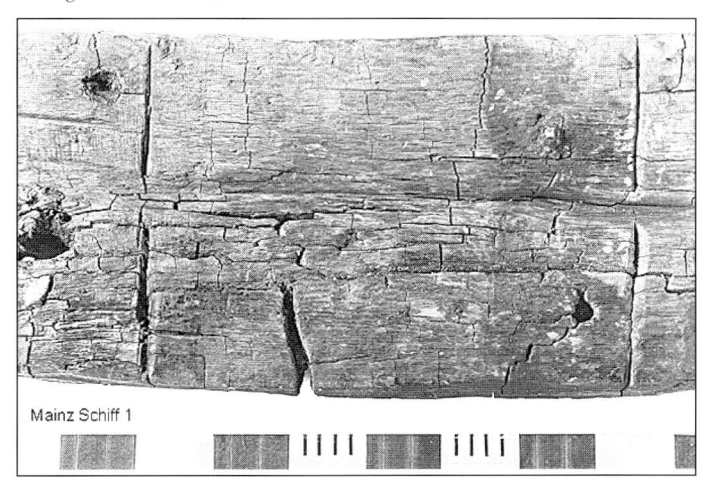

Abb. 7 Mainz 1. Wrange A19 von hinten.

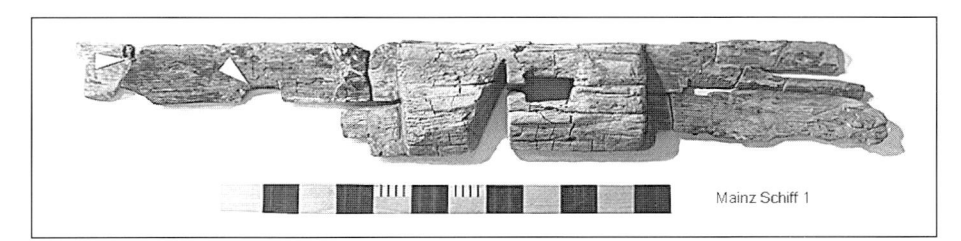

Ab. 8 Mainz 1. Schandeckel.

Abb. 9 Mainz 1. Innenansicht.

Abb. 10 Nachbau I.. Schandeckel und Reling.

Abb. 11 Nachbau I. Innenausbau.

Abb. 12 Rekonstruktion des Typs Mainz A. Querschnitt mit Einbauten.

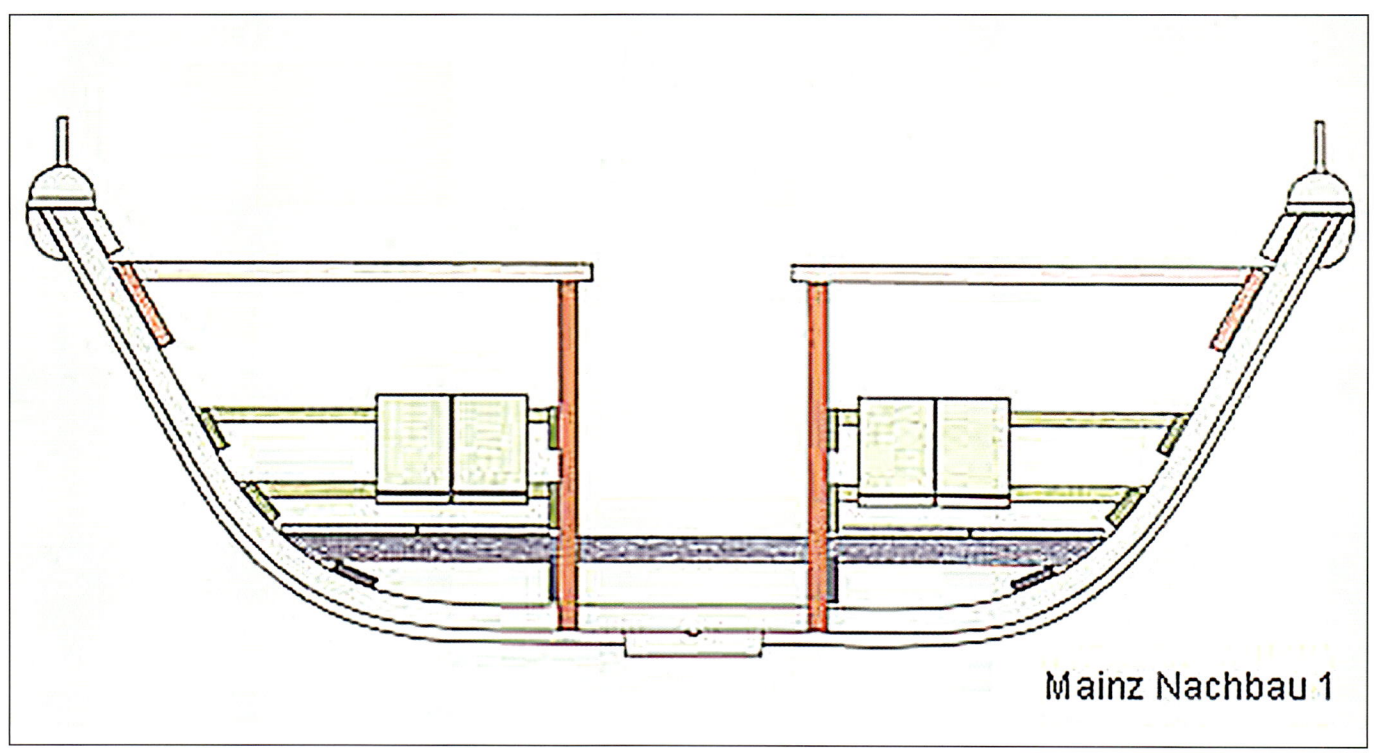

Schiff Mainz 1

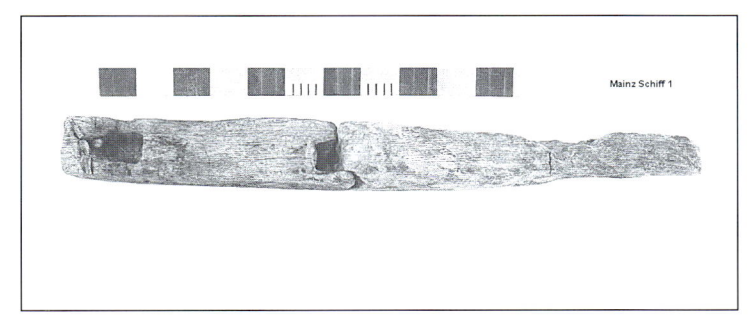

Abb. 13 Mainz 1. Ruderbalken von hinten.

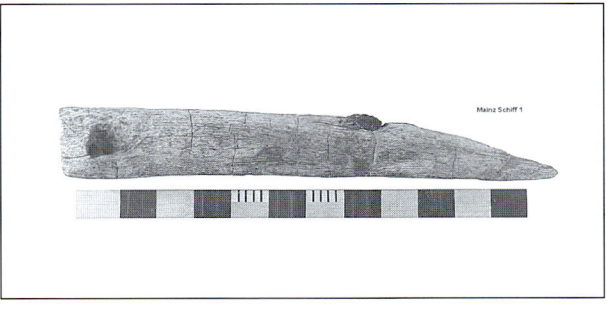

Abb. 14 Mainz 1. Innere Ruderbalkenstütze von unten.

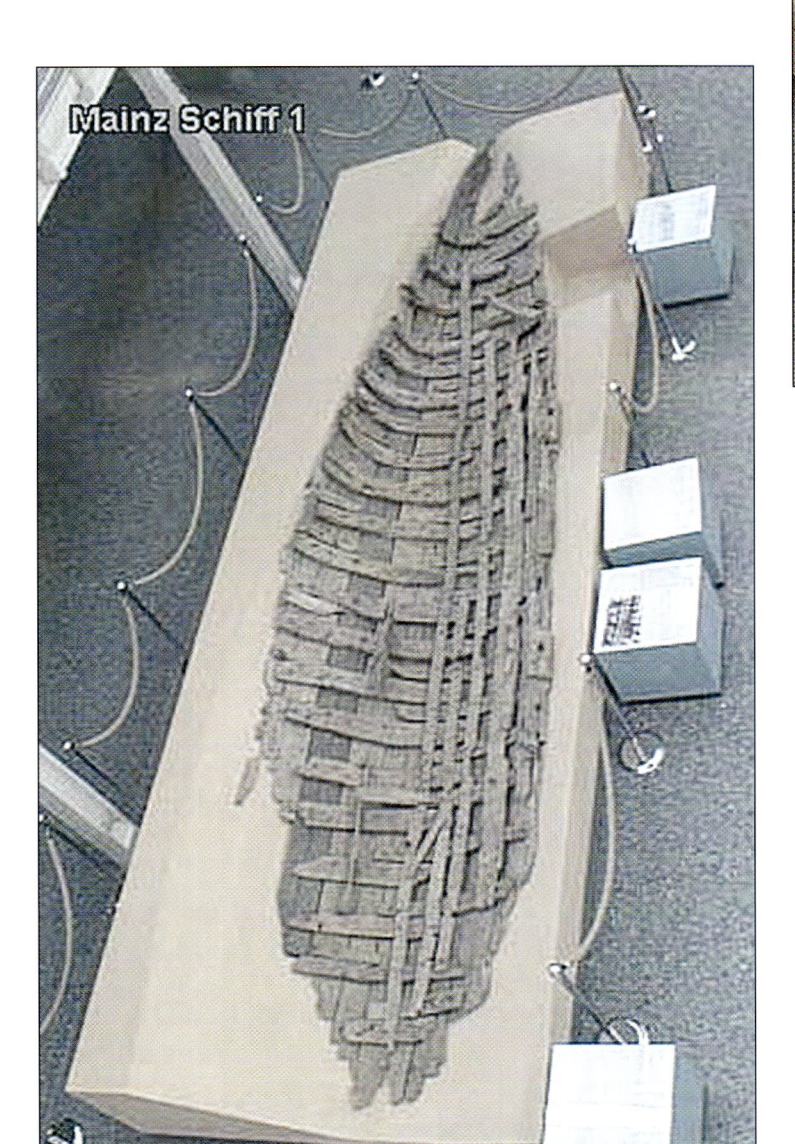

Abb. 15 Nachbau I. Ruderanlage von hinten.

Abb. 16 Mainz 1. Präsentation im Museum für Antike Schiffahrt.

31-32 cm hat der antike Bootsbauer den Sitz der Spanten auf dem Kiel angerissen.

Spanten

Abb. 7 Das im Schiff 1 verwendete Spantsystem besteht aus Bodenwrangen und separat daneben gesetzten Seitenspanten für die Bordwände. Sie befinden sich in der Regel achterlich der Wrangen. Die letzten, schon auf dem Achtersteven stehenden Wrangen bestehen aus entsprechend gewachsenen Astgabeln.

Dollbord

Abb. 8

Abb. 10

Für den Dollbord wurde die oberste Planke außen durch eine Scheuerleiste, innen durch einen Dollbaum verstärkt. Auf die so verbreiterte Bordkante legte man einen Schandeckel. Er besteht aus einem halbierten Baumstamm, der in regelmäßigen Abständen bis auf 2 cm Stärke abgearbeitet ist. In den Aussparungen der halbrunden Riemenauflagen steckten die Dollpflöcke für die Riemen (Antriebsruder). In den flachen Teilen des Schandeckels gibt es ebenfalls Aussparungen zur Befestigung der Reling.

Innenausbau

Abb. 11

Abb. 9

Abb. 12

Stringer und Längsversteifungen im Schiffsinneren lassen Aussagen über den Innenausbau zu. Der Duchtweger unmittelbar unter dem Dollbaum zeigt Aussparungen für die Sitzduchten der Ruderer. Das andere Ende der Duchten lag auf Stützen, die an den Spanten auf dem Schiffboden parallel zu Kiel befestigt waren. Die Duchtstützen sind durch drei schmale Stringer miteinander verbunden, denen weitere Stringer an der inneren Bordwand entsprechen. Neben ihrer Funktion als Längsversteifung bildeten die Stringer die Auflagen für Querbalken, wie entsprechende Aussparungen zeigen. Dabei lassen sich ehemalige Balken für die Seitendecks und zwei schräg zueinander angeordnete Balken für die Stemmbretter der Ruderer unterscheiden.

Steuerungsanlage

Abb. 13

Abb. 14

Abb. 15

Von der Steuerungsanlage hat sich bei Schiff 1 ein Rest des 8,2 × 9,0 cm starken Querbalkens erhalten, der als Widerlager für die beiden seitlichen Steuerruder diente. Er war an der Außenseite durch zwei gekrümmte, schwere Holzteile nach hinten abgestützt. Während sich das innere, unmittelbar an der Bordwand angebrachte erhalten hat, zeugt von dem äußeren, schräg mit der inneren Stütze verbundenen nur noch ein Zapfloch im Ruderbalken. Die Funktion eines weiteren Zapflochs an der Vorderseite des Ruderbalkens kann z.Z. noch nicht erklärt werden.

Aufbewahrung

Abb. 16 Das mit Kunstharz konservierte Schiff 1 steht in der Ausstellung des Museums für Antike Schiffahrt und ist dort in seiner Fundlage zu sehen.

Text: Barbara Pferdehirt

Literatur:
O. Höckmann, Zur Bauweise, Funktion und Typologie der Mainzer Schiffe. In: G. Rupprecht (Hrsg.), Die Mainzer Römerschiffe (Mainz 1982) 44 ff. – Ders., Spätrömische Schiffsfunde aus Mainz. Archäologisches Korrespondenzblatt 12, 1982, 230-250. – Ders., Spätrömische Schiffe aus Mainz. Beiträge zur Rheinkunde N.F. 35, 1983, 3-10. – Ders., Römerschiffe in Deutschland. Die Schiffsfunde aus Mainz-Löhrstraße. Archäologie in Deutschland 1986.2, 38-40. – Ders., La navigazione sul Reno e sul Danubio in epoca Romana. In: P. A. Gianfrotta (ed.), Atti IV rassegna di archeologia subacquea (Messina 1991) 92-112. – Ders., Late Roman Rhine vessels from Mainz, Germany. The International Journal of Nautical Archaeology 22, 1993, 125-135. – S. McGrail, Romano-Celtic boats and ships: characteristic features. The International Journal of Nautical Archaeology 24, 1995, 139-145. – O. Höckmann, Mainz Boats. In: J. P. Delgado (Hrsg.), Encyclopaedia of Underwater and Maritime Archaeology (London 1997). – R. Bockius, Gleichmaß oder Vielfalt. Zum *interscalmium* bei Vitriv *De architectura* I 2,21 f.). Studia Antiqua – Festschrift für Niels Bantelman zum 60. Geburtstag (Bonn 2000) 111-125. – B. Pferdehirt, Das Museum für Antike Schiffahrt I (Mainz 1995).

DAS SCHIFF MAINZ 2

Entdeckung und Erhaltung

Abb. 1
Abb. 2

Im Winter 1981/82 wurde das Schiff 2 am Rand der Baugrube für das Hotel Hilton II an der Löhrstraße entdeckt. Erhalten blieb die hintere linke Schiffshälfte mit dem Kiel und einem Teil des Achterstevens. Da die Baugrubenwand das Wrack durchschnitten hat, konnte es nur auf einer Länge von 10,80 m geborgen werden. Die Breite des noch vorhandenen Teils beträgt 1,80 m, die Höhe 1 m.

Datierung

Wie alle bisher in Mainz gefundenen Schiffe wurde auch Schiff 2 aus Eichenholz gebaut. Dendrochronologische Untersuchungen ergaben Fälldaten für das Bauholz aus den Jahren 241, 262 und 287 n.Chr., wobei an allen untersuchten Proben das Splintholz und die Waldkante fehlen. Man wird daher davon ausgehen dürfen, dass die für den Bau von Schiff 2 verwendeten Eichen im 4. Jh. n.Chr. geschlagen wurden.

Funktion

Abb. 4

Schiff 2 gehört nach den bisherigen Untersuchungen zum Typ A der spätantiken Mainzer Schiffe, wie ihn der Nachbau I im Museum für Antike Schiffahrt in Mainz verkörpert. Damit kann Schiff 2 als ein für den Einsatz auf Flüssen vorgesehener militärischer Mannschaftstransporter angesprochen werden.

Einzelheiten der Konstruktion

Planken

Abb. 5

Dübelspuren in den Planken von Schiff 2 belegen, dass sein Rumpf zunächst mit Hilfe von Mallen (Spantschablonen) errichtet worden ist, bevor man diese dann durch die endgültigen Spanten ersetzte.

Abb. 3

Die 2-2,5 cm dicken, ca. 20-30 cm breiten Planken sind kraweel, also stumpf aufeinander gesetzt. Von den insgesamt neun Plankengängen können der 3. und 5. Plankengang als Totgänge angesprochen werden.

Kiel

Abb. 6
Abb. 7

Auf dem hinteren Ende des 5-6 cm starken, 25 cm breiten Kiels mit Bilgerinne wurde der aus einem Krummholz gearbeitete Achtersteven mit einer einfachen Blattlasche durch Nägel befestigt.

In Abständen von ca. 47 cm hat der antike Bootsbauer den Sitz der Spanten auf dem Kiel

Schiff Mainz 2

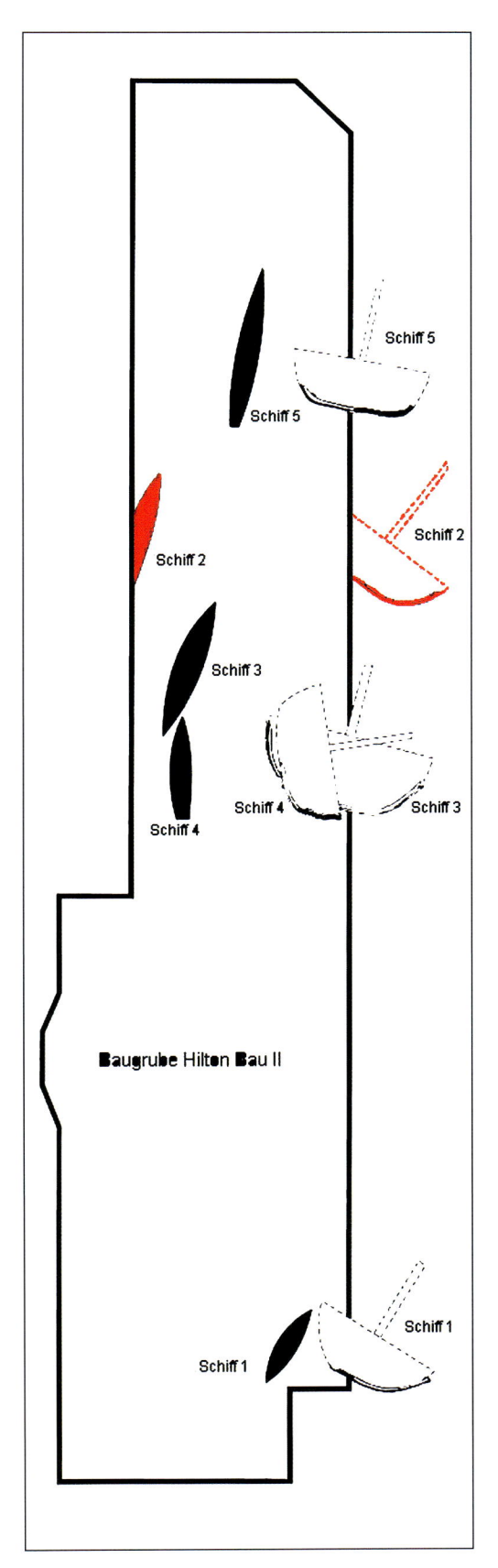

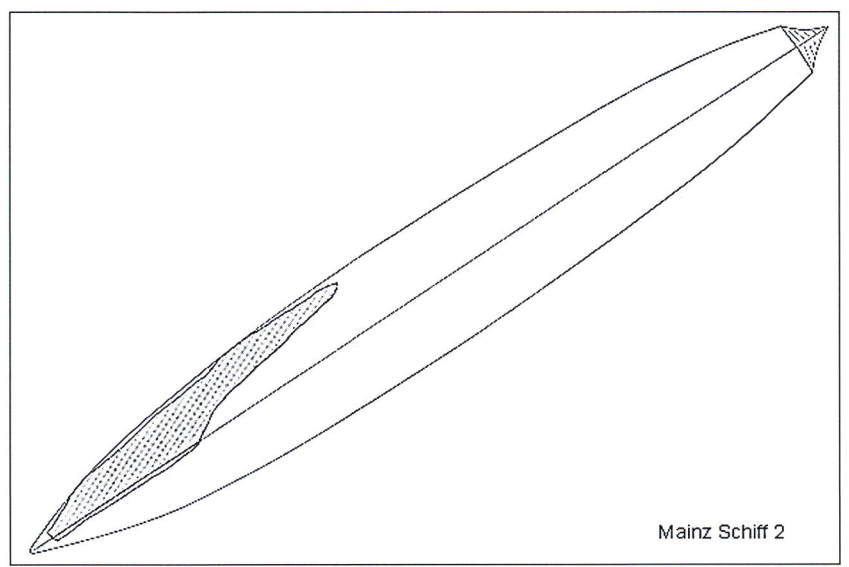

Abb. 2　Mainz 2. Erhaltener Teil.

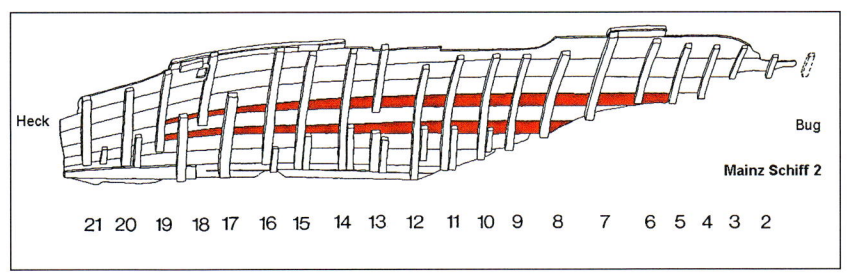

Abb. 3　Mainz 2. Schemazeichnung mit Totgängen (markiert).

Abb. 4　Rekonstruktion des Typs Mainz A als Nachbau I im Museum für Antike Schiffahrt.

Abb. 1　Mainz 2. Lageplan der Mainzer Schiffe 1-5.

Abb. 5 Mainz 2. Bordwand mit Dübeln für eine Malle neben dem Spant.

Abb. 6 Mainz 2. Verbindung von Achtersteven und Kiel.

Abb. 7 Mainz 2. Kiel mit Anrisslinie von Spant 16.

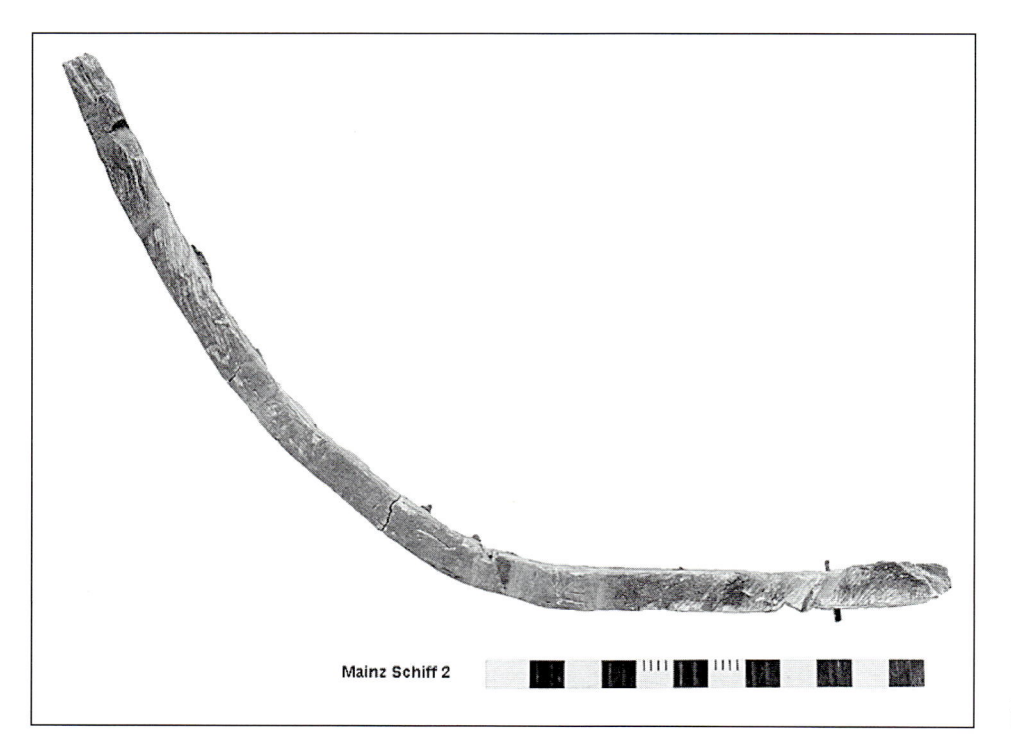

Abb. 8 Mainz 2. Halbspant Backbord A15 von hinten.

Schiff Mainz 2

Abb. 9   Mainz 2. Eingesetzte Riemenauflage (Loser Fund) mit Dollpflock von der Seite.

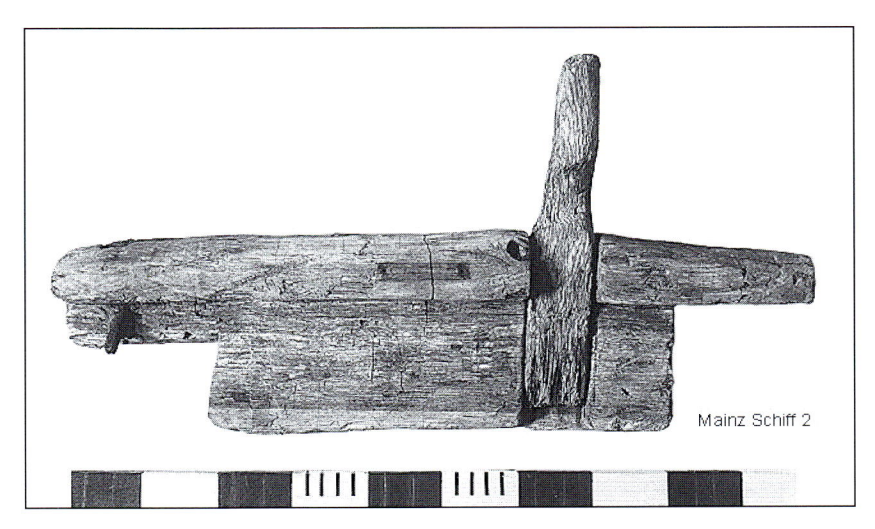

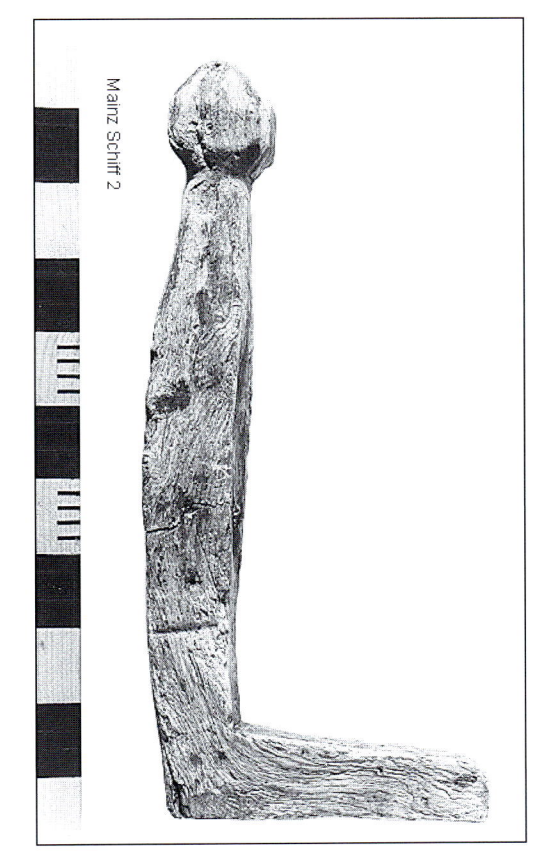

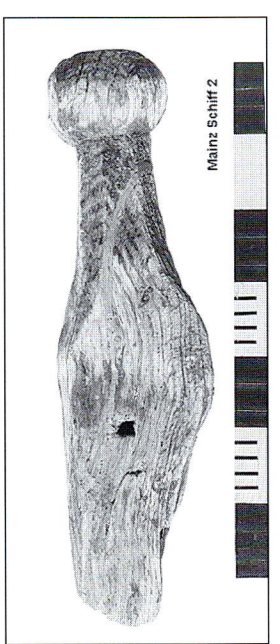

Abb. 10   Mainz 2. Knieholz mit Knaufende (loser Fund).

Abb. 11   Mainz 2. Seitenspant mit Knaufende (loser Fund), Aufsicht.

Abb. 12   Mainz 2. Ruderanlage.

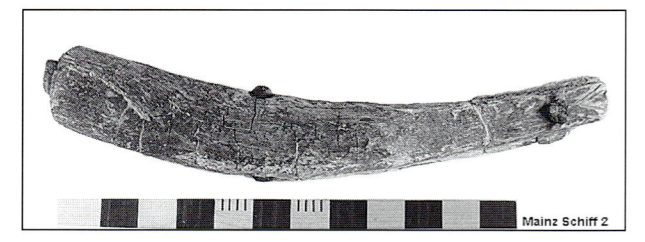

Abb 13   Mainz 2. Ruderbalkenstütze von außen.

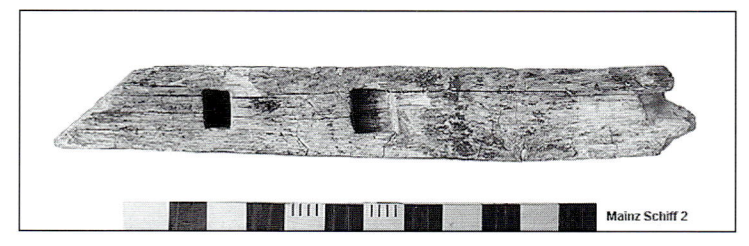

Abb. 14   Mainz 2. Ruderbalken von hinten mit Aussparungen für Ruderbalkenstützen.

Abb. 15   Mainz 2. Ende der Ruderbalkenstütze mit Markierung, von außen.

Abb. 16   Mainz 2. Präsentation im Museum für Antike Schifffahrt.

markiert. Die gegenüber den übrigen Schiffen größeren Abstände der Anrisslinien erklären sich durch die paarweise Anordnung der Spanten: Die Markierung bezeichnet ungefähr die Mitte des jeweiligen Spantpaares.

Spanten

Schiff 2 besitzt als einziges der spätantiken Schiffe aus Mainz Halbspanten. Dabei sind die Backbord- und Steuerbordspanten jeweils paarweise eng nebeneinander verlegt – die Backbordspanten immer achterlich der Steuerbordspanten. Nur die Spanten auf dem Achtersteven bestanden aus einer Bodenwrange und zwei Seitenspanten, von denen sich allerdings nur die Spanten auf der Backbordseite erhalten haben. In der Regel haben die Spanten eine Dicke von 5-7 cm und eine Breite von 10-12 cm. Planken und Spanten sind durch Eisennägel miteinander verbunden.   Abb. 8

Dollbord und Innenausbau

Der Dollbord ist bis auf die Scheuerleiste und eine nicht mehr im Verband gefundene lose Riemenauflage vergangen. Weitere lose im Schiff geborgene Teil sind Kniehölzer und kurze senkrechte Hölzer, zum Teil mit Knaufenden. Vom Innenausbau selbst blieben nur wenige Reste schmaler Stringer an der Innenseite der Bordwand bewahrt.   Abb. 9, Abb. 10, Abb. 11

Steuerungsanlage

Besser dokumentiert ist dagegen die Ruderanlage mit dem 11 × 11 cm dicken Querbalken, der noch ca. 50 cm über die Bordwand nach außen vorsteht und an seiner hinteren Seite zwei Zapflöcher aufweist. Im Inneren steckt ein gekrümmtes Stützholz, das an seinem anderen Ende mit der Bordwand vernagelt ist. Für die Existenz eines zweiten, schräg auf die Innenseite zulaufenden äußeren Stützholzes sprechen das äußere Zapfloch im Ruderbalken sowie die Abflachung und das Zimmermannszeichen am hinteren Ende des inneren Stützholzes.   Abb. 12, Abb. 13, Abb. 14

Aufbewahrung

Das mit Kunstharz konservierte Schiff 2 ist in der Ausstellung des Museums für Antike Schiffahrt in seiner Fundlage zu sehen.   Abb. 15

Text: Barbara Pferdehirt

Literatur:
O. Höckmann, Zur Bauweise, Funktion und Typologie der Mainzer Schiffe. In: G. Rupprecht (Hrsg.), Die Mainzer Römerschiffe (Mainz 1982) 44ff. – Ders., Spätrömische Schiffsfunde aus Mainz. Archäologisches Korrespondenzblatt 12, 1982, 230-250. – Ders., Spätrömische Schiffe aus Mainz. Beiträge zur Rheinkunde N.F. 35, 1983, 3-10. – Ders., Römerschiffe in Deutschland. Die Schiffsfunde aus Mainz-Löhrstraße. Archäologie in Deutschland 1986.2, 38-40. – Ders., La navigazione sul Reno e sul Danubio in epoca Romana. In: P.A. Gianfrotta (Hrsg.), Atti IV rassegna di archeologia subacquea (Messina 1991) 92-112. – Ders., Late Roman Rhine vessels from Mainz, Germany. The International Journal of Nautical Archaeology 22, 1993, 125-135. – S. McGrail, Romano-Celtic boats and ships: characteristic features. The International Journal of Nautical Archaeology 24, 1995, 139-145. – B. Pferdehirt, Das Museum für Antike Schiffahrt I (Mainz 1995). – O. Höckmann, Mainz Boats. In: J. P. Delgado (Hrsg.), Encyclopaedia of Underwater and Maritime Archaeology (London 1997) 255-256.

DAS SCHIFF MAINZ 3

Entdeckung und Erhaltung

Abb. 1
Abb. 2
Abb. 3

Das Schiff 3 wurde im Winter 1981/82 in der Baugrube des Hotels Hilton II an der Löhrstraße in Mainz zusammen mit vier weiteren Schiffen gefunden. Es war in zwei Teile zerbrochen, wobei sich die Backbordseite vom Achtersteven bis zum Mastspant erhalten hat. Die obersten Plankengänge im Heck fehlen allerdings. Im Mittschiffsbereich lagen die drei untersten Plankengänge der Steuerbordseite noch mit Kiel und Backbordplanken im Verbund. Die rechte Heckseite war komplett abgerissen und lag neben dem Rumpf. Dabei wurden der 2., 3. und 4. Plankengang so stark zerstört, dass die beiden Wrackteile keine unmittelbare Verbindung mehr miteinander besaßen. Doch mit Hilfe der Ruderanlage konnte die korrekte Position des steuerbordseitigen Heckteils festgelegt werden: In den beiden Seitenspanten des Hecks gibt es noch die Aussparung für den Ruderbalken. Dieser verlief ursprünglich senkrecht zum Kiel und durchstieß die Bordwände auf derselben Höhe. Damit ist aber der Platz des abgerissenen Heckteils in seiner Höhe und Längsausrichtung eindeutig bestimmbar. Anders als auf der Backbordseite hat sich auf der Steuerbordseite im Heck die Bordkante erhalten. Das wieder zusammengesetzte Wrack ist heute noch 13,80 m lang und ca. 3,40 m breit. Die Höhe beträgt im Heck 1,30 m, im Mittschiffsbereich ca. 1 m.

Datierung

Die dendrochronologischen Untersuchungen des Eichenholzes ergaben Fälldaten vom Ende des 3. Jhs. n.Chr. Damit scheint das Schiff 3 früher gebaut worden zu sein als die Schiffe 1, 2, 4 und 5. Nach dem archäologischen Befund sank es aber zur gleichen Zeit wie die übrigen spätantiken Schiffe aus Mainz, nämlich zu Beginn des 5. Jhs. n. Chr.

Funktion

Abb. 4
Abb. 5

Wrack 3 gehört zu einem anderen Schiffstyp als die Schiffe 1, 2, 4 und 5. Dieser Typ B ist kürzer, breiter und höher als der Typ A; er macht insgesamt einen gedrungeneren Eindruck. Dennoch handelt es sich auch bei ihm um ein Militärschiff und nicht um ein Frachtschiff. Dafür sprechen das sehr schmale Heck und das für Frachtschiffe untypische Längen-Breiten-Verhältnis von 5:1. Dieses Fahrzeug bot allerdings nur sieben Ruderern auf jeder Seite Platz und war damit bei zusätzlich höherem Gewicht langsamer als der Typ A. Bei Bedarf konnte es gesegelt werden, wie das erhaltene Mastspant beweist. Sehr wahrscheinlich diente Schiff 3 als Patrouillenschiff zur Überwachung der Rheingrenze im 4. Jh. n.Chr. Einen Eindruck vom ursprünglichen Aussehen dieses Typs vermittelt der Nachbau II im Museum für Antike Schiffahrt in Mainz.

Einzelheiten der Konstruktion

Planken

Abb. 6

Das Wrack 3 zeigt sowohl konstruktive Gemeinsamkeiten mit den übrigen spätantiken Mainzer Schiffen als auch Besonderheiten. So besitzt es wie die anderen Schiffe (1, 2, 4 und

Schiff Mainz 3

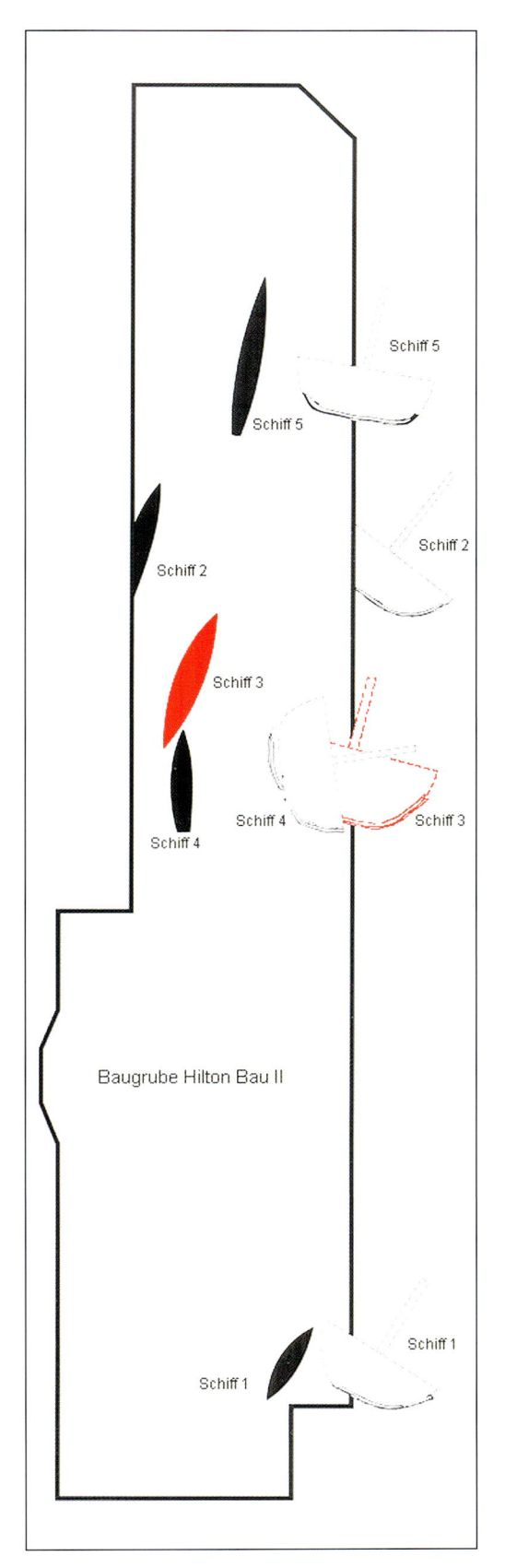

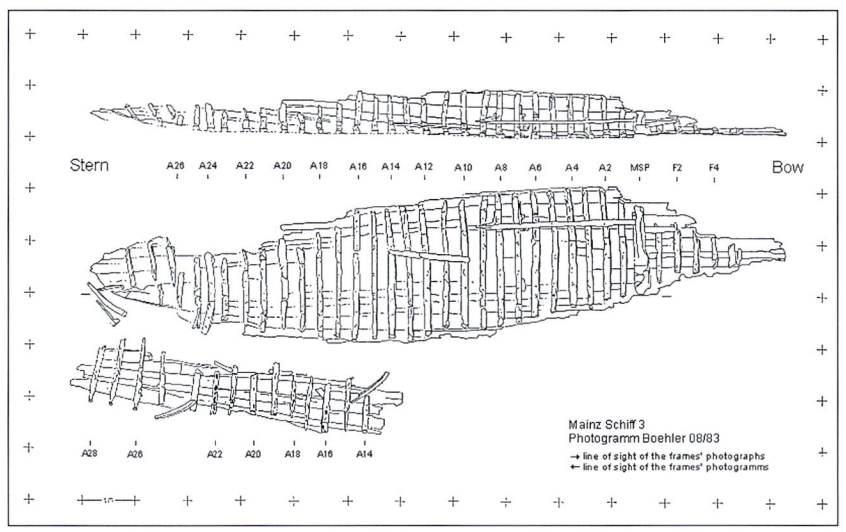

Abb. 2 Mainz 3. Grundriss und Längsschnitt (Photogramm).

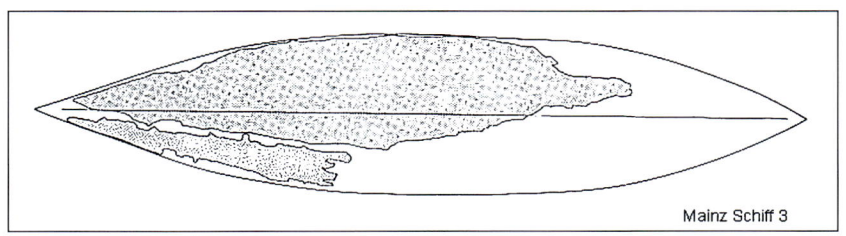

Abb. 3 Mainz 3. Erhaltener Teil.

Abb. 4 Rekonstruktion des Typs Mainz B als Nachbau II im Museum für Antike Schifffahrt.

Abb. 1 Mainz 3. Lageplan der Mainzer Schiffe 1-5.

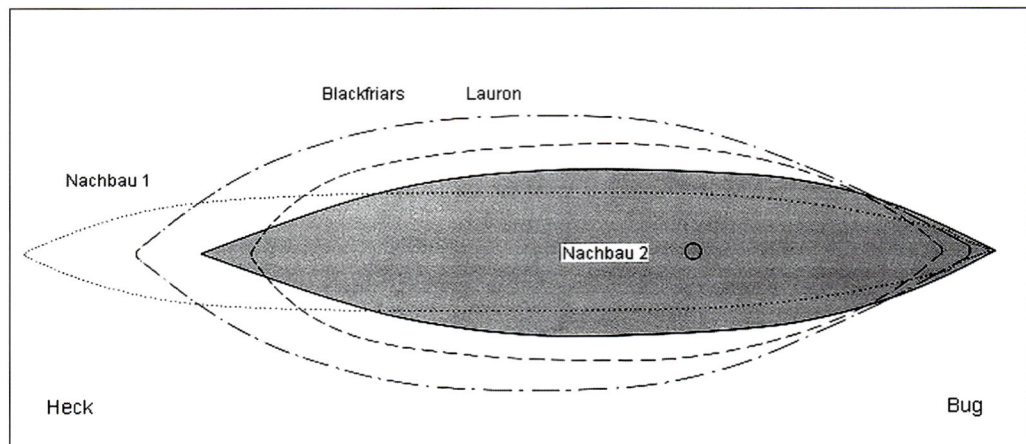

Abb. 5 Rekonstruktion Mainz 3. Größenvergleich verschiedener Militär- und Frachtschiffe.

Abb. 6 Mainz 3. Aussparung in der Bordwand für den Ruderbalken.

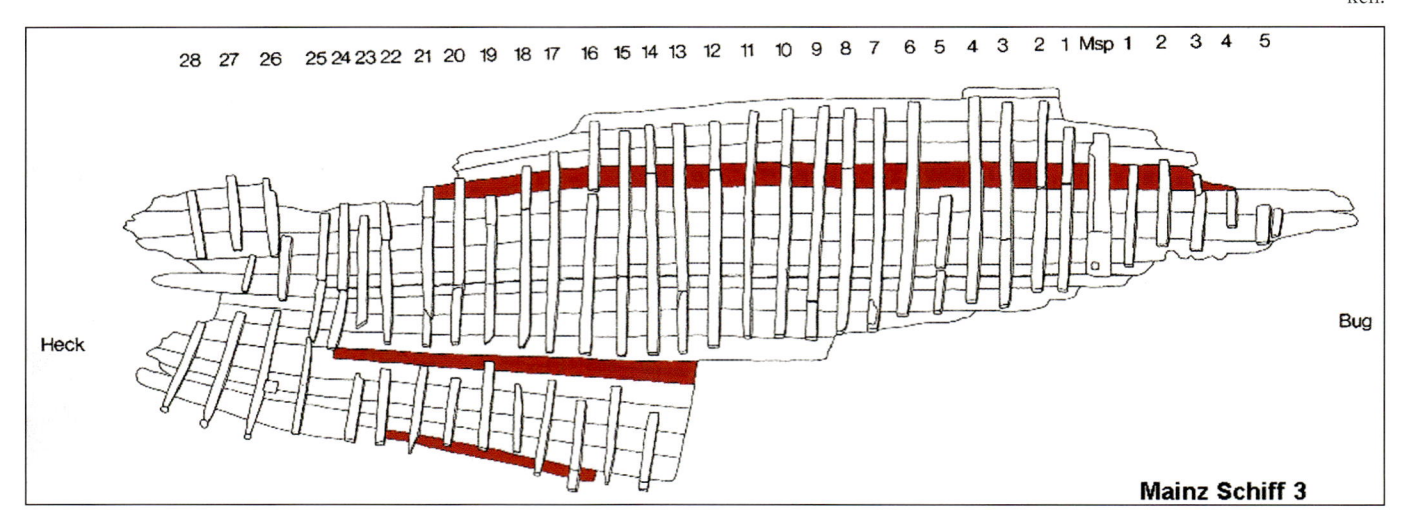

Abb. 7 Mainz 3. Schemazeichnung mit Totgängen (markiert).

Abb. 8 Mainz 3. Kiel mit Anrisslinien für Spant A14 und A13 von innen.

Schiff Mainz 3

Abb. 9   Mainz 3. Achtersteven (Steuerbord).

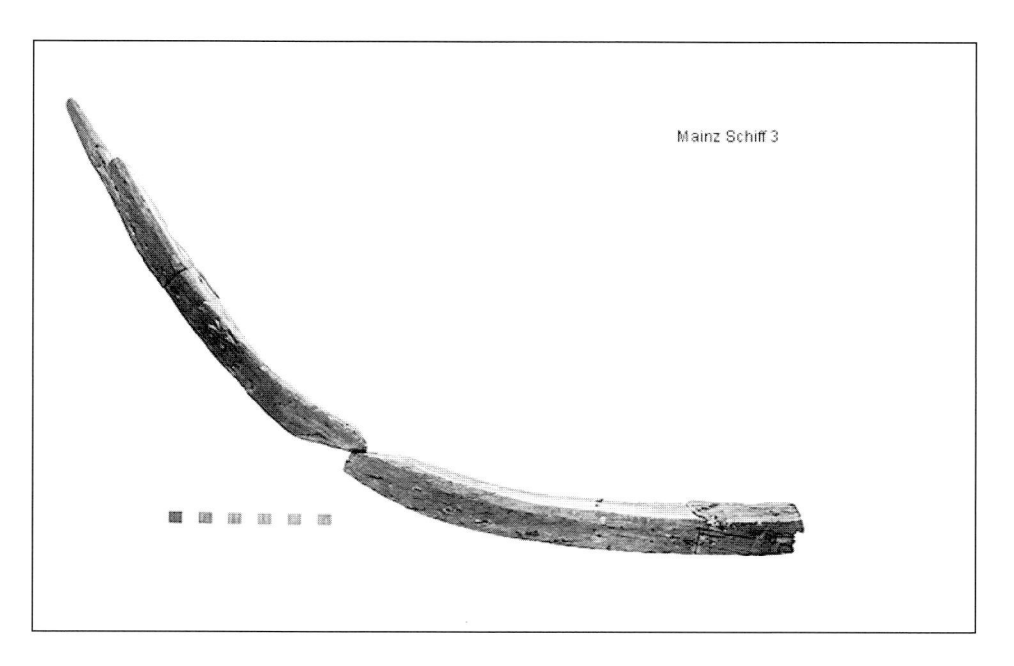

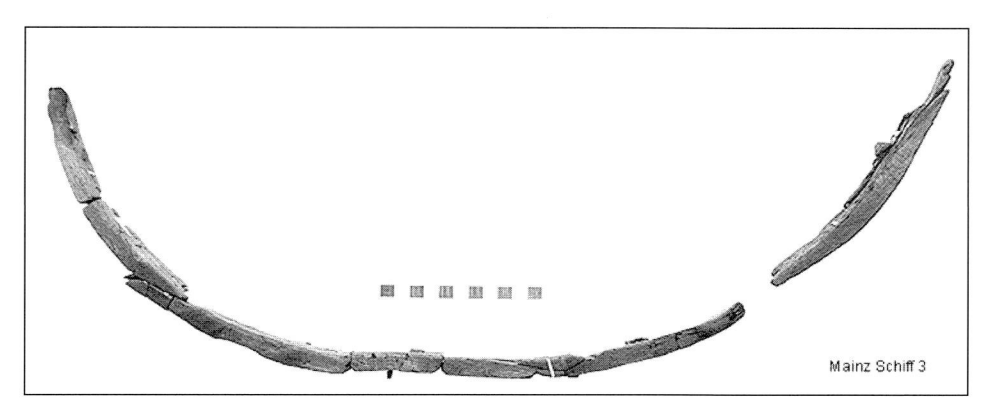

Abb. 10   Mainz 3. Spant A16 von hinten.

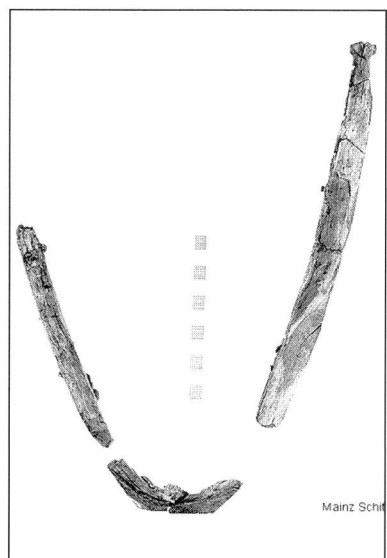

Abb. 11   Mainz 3. Spant A27 von hinten.

Abb. 12   Mainz 3. Mastspant mit Sponung von hinten.

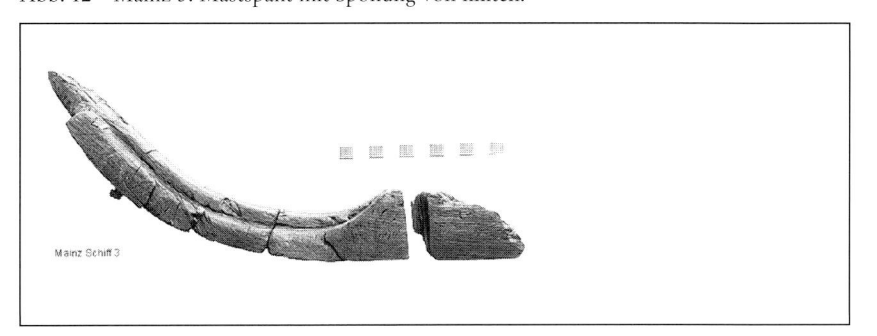

Abb. 13   Mainz 3. Spant A25 von hinten.

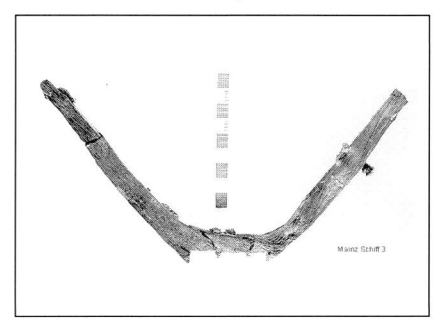

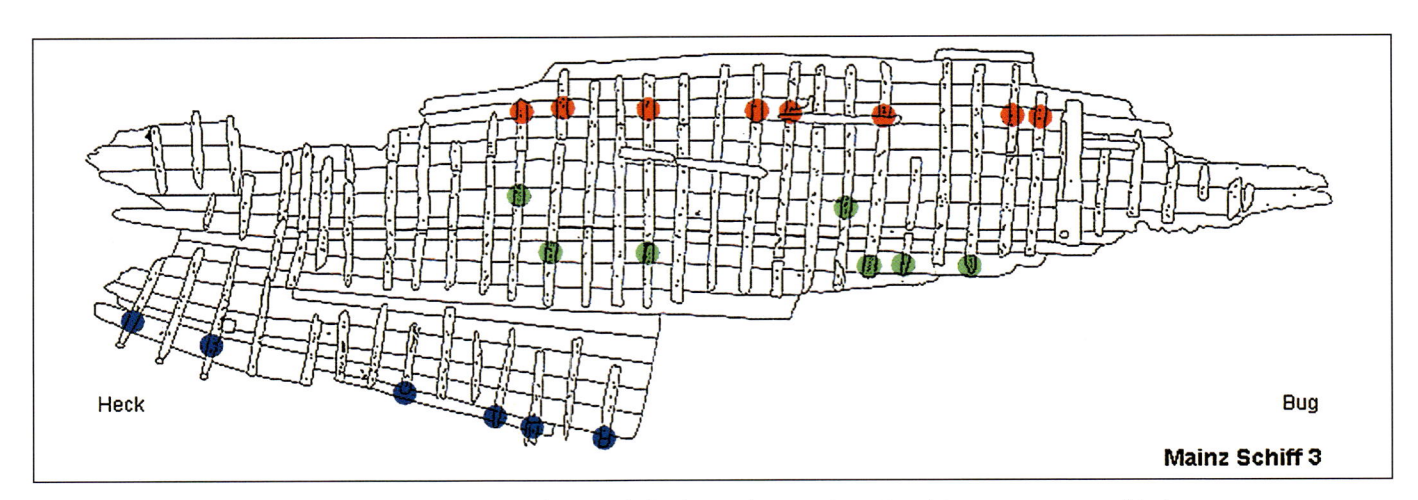

Abb. 14   Mainz 3. Hinweise auf ein Deck durch Nägel (rot und grün) und Spantaussparungen (blau).

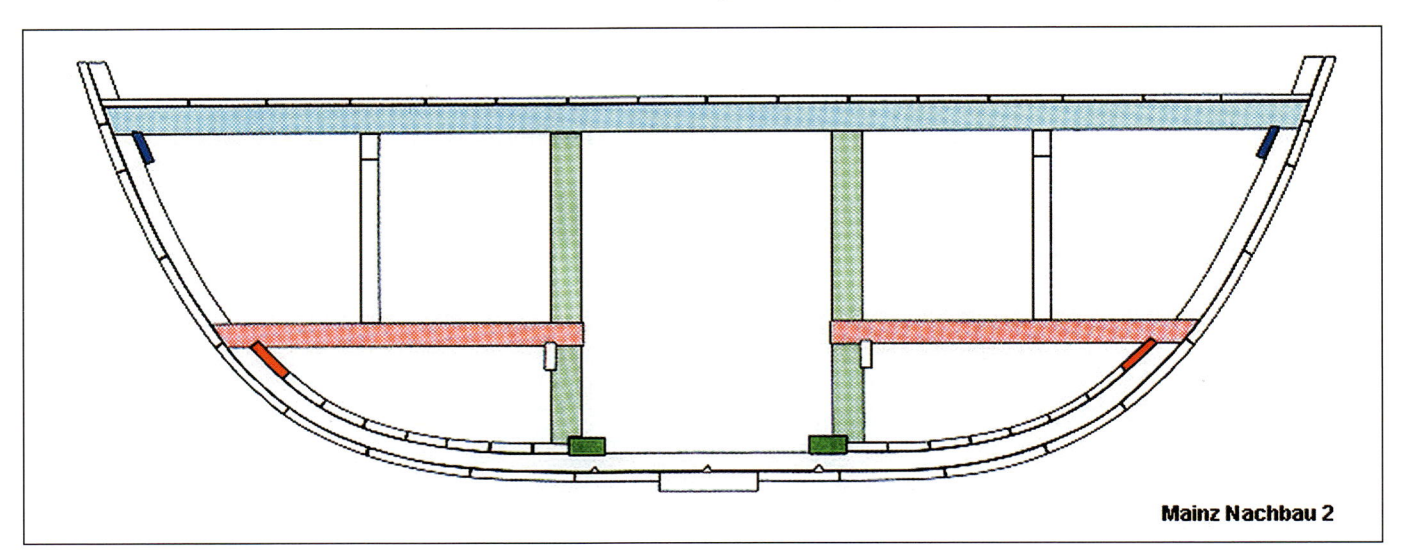

Abb. 15   Rekonstruktion des Typs Mainz B. Querschnitt.

Abb. 16   Mainz 3. Draufsicht; Blau = Rest der obersten Planke mittschiffs.

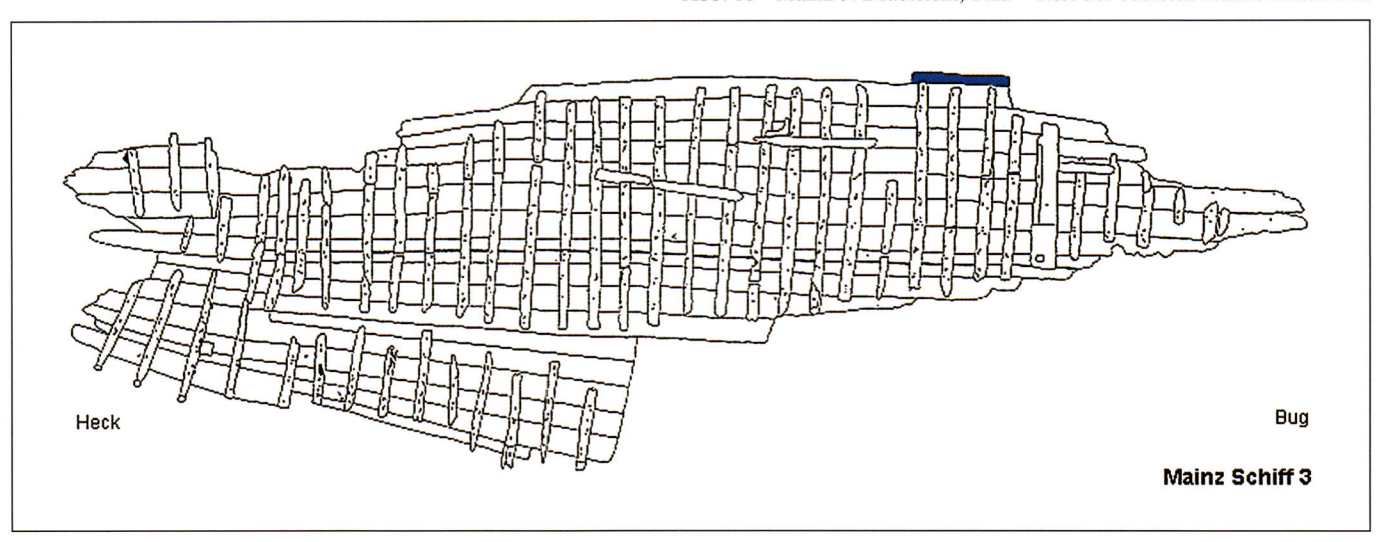

Schiff Mainz 3

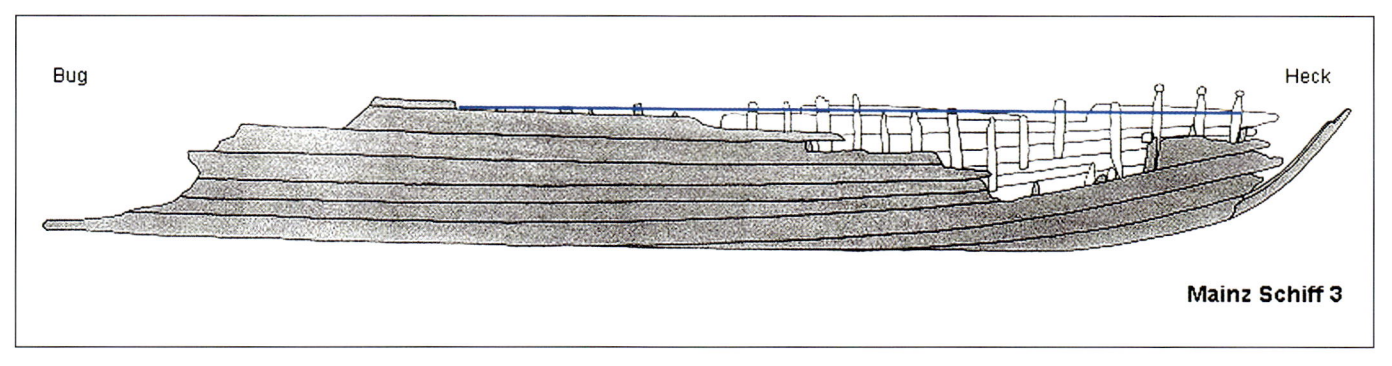

Abb. 17   Mainz 3. Höhe der Spantaussparungen am Heck für einen Decksbalken in Beziehung zur Mittschiffshöhe (blau).

Abb. 18   Nachbau II. Ausleger von vorne gesehen.

Abb. 19   Mainz 3. Präsentation im Museum für Antike Schiffahrt.

5). 2-2,5 cm dicke, 20-30 cm breite, kraweel gesetzte Planken, die keine Nut-und-Feder-Verbindung untereinander aufweisen. Von den insgesamt neun Plankengängen sind der 4. und 9. Plankengang als Totgänge anzusprechen, d.h. beide Plankengänge erreichen nicht die Schiffsenden. Bei Schiff 3 konnte eine Reihe von Schäftungen beobachtet werden. So gibt es in den Plankengängen Backbord 3 und Backbord 4 Z-Schäftungen; stumpfe Schäftungen lassen sich einmal im Plankengang Backbord 3 und zweimal im Plankengang Backbord 6 nachweisen. Flickungen in den Plankengängen Backbord 3 (zweimal), Steuerbord 1 und Steuerbord 3 weisen darauf hin, daß Schiff 3 wohl recht lange im Einsatz war. Ein langer Riss im Plankengang Backbord 5 wurde in antiker Zeit mit Kalfatmaterial abgedichtet.

Kiel

Abb. 7
Abb. 8

Der 28 cm breite Kiel mit einer Bilgerinne in der Mitte trägt Markierungen im Abstand von ca. 33,5 cm, mit denen der antike Bootsbauer den Sitz der Spanten angerissen hat. Dieses Maß findet sich auch in den Schiffsproportionen wieder; es entspricht ungefähr 1 pes Drusianus, das im gallisch-germanischen Raum in römischer Zeit übliche Längenmaß. Am hinteren Ende des Kiels war der Achtersteven aus gewachsenem Krummholz befestigt, der sich – obwohl zerbrochen – bis zur Höhe der Bordkante erhalten hat. Die Schäftung an seinem oberen Ende spricht dafür, dass hier eine Verlängerung angebracht gewesen war, die wohl in einer Stevenzier endete.

Spanten

Abb. 9
Abb. 10
Abb. 11
Abb. 12

Eine Besonderheit stellen die 10-12 cm breiten, 5-6 cm dicken Spanten von Schiff 3 dar. Im Gegensatz zu den Schiffen 1, 4 und 5, mit Seitenspanten und Bodenwrangen bzw. Schiff 2 mit Halbspanten wurden hier fast ausschließlich zusammengesetzte durchgehende Spanten verbaut, die im Kimm- oder Kielbereich geschäftet sind und drei Nüstergatts aufweisen. Lediglich im engen Heck wurden dreigeteilte Spanten aus zwei Seitenpanten mit Knaufenden und einer Bodenwrange verwendet. Das letzte Spant besteht sogar nur noch aus zwei Seitenspanten. Die auf dem Achtersteven aufsitzenden Spanten haben auf der Unterseite eine Aussparung, sodass die Spanten von oben um den Achtersteven greifen.
Das Mastspant weist an der Achterkante eine Sponung als Auflage für die Bodenplanken auf. Sie ist an der Mastspur unterbrochen, der Kielbereich lag also anscheinend offen. Wie bei allen spätantiken Schiffen aus Mainz bilden auch bei Schiff 3 Eisennägel die Verbindung von Spanten und Planken.

Hinweise auf ein Deck

Abb. 13
Abb. 14

Obwohl bis auf einige Wegerreste aus Nadelholz keine Einbauten mehr vorhanden sind, gibt es doch einige Hinweise darauf. So sprechen Reste von Innennägeln, die sich in je einer Reihe rechts und links vom Kiel fanden – also dort, wo es nach Aussage des Mastspants keine Bodenplanken gab – und eine recht eng gesetzte Nagelreihe etwas oberhalb der Kimmung für hier angebrachte Substruktionen eines Decks. Denn gerade bei dem durch die Nagelreihe bezeugten Weger oberhalb der Kimm kann es sich nicht um einen Duchtweger handeln, wie man ihn aus den Schiffen 1 und 4 kennt, dafür sitzt er zu tief im Rumpf. Einen wichtigen zusätzlichen Hinweis auf ein Deck liefern die Spanten im Heck auf der Steuerbordseite. Sie tragen etwas unterhalb der Bordkante Aussparungen und Reste von Innennägeln.
Auch hier war also ein Weger angebracht, der jedoch so weit im Heck sicher auch nicht mit

den Ruderbänken (Duchten) in Verbindung gebracht werden kann. Er trug wohl die Querbalken für ein im Heck geschlossenes Deck. Dieses muss allerdings im Mittschiffsbereich an den Seiten für die Ruderer offen gewesen sein. Denn wenn sie unter Deck gerudert hätten, müssten sich in den Bordwänden Ruderpforten für die Riemen finden. Dies ist bei Schiff 3 aber nicht der Fall. Die Ruderer müssen also so hoch gesessen haben, dass sie über die Bordkante hinweg die Riemen bewegen konnten.

Hinweise auf einen Ausleger

Die erhaltene Bordkante im Heck auf der Steuerbordseite liegt deutlich höher als die Backbordseite des Mittschiffs. Sind es im Heck neun Plankengänge, lassen sich im Mittschiffsbereich nur acht Plankengänge feststellen, wobei die oberste Planke mit teilweise erhaltener originaler Oberkante sehr schmal ist. Dieser Plankenrest liegt in der Verlängerung der oben erwähnten Spantaussparungen und Innennägel im Heck, die mit dem Deck in Zusammenhang gebracht werden können. Das bedeutet, dass die Bordwand im Mittschiffsbereich nur bis zur Höhe des Decks reichte.

Abb. 15
Abb. 16
Abb. 17

Unterhalb dieses Plankenrests fehlt jeder Hinweis auf einen Duchtweger – nachweisbar für den Typ A der Mainzer Schiffe an den Wracks 1 und 4 – sowie einen Schandeckel – belegt bei Schiff 1 – oder separate Riemenauflagen – etwa bei Schiff 2 und 4 anzunehmen. Da römische Militärschiffe im Gegensatz zu Frachtschiffen in erster Linie gerudert wurden, muss man bei Schiff 3 also einen Ruderapparat voraussetzen, der keine Spuren an der Bordwand hinterließ. Dies ist nur bei einem Ausleger möglich, mit dessen Hilfe die Dollen nach außen vor die Bordwand verlegt wurden. Eine Reihe antiker Kriegsschiffdarstellungen zeigt solche Ausleger. Weil sowohl die Auslegerkonstruktion als auch die Ruderbänke auf den Decksbalken aufliegen können, erübrigt sich eine Verstärkung der Bordkante und die Anbringung eines Duchtwegers, wie es bei Schiffen ohne Ausleger nötig ist. Genauere Einblicke in diese Konstruktion erlaubt der Nachbau Mainz B.

Aufbewahrung

Das mit Kunstharz konservierte Schiff Mainz 3 ist im Museum für Antike Schiffahrt in Schwimmlage ausgestellt.

Abb. 18

Text: Barbara Pferdehirt

Literatur:
O. Höckmann, Zur Bauweise, Funktion und Typologie der Mainzer Schiffe. In: G. Rupprecht (Hrsg.), Die Mainzer Römerschiffe (Mainz 1982) 44 ff. – Ders., Spätrömische Schiffsfunde aus Mainz. Archäologisches Korrespondenzblatt 12, 1982, 230-250. – Ders., Spätrömische Schiffe aus Mainz. Beiträge zur Rheinkunde N.F. 35, 1983, 3-10. – Ders., Römerschiffe in Deutschland. Die Schiffsfunde aus Mainz-Löhrstraße. Archäologie in Deutschland 1986.2, 38-40. – Ders., La navigazione nel mondo antico (Milano 1988). – Ders., La navigazione sul Reno e sul Danubio in epoca Romana. In: P. A. Gianfrotta (Hrsg.), Atti IV rassegna di archeologia subacquea (Messina 1991) 92-112. – Ders., Late Roman Rhine vessels from Mainz, Germany. The International Journal of Nautical Archaeology 22, 1993, 125-135. – S. McGrail, Romano-Celtic boats and ships: characteristic features. The International Journal of Nautical Archaeology 24, 1995, 139-145. – O. Höckmann, Mainz Boats. In: J. P. Delgado (Hrsg), Encyclopaedia of Underwater and Maritime Archaeology (London 1997) 255-256.

DAS SCHIFF MAINZ 4

Entdeckung und Erhaltung

Abb. 1　　Wie die Schiffe 1, 2, 3 und 5 wurde auch das Schiff 4 bei Bauarbeiten für das Hotel Hilton
Abb. 2　　II in Mainz während des Winters 1981/82 entdeckt. Erhalten blieben nur die obersten fünf Plankengänge auf der Backbordseite des Achterschiffs. Die unteren Planken, der Kiel, der Achtersteven, das Vorschiff und die gesamte Steuerbordseite fehlen. Das Teil besitzt eine Länge von 10,80 m und eine Breite von 1,20 m

Datierung

Für den Bau von Schiff 4 wurde Eichenholz verwendet. Dessen dendrochronologische Untersuchung ergab allerdings nur ein unsicheres Datum von 393 n.Chr.; alle anderen Proben erlaubten überhaupt keine Datierung. Da das Schiff 4 jedoch den beiden spätantiken Schiffen 1 und 5 aus Mainz ähnelt, wird man es wohl ebenfalls ins 4. Jh. datieren dürfen.

Funktion

Abb. 3　　Sehr wahrscheinlich gehört dieses Wrack zu einem römischen Militärschiff vom Typ Mainz A. Dabei handelt es sich um ein schnelles Ruderschiff, das auch über Segelvorrichtungen verfügte und als Mannschaftstransporter diente. Der Nachbau I im Museum für Antike Schiffahrt in Mainz zeigt, wie solch ein Schiff ursprünglich aussah.

Einzelheiten der Konstruktion

Planken

Abb. 4　　Wie die übrigen spätantiken Schiffe aus Mainz ist auch das Wrack 4 kraweel beplankt, ohne dass man die ca. 2 cm dicken, 24-26 cm breiten Planken durch Nut und Feder miteinander verbunden hat, wie es bei Schiffen in mediterraner Bauweise üblich war. Der von der Bordkante aus gezählte 3. und 5. Plankengang sind sogenannte Totgänge, also Plankengänge, die nicht bis zu den Schiffsenden durchlaufen, sonder vorher enden. Der zweite Plankengang unterhalb der Bordkante weist eine Z-Schäftung auf.

Spanten

Abb. 5　　Innerhalb des Spantsystems lassen sich unterschiedliche Spanttypen erkennen. Zwar wurden in der Hauptsache dreigeteilte Spanten aus zwei separaten Seitenspanten und einer Bodenwrange verbaut, doch gibt es daneben geschäftete Auflanger, die darauf hinweisen, dass Schiff 4 auch zusammengesetzte Spanten besaß. Bei den Mainzer Schiffen kennt man die-

Schiff Mainz 4

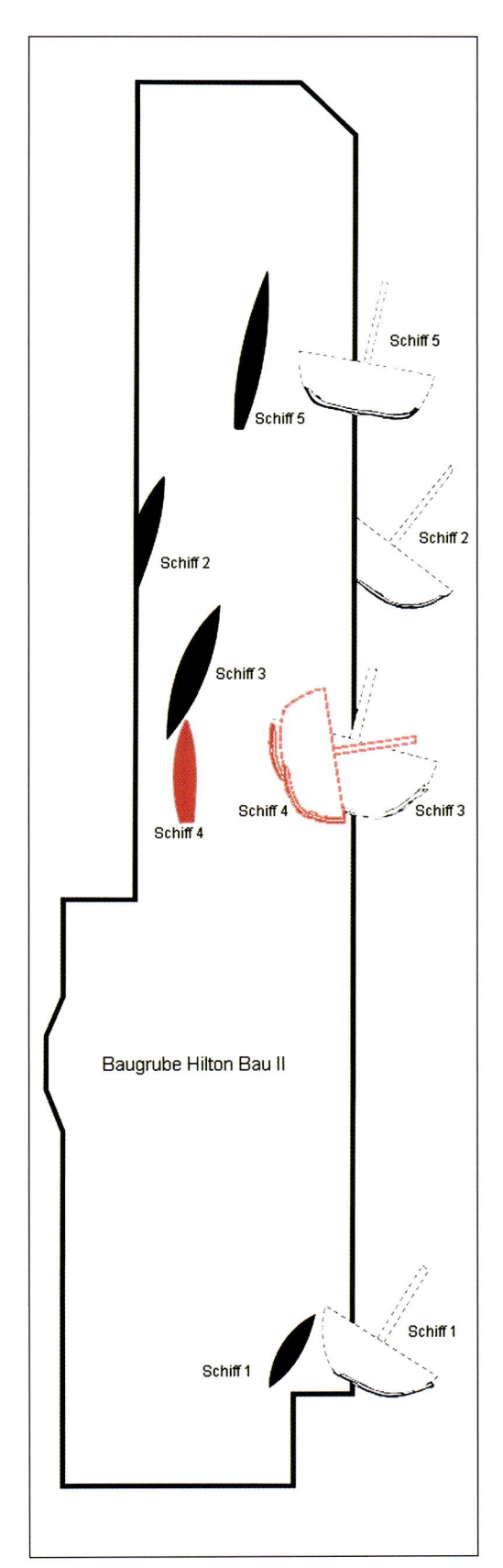

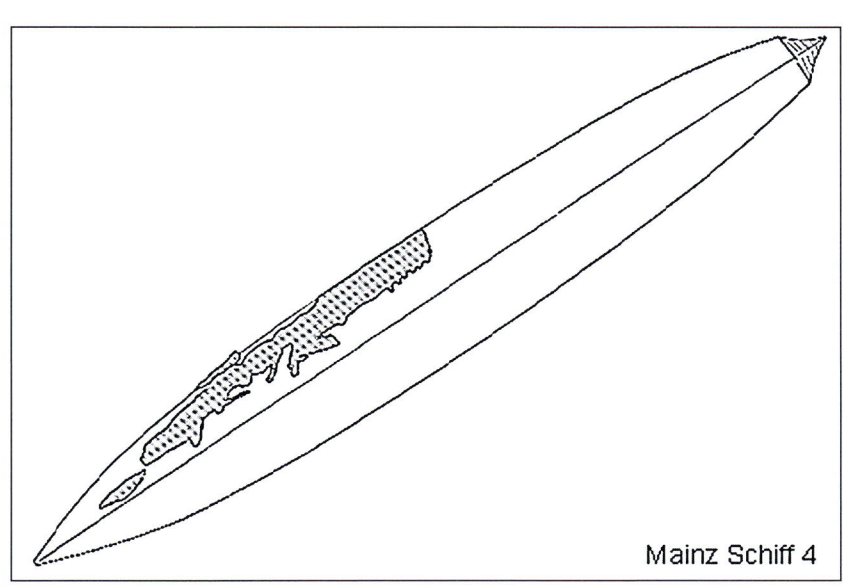

Abb. 2   Mainz 4. Erhaltener Teil.

Abb. 3   Rekonstruktion des Typs Mainz A als Nachbau I im Museum für Antike Schiffahrt.

Abb. 1   Mainz 4. Lageplan der Mainzer Schiffe 1-5.

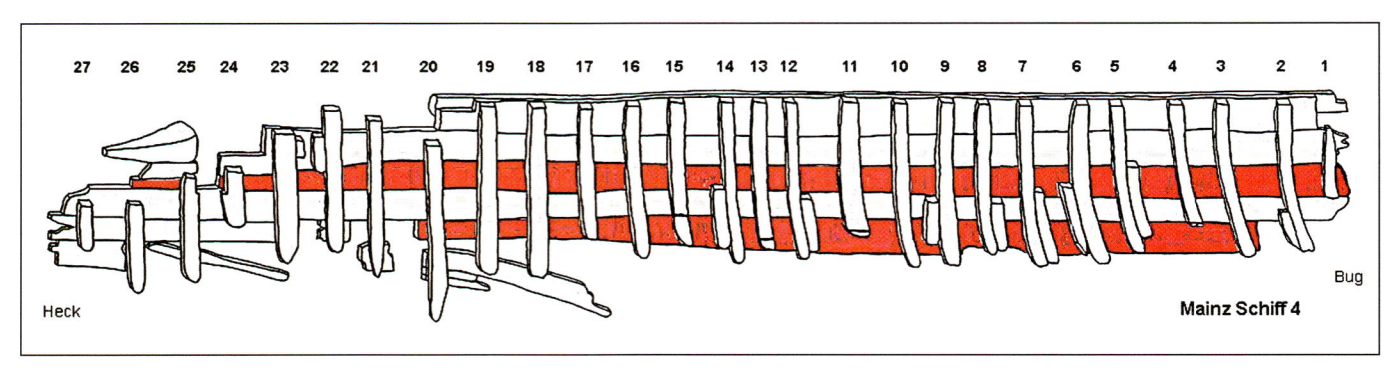

Abb. 4 Mainz 4. Schemazeichnung mit Totgängen (markiert).

Abb. 5 Mainz 4. Schäftung von Spant 15 von vorne.

Abb. 6 Mainz 2. Ruderanlage.

Abb. 7 Nachbau I. Ruderanlage von hinten.

Schiff Mainz 4

Abb. 8 Mainz 4. Bereich zwischen Spant 20-25, Aussparung für den Ruderbalken markiert.

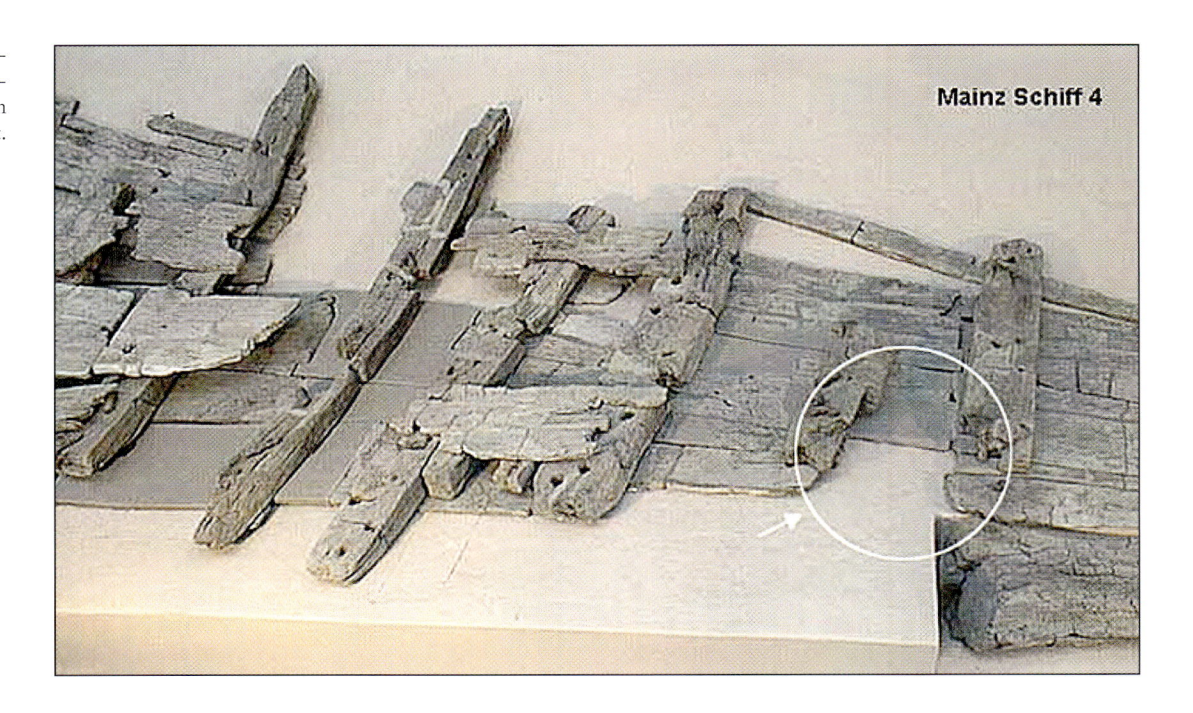

Abb. 9 Mainz 4. Innere Stütze für den Ruderbalken.

Abb. 10 Mainz 4. Wegerung zwischen Spant 3-9 mit Rasten für Ducht(1), Querbalken für Fußstütze(2) und Laufplanken(3).

Abb. 11 Mainz 4. Aufbau des Dollbords.

Abb. 12 Mainz 4. Riemenauflage mit Dolle (loser Fund), Innenseite.

Abb. 13 Mainz 4. Riemenauflage (loser Fund) in rekonstruierter Position zwischen Spant 6 und 7.

Abb. 14 Mainz 4. Präsentation im Museum für Antike Schiffahrt.

se Spantart sonst nur von Schiff 3. Die in der Regel 7 cm dicken und 12 cm breiten Spanten sind durch Eisennägel mit den Planken verbunden.

Steuerungsanlage

Die Steuerungsanlage gleicht derjenigen der Schiffe 1 und 2, doch zeugen nur wenige Hinweise von ihrer Existenz: ein in die Bordwand gesägtes Loch, seitliche Aussparungen in den Spanten an dieser Stelle sowie das innere Stützholz des Ruderbalkens.

Abb. 6
Abb. 7
Abb. 8
Abb. 9

Wegerung

Durch die 28-30 cm breiten, 2 cm dicken Weger, die den Rumpf im Inneren völlig auskleiden, unterscheidet sich Schiff 4 von allen übrigen spätantiken Mainzer Wracks. Gut zu erkennen sind die Aussparungen für die Duchten der Ruderer im obersten Weger (1). In den quadratischen Ausschnitten im 2. Weger lagen ursprünglich Querbalken für die Fußstützen auf (2). Die Löcher im unteren Weger dienten als Auflage für Querbalken, die die Laufplanken trugen (3).

Abb. 10

Dollbord

Gut erhalten blieb der Dollbord. Er besteht aus der äußeren, 5 cm dicken und 17 cm breiten Scheuerleiste und dem inneren, 6 cm dicken und 12 cm breiten Dollbaum mit nahezu halbrundem Querschnitt. Anders als bei Schiff 1 mit einem durchgehenden Schandeckel als oberem Dollbordabschluß steckten bei Schiff 4 die Dollpflöcke in separat angefertigten Riemenauflagen. Deren breite untere Zapfen paßten in die Lücke zwischen jeweils zwei Spanten.

Abb. 11
Abb. 12
Abb. 13

Aufbewahrung

Das mit Kunstharz konservierte Schiff 4 ist im Museum für Antike Schiffahrt in Fundlage zu sehen.

Abb. 14

Text: Barbara Pferdehirt

Literatur:
O. Höckmann, Zur Bauweise, Funktion und Typologie der Mainzer Schiffe. In: G. Rupprecht (Hrsg.), Die Mainzer Römerschiffe (Mainz 1982) 44 ff. – Ders., Spätrömische Schiffsfunde aus Mainz. Archäologisches Korrespondenzblatt 12, 1982, 230-250. – Ders., Spätrömische Schiffe aus Mainz. Beiträge zur Rheinkunde N.F. 35, 1983, 3-10. – Ders., Römerschiffe in Deutschland. Die Schiffsfunde aus Mainz-Löhrstraße. Archäologie in Deutschland 1986.2, 38-40. – Ders., La navigazione nel mondo antico (Milano 1988). – Ders., La navigazione sul Reno e sul Danubio in epoca Romana. In: P. A. Gianfrotta (Hrsg.), Atti IV rassegna di archeologia subacquea (Messina 1991) 92-112. – Ders., Late Roman Rhine vessels from Mainz, Germany. The International Journal of Nautical Archaeology 22, 1993, 125-135. – S. McGrail, Romano-Celtic boats and ships: characteristic features. The International Journal of Nautical Archaeology 24, 1995, 139-145. – B. Pferdehirt, Das Museum für Antike Schiffahrt I (Mainz 1995). – O. Höckmann, Mainz Boats. In: J. P. Delgado (Hrsg.), Encyclopaedia of Underwater and Maritime Archaeology (London 1997) 255-256.

MAINZ 5

Entdeckung und Erhaltung

Abb. 1
Abb. 2
Abb. 3

Das spätantike Schiff 5 aus Mainz wurde im Winter 1981/82 in der Baugrube für das Hotel Hilton II an der Löhrstraße zusammen mit vier weiteren entdeckt. Ursprünglich auf 16 m Länge erhalten, konnte nur die vordere, 9m lange Partie vom Bug bis kurz hinter dem Mastspant geborgen werden. Dieser Teil zeichnet Schiff 5 vor den übrigen spätantiken Wracks aus, denn bei den Schiffen 1, 2, 3 und 4 haben nur die Heckpartien die Zeiten überdauert. Auf beiden Seiten ist der Schiffsboden bis zur Kimmung vorhanden. Die Breite am Mast beträgt 1,95 m, die Höhe noch 42 cm.

Datierung

Nach den dendrochronologischen Untersuchungen wurden die für den Bau benutzten Eichen in den achtziger und neunziger Jahren des 4. Jhs. n.Chr. gefällt. Wie in Schiff 1 wurde auch bei Schiff 5 eine Bronzemünze zwischen einem Spant und der Bordwand gefunden. Ihr schlechter Erhaltungszustand lässt aber keine Datierung zu.

Funktion

Abb. 4

Das Schiff 5 gehört zum Typ A der spätantiken Schiffe aus Mainz, einem schnellen Mannschaftstransporter, wie ihn der Nachbau I im Museum für Antike Schiffahrt in Mainz darstellt. Solche Fahrzeuge konnten gerudert und gesegelt werden und waren für den Einsatz auf Flüssen bestimmt.

Einzelheiten der Konstruktion

Planken

Abb. 5

Auch bei diesem Fahrzeug waren die 2-2,5 cm dicken, 21-24 cm breiten Planken ohne Nut- und-Feder-Verbindung kraweel gesetzt. Von den auf jeder Seite noch erhaltenen fünf Plankengängen können der 3. und 5. Plankengang als Totgänge angesprochen werden. Beim Plankengang Backbord 1 ließ sich eine stumpfe Schäftung beobachten. Gehalten wurde der Rumpf durch Eisennägel, die Planken und Spanten miteinander verbanden. Dabei wurden die Nägel durch vorgebohrte, mit Dübel versehene Löcher geschlagen.

Kiel

Abb. 6
Abb. 7
Abb. 8

Mit 8 cm ist der 20 cm breite Kiel der höchste der spätantiken Mainzer Schiffe. In seiner Mitte erkennt man noch gut die Rinne für das Bilgewasser. Auf dem Kiel finden sich im Abstand von ca. 35 cm Anrisslinien des antiken Bootsbauers für die Spanten. Dabei war der Sitz des Mastspants mit einem Andreaskreuz besonders markiert. Am vorderen Kielende liegt die Blattlasche des Vordersteven auf und ist mit einem Bolzen befestigt.

Bug

Abb. 9
Abb. 10

Der Vordersteven besteht aus gewachsenem Krummholz. Seine Spitze endet 42 cm über dem Kiel. Er ist an dieser Stelle zu dünn, um anzunehmen, er sei in römischer Zeit länger

Schiff Mainz 5

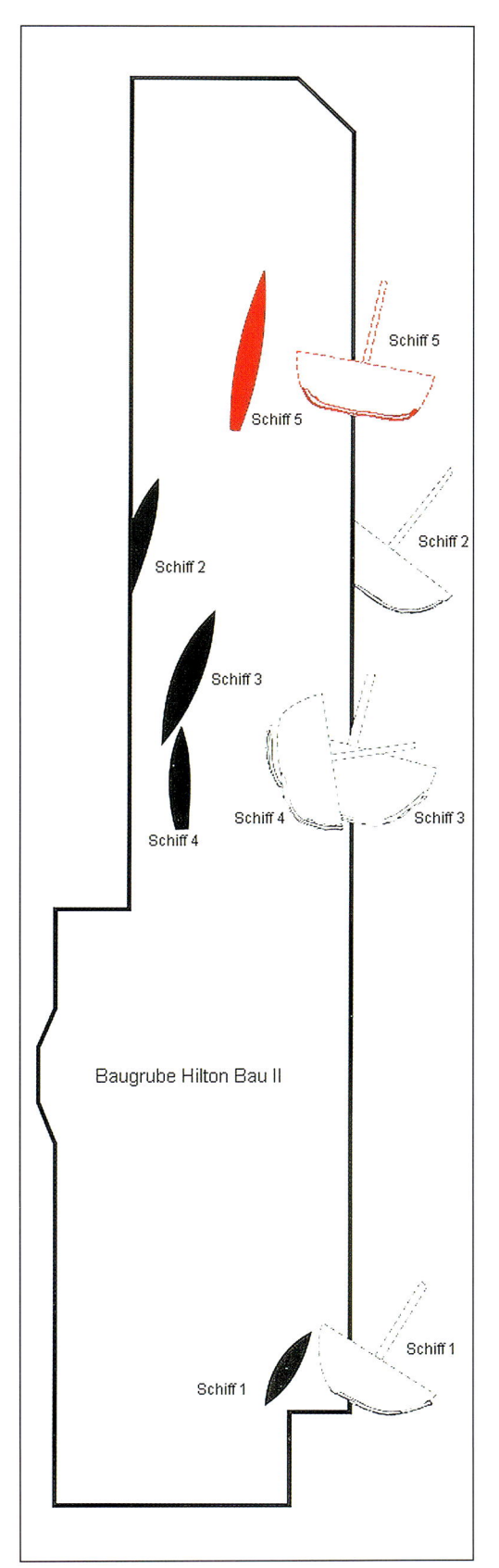

Abb. 2 Mainz 5. Zustand bei der Ausgrabung.

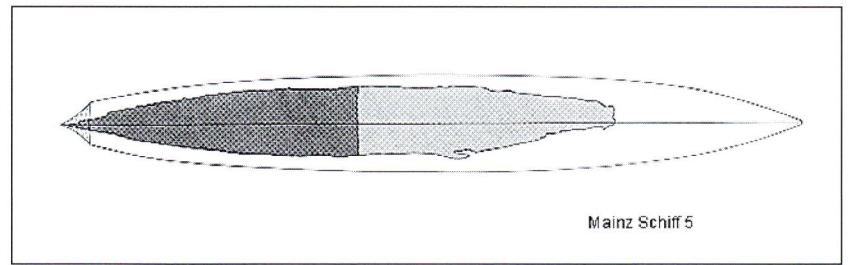

Abb. 3 Mainz 5. Erhaltener (helles Raster) und geborgener (dunkles Raster) Teil.

Abb. 4 Rekonstruktion des Typs Mainz A als Nachbau I im Museum für Antike Schiffahrt.

Abb. 1 Lageplan der Mainzer Schiffe 1-5.

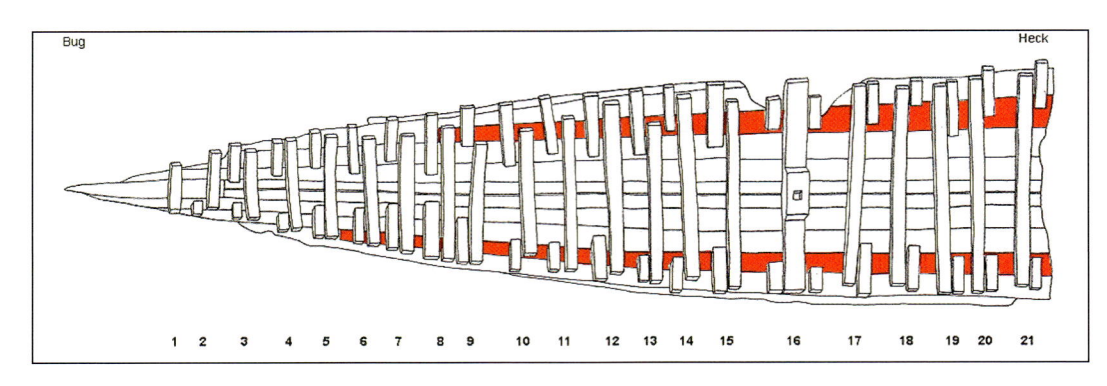

Abb. 5 Mainz 5. Schemazeichnung mit Totgängen (markiert).

Abb. 6 Mainz 5. Querschnitt durch den Kiel bei Wrange A5.

Abb. 7 Mainz 5. Kiel mit Anrisslinien für das Mastspant.

Abb. 8 Mainz 5. Kiel mit Anrisslinie für Wrange F2.

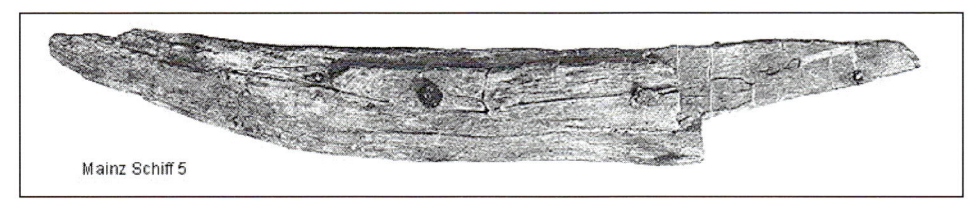

Abb. 9 Mainz 5. Vordersteven mit Plankenrest von Backbord.

Abb. 10 Mainz 5. Seitenansicht der Bugpartie von Steuerbord.

Schiff Mainz 5

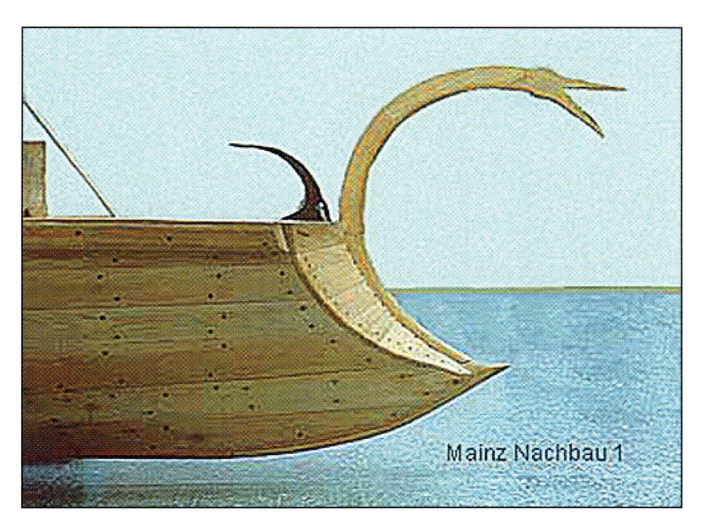

Abb. 11 Nachbau I. Seitenansicht des Bugs.

Abb. 12 Nachbau I. Bug von innen.

Abb. 13 Mainz 5. Ansicht von achtern.

Abb. 15 Mainz 5. Ansicht von vorne.

Abb. 14 Mainz 5. Querschnitt beim Mastspant.

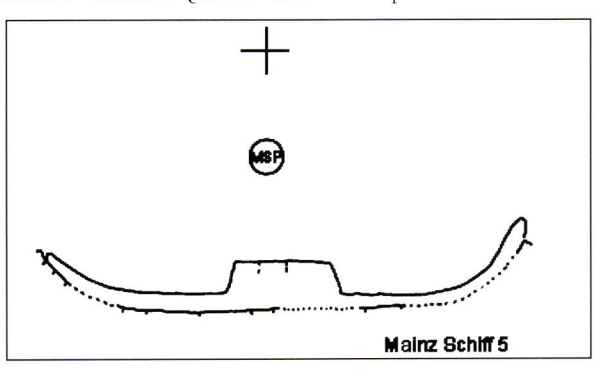

Abb. 16 Mainz 5. Bugpartie.

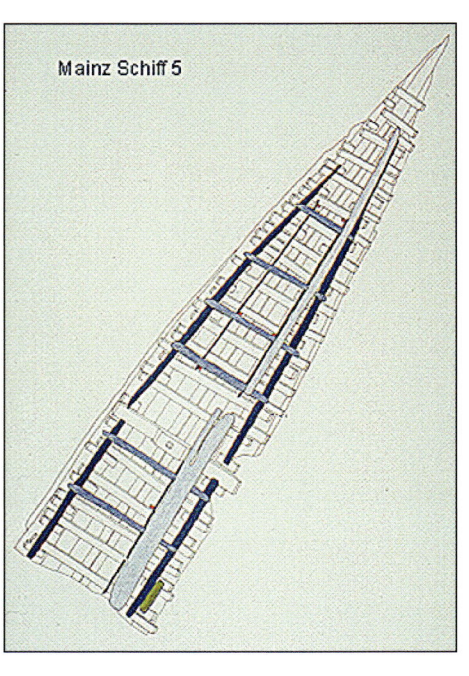

Abb. 17 Mainz 5. Präsentation im Museum. für Antike Schiffahrt.

gewesen. Für eine mögliche Schäftung fehlt jeglicher Hinweis etwa in Form eines Eisenbolzens o.ä. Das lässt darauf schließen, daß Schiff 5 einen zurückschwingenden Kriegsschiffsbug besaß, wie ihn der Nachbau Mainz A zeigt. Bei dieser Konstruktion stand auf dem kurzen Vorstersteven ein konkav geschwunger Mittelsteven, an dessen unterem Ende zwei nach rechts und links führende Seitensteven befestigt waren. Da auf Grund des geringen Abstands vom vordersten Spant zur Vorderstevenspitze der Winkel zu scharf ist, um die Planken an diesem Mittelsteven zu befestigen – sie würden bei einem Versuch brechen –, darf davon ausgegangen werden, dass der Bug separat beplankt gewesen ist. D.h., der gesamte Bug mit Mittel- und Seitensteven sowie der Bugbeplankung war ein eigenes Bauteil, das auf den Vordersteven gestellt wurde und das Schiff vorn schloß.

Abb. 11

Spanten

Wie bei Schiff 1 besteht auch bei Schiff 5 das Spantsystem aus Bodenwrangen und separaten Seitenspanten. Während die Seitenspanten im Vorschiff vor den Wrangen sitzen, befinden sie sich hinter dem Mastspant achterlich von den Wrangen. Nur die drei vordersten auf dem Vordersteven stehenden Spanten wurden aus Astgabeln gearbeitet. In der Regel besitzen die Spanten eine Dicke von 5 cm und eine Breite von 10-15 cm. Das Mastspant mit den abgeflachten Seitenteilen belegt, dass Schiff 5 eine Segelvorrichtung besaß.

Abb. 12
Abb. 13
Abb. 14

Innenausbau

Von den Einbauten haben sich Reste der Duchtstützen neben dem Kiel erhalten. Sie waren wie bei Schiff 1 durch Längsversteifungen miteinander verbunden, um ihnen eine gewisse Festigkeit zu verleihen. Allerdings überdauerte in Schiff 5 nur die unterste Längsversteifung die lange Lagerung im Boden. Sie diente gleichzeitig zusammen mit einem Stringer an der Bordwand als Auflage für dünne Querbalken, auf denen rechts und links vom Kiel die längsverlegten Laufplanken auflagen.

Abb. 15
Abb. 16

Aufbewahrung

Der mit Kunstharz konservierte Rest von Schiff 5 ist in der Ausstelllung in Schwimmlage zu sehen.

Abb. 17

Text: Barbara Pferdehirt

Literatur:
O. Höckmann, Zur Bauweise, Funktion und Typologie der Mainzer Schiffe. In: G. Rupprecht (Hrsg.), Die Mainzer Römerschiffe (Mainz 1982) 44ff. – Ders., Spätrömische Schiffsfunde aus Mainz. Archäologisches Korrespondenzblatt 12, 1982, 230-250. – Ders., Spätrömische Schiffe aus Mainz. Beiträge zur Rheinkunde N.F. 35, 1983, 3-10. – Ders., Römerschiffe in Deutschland. Die Schiffsfunde aus Mainz-Löhrstraße. Archäologie in Deutschland 1986.2, 38-40. – Ders., La navigazione nel mondo antico (Milano 1988). – Ders., La navigazione sul Reno e sul Danubio in epoca Romana. In: P. A. Gianfrotta (Hrsg.), Atti IV rassegna di archeologia subacquea (Messina 1991) 92-112.
Ders., Late Roman Rhine vessels from Mainz, Germany. The International Journal of Nautical Archaeology 22, 1993, 125-135. – S. McGrail, Romano-Celtic boats and ships: characteristic features. The International Journal of Nautical Archaeology 24, 1995, 139-145. – O. Höckmann, Mainz Boats. In: J. P. Delgado (Hrsg.), Encyclopaedia of Underwater and Maritime Archaeology (London 1997) 255-256.

DAS SCHIFF 6 AUS MAINZ

Entdeckung, Erhaltung und Datierung

Abb. 1
Abb. 2
Im Frühjahr 1982 wurden beim Bau eines Hauses zwischen Holzstraße und Kappelhofgasse, ca. 500 m südlich der Fundstelle der spätantiken Schiffe, die Reste von zwei Prähmen gefunden. Bis auf einen 2 m langen Rest des besser erhaltenen Wracks – als Schiff Mainz 6 bezeichnet – wurden sie nicht geborgen. Mainz 6 war bei der Auffindung noch 11 m lang, 2,60 m breit und 92 cm hoch. Die gesamte Steuerbordseite fehlte. Alle Bauteile bestehen aus Eichenholz, das nach den dendrochronologischen Untersuchungen im Frühjahr 81 n.Chr. gefällt worden ist.

Typ und Funktion

Abb. 3
Abb. 4
Das Schiff 6 aus Mainz gehört zu dem im gallisch-germanischen Raum gut belegten Typ Zwammerdam. Dies sind Schiffe mit flachem Boden und rampenartig ansteigenden Schiffsenden. Sie erlaubten es, dass diese Fahrzeuge zum Be- und Entladen auf ein unbefestigtes Ufer fahren konnten. Ihr charakteristischstes Bauteil bildet allerdings das L-förmige Kimmholz. Es besteht aus einem einzigen, entsprechend zugerichteten Stamm und verbindet den flachen Boden mit der gestreckten, leicht schrägen Bordwand. Die kistenartige Form, die selbst bei voller Beladung nur geringen Tiefgang zuließ, prädestinierte diesen Typ zum Schwerlasttransporter auf Flüssen.

Einzelheiten der Konstruktion

Planken

Abb. 5
Der Boden von Schiff 6 bestand ursprünglich aus fünf Planken, von denen sich die beiden backbordseitigen und die Mittelplanke erhalten haben. Sie sind 58, 74 und 70 cm breit sowie 3 cm stark. Der Bodenschenkel des Kimmholzes besitzt eine innere Breite von 47 cm bei einer Stärke von 3 cm, der senkrechte Bordwandschenkel von 61 cm. Hier beträgt die Dicke 5 cm. Der Baum, aus dem das Teil in römischer Zeit herausgearbeitet wurde, muss einen Durchmesser von mindestens 1,10 m besessen haben.

Abb. 6
Die Bordwand ist durch ein 41 cm breites, 5 cm starkes Setzbord erhöht. Man hatte es mit dem Kimmholz überlappend vernagelt. Ein oben angearbeiteter Wulst übernahm die Funktion einer Scheuerleiste.

Spanten und Weger

Abb. 7
Bei den 15-20 cm breiten und 7 cm dicken Halbspanten sind Wrangen- und Auflangerteile aus einem Stück gearbeitet (Korben). Für das Bodenteil verwendete man den Stamm eines Baumes, für den senkrechten Auflangerteil einen kräftigen, von ihm abgehenden Ast. Daraus erklärt sich auch die unregelmäßige Form der senkrechten Spantpartien, denn sie richtete sich nach dem Wuchs des Astes. Die backbord- und steuerbordseitigen Korben wur-

Schiff Mainz 6

Abb. 2 Mainz 6. Rekonstruktionsplan mit erhaltenem (helles Raster) und geborgenem (dunkles Raster) Teil.

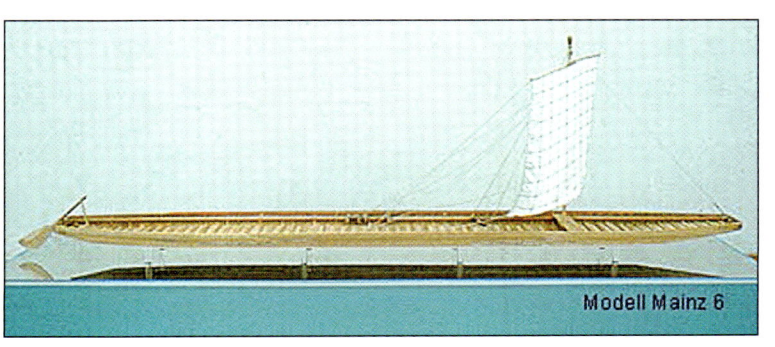

Abb. 3 Modell Mainz 6. Seitenansicht.

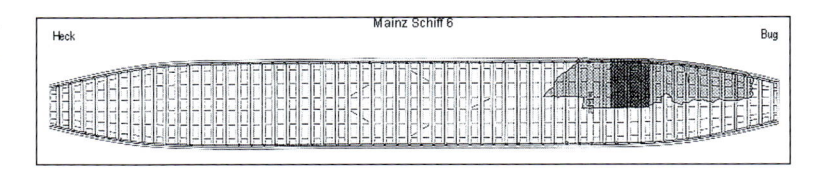

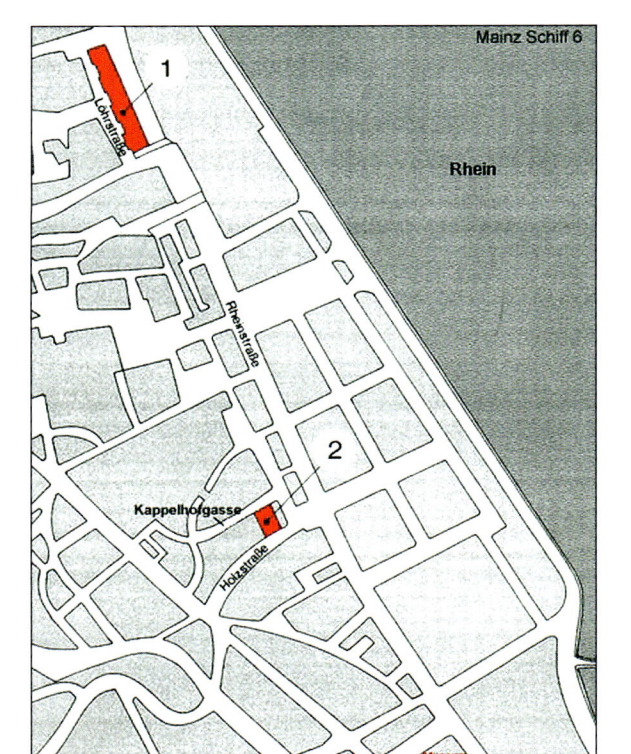

Abb. 1 Mainz 6. Fundstelle der Mainzer Schiffe 1-5 (1) und 6 (2).

Abb. 4 Modell Mainz 6. Gesamtansicht schräg von hinten.

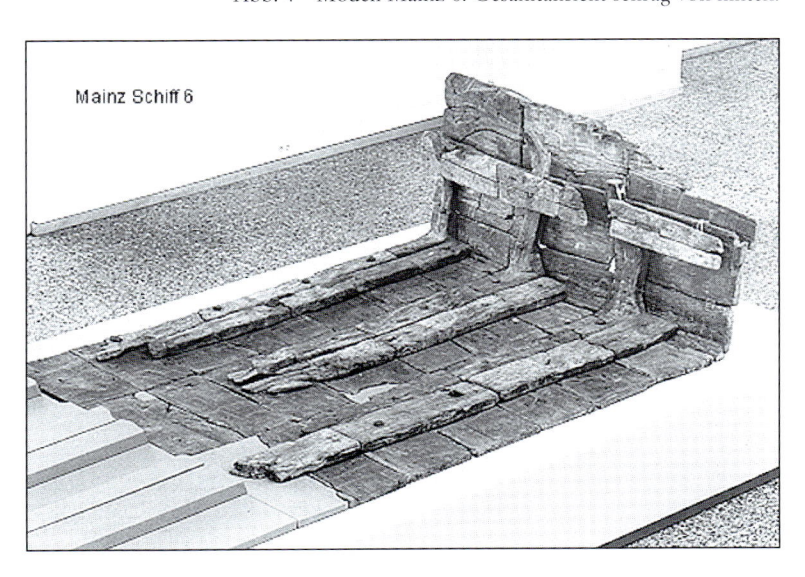

Abb. 5 Mainz 6. Geborgener Teil.

Abb. 6 Mainz 6. Erhaltene Bordwand von achtern.

Abb. 7 Mainz 6. Gerissenes Kimmholz (markiert) von achtern.

Abb. 8 Mainz 6. Eisenband über Plankennaht unter Schiffsboden, heckseitig.

Abb. 9 Mainz 6. Reparaturspuren des gerissenen Kimmholzes von außen. Nagelreste markiert.

Abb. Mainz 6. Präsentation im Museum für Antike Schiffahrt.

den jeweils paarweise verlegt. In Höhe des Setzbordes liegen sie nicht an der Bordwand an; ein Futterholz, wie man es bei anderen Schiffen des Typs Zwammerdam an dieser Stelle gefunden hat, fehlt aber bei dem Mainzer Schiff 6. Vorhanden ist dagegen ein 20 cm breiter, 5 cm starker Weger auf der Innenseite.

Planken/Spant-Verbindungen und Reparaturspuren

Alle Bauteile sind mit Eisennägeln befestigt. Darüber hinaus schützten Eisenbänder auf der Bodenunterseite die Plankennähte vor Beschädigung. In gleicher Weise dichtete man einen bereits in der Antike entstandenen Riss im Kimmholz ab. Zwar hat sich der Blechsteifen selbst nicht mehr erhalten, doch lassen sich eine Rostspur und die Nägel, die zur Befestigung gedient hatten, noch deutlich erkennen.

Abb. 8
Abb. 9

Antrieb

Wie bei allen Schiffen vom Typ Zwammerdam gibt es auch bei dem Schiff Mainz 6 keinerlei Hinweise auf einen Ruderapparat. Es muss daher angenommen werden, dass diese Schiffe gestakt, gepaddelt oder getreidelt wurden. Sicher konnten sie gesegelt werden, wie entsprechende Parallelfunde zeigen. Das Schiff 6 aus Mainz besaß zwar sicher kein Kielschwein wie das Schiff Zwammerdam 2, aber an der Stelle, an der ein Mastspant wie z. B. bei dem Schiff Woerden 1 zu erwarten gewesen wäre, klafft bei Mainz 6 ein großes Loch. Möglicherweise hatte man dieses Bauteil herausgerissen, bevor man mit dem restlichen Rumpf schließlich das Ufer befestigte.

Aufbewahrung

Das mit Kunstharz konservierte Schiff ist im Museum für Antike Schiffahrt in Schwimmlage zu sehen. Ein Modell im Maßstab 1:10 zeigt die zu rekonstruierenden Ausmaße von ca. 40 m Länge und 5 m Breite

Abb. 10
Abb. 4

Text: Barbara Pferdehirt

Literatur:
G. Rupprecht (Hrsg.), Die Mainzer Römerschiffe (Mainz 1982). – O. Höckmann, Rest römischer Prähme und Hafenanlagen vom Kappelhof in Mainz. Mainzer Archäologische Zeitschrift 2, 1996, 131-166. – S. McGrail, Romano-Celtic boats and ships: characteristic features. The International Journal of Nautical Archaeology 24, 1995, 139-145. – O. Höckmann, Mainz Boats. In: J. P. Delgado (Hrsg.), Encyclopaedia of Underwater and Maritime Archaeology (London 1997) 255-256.

DAS SCHIFF OBERSTIMM 1

Entdeckung und Erhaltung

Abb. 1
Abb. 2

Im Jahr 1986 wurden in einem archäologischen Suchschnitt 50 m westlich des römischen Kastells Oberstimm bei Ingolstadt zwei römische Schiffe entdeckt. Die Fundstelle befindet sich am ehemaligen Ufer der heute verlagerten Brautlach, eines kleinen Nebenflusses der Donau. 1994 wurden beide Schiffe ausgegraben und geborgen.

Abgesehen von den Zerstörungen, die 1986 durch den Bagger hervorgerufen worden waren, hat sich das Schiff 1 auf eine Länge von 15 m erhalten. Bug und Heck fehlen, doch nach der erhaltenen Rumpfform zu urteilen, kann es nur wenig länger gewesen sein. Während die Steuerbordseite vom Dollbord bis zum Kiel vollständig bewahrt blieb, ist die Backbordseite komplett vergangen. Rekonstruiert ergibt sich ein Schiff von 15,70 m Länge, 2,70 m Breite und 1 m Höhe.

Datierung

Abb. 3

Bei Schiff 1 und 2 aus Oberstimm bestehen die Planken aus Kiefer, der Kiel, das Kielschwein, die Spanten und die Duchten aus Eiche. Dendrochronologische Untersuchungen ergaben für das Eichenholz Fälldaten von 90 n.Chr. ± 10 bzw. 102 n.Chr. ± 10 Jahre. Eine weitere zeitliche Eingrenzung ermöglichten Eichenpfähle, die als Uferbefestigung in den Boden gerammt worden waren und beide Schiffe durchschlagen hatten. Sie sind 118 n.Chr. gefällt worden. Beide Schiffe gehören also in domitianisch/trajanische Zeit.

Funktion

Schiff 1 war nachweislich ein Ruderschiff, wie die erhaltenen Dollen und Sitzduchten zeigen. Es gibt Hinweise für zehn Ruderer auf der Steuerbordseite, sodass die gesamte Rudermannschaft wohl aus 20 Mann bestand. Zusätzlich konnte es gesegelt werden, wie das in Resten erhaltene Kielschwein belegt.

Der schlanke Rumpf mit einem Längen/Breiten-Verhältnis von rund 6:1 und die schmalen Heck- und Bugpartien sprechen dafür, dass das Schiff Oberstimm 1 ein Militärfahrzeug gewesen ist. Ob es als Mannschaftstransporter, Patrouillenfahrzeug oder Kurierschiff zwischen den Donaukastellen eingesetzt war, muss allerdings offenbleiben.

Einzelheiten der Konstruktion

Kiel

Abb. 4

Der im Querschnitt trapezförmige Kiel aus Eichenholz hat eine Breite von 5 cm (unten) bzw. 14 cm (oben) und ist 10 cm hoch. Er steigt zum Bug und Heck hin leicht an.

Planken

Abb. 5

Die 4 cm dicken, 17-26 cm breiten Planken aus Kiefernholz weisen im Abstand von 25 cm Nut-und-Feder-Verbindungen auf, wobei die Holzstifte, die die Federn halten, einen

Schiff Oberstimm 1

Abb. 1   Oberstimm. Fundstelle von Schiff 1 und 2 von SW.

Abb. 2   Oberstimm. Fundsituation von Schiff 1 und 2.

Abb. 3   Oberstimm 1. Bereich von Spant 4-10 mit Kielschwein.

Abb. 4   Oberstimm 1. Grundriss und Querschnitte mit Spantverlauf.

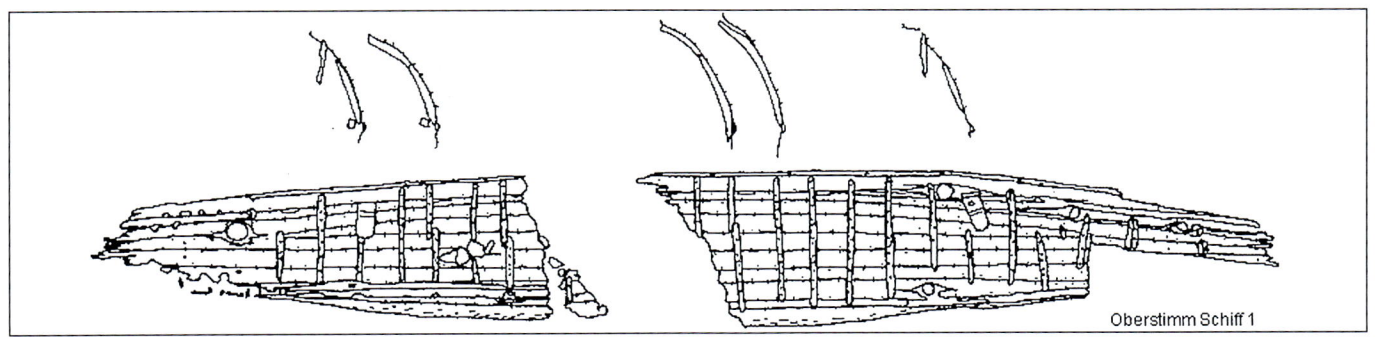

Abb. 5 Oberstimm 1. Totgang zwischen Spant 24 und 25.

Abb. 6 Oberstimm 1. Bugbereich von Spant 5-10.

◂◂ Abb. 7 Oberstimm 1. Aussparung für Ducht bei Spant 4.

◂ Abb. 8 Oberstimm 1. Bereich von Spant 4-10 mit Kielschwein.

◂◂ Abb. 9 Oberstimm 1. Ducht bei Spant 6.

◂ Abb. 10 Oberstimm 1. Dollpflock 3 bei Spant 7.

Durchmesser von 1 cm haben. Von den insgesamt acht Plankengängen sind der 1. und 5. Gang Totgänge. Sie waren an ihren Enden durch senkrecht in die Plankenschmalseite geschlagene Eisennägel fixiert. Plankenschäftungen konnten bei Schiff 1 nicht beobachtet werden. Der 7. Plankengang besteht aus einem 10 cm dicken Bargholz, auf dem die ca. 20 cm hohe, außen verdickte Dollbordplanke sitzt. Die Plankennähte waren mit Kalfat abgedichtet, von dem sich Reste erhalten haben.

Spanten

Die vom Kiel bis zur Bordkante reichenden Halbspanten sind teilweise geschäftet. Während bei den Spanten 9, 16, 18 und 20 beide Teile einen durchlaufenden Halbspant bilden, sind bei den Spanten 8 und 10 die beiden Spantstücke nebeneinandergesetzt. Alle Spanten sind mit ca. 2,5 cm dicken Holznägeln an den Planken befestigt.

Abb. 6
Abb. 7

Einbauten

Im vorderen Schiffsteil lagen über den Spanten auf dem Kiel die Reste eines Kielschweins. Fragmente von zwei Duchten steckten noch in der Bordwand. Es sind dies die Mastducht, die unmittelbar hinter dem Mast saß, wie die Mastspur im Kielschwein beweist, und die letzte Ducht. Diese hat nahe der Bordwand ein rundes Loch, in dem wohl ein Pflock steckte. Beide Duchten liegen auf dem Bargholz auf und werden durch Aussparungen im Dollbord fixiert. Für alle übrigen, heute verlorenen Ruderbänke gab es dagegen 20 cm lange, 4 cm hohe und 3 cm tiefe Einlassungen im Bargholz, d.h., diese Duchten lagen tiefer als die beiden erhaltenen Ruderbänke. Dasselbe Phänomen zeigt sich bei dem Schiff Oberstimm 2.
Der Abstand der Duchten beträgt ca. 1 m; 50 cm hinter den Ruderbänken befinden sich auf der Oberseite des Dollbords die Aussparungen für die Dollpföcke.
Holznägel auf der Innenseite einiger Spanten sprechen dafür, dass hier ursprünglich ein Stringer angebracht war. Auf ihm werden wahrscheinlich Querbalken aufgelegen haben, die den Ruderern als Fußstützen dienten.
Mit der Bedienung des Segels können zwei Beobachtungen in Verbindung gebracht werden: der Pflock, der wohl in dem Loch der hintersten Ruderbank steckte, und eine 10 × 5 cm große Aussparung im Bargholz, 80 cm hinter dieser Ducht. Möglicherweise lag hier ein Querbalken im Schiff, an dem die Gordings des Segels befestigt werden konnten.

Abb. 8

Abb. 9
Abb. 10

Das Schiff Oberstimm 1 wird z.Z. im Museum für Antike Schiffahrt konserviert.

Text: Barbara Pferdehirt

Literatur:
H. Schönberger/H.-J. Köhler/O. Höckmann, Die Ostumwehrung des Kastells Oberstimm – Schiffe mediterraner Bauart auf seiner Westseite. Germania 66/1, 1988, 170-175. – O. Höckmann, Römische Schiffsfunde westlich des Kastells Oberstimm. Bericht der Römisch-Germanischen Kommission 70, 1989, 322-350. – Ders., Roman Danube Vessels from Oberstimm (Germany) as examples of ›Shell-First‹ Technique. In: R. Reinders/K. Paul (Ed.), Carvel Construction Technique. Oxbow Monograph 12 (Oxford 1991) 14-18. – C.-M. Hüssen/K. H. Rieder/H. Schaaff, Römerschiffe an der Donau. Archäologie in Deutschland 1/1995, 6-10. – C.-M. Hüssen/K. H. Rieder/H. Schaaff, Die Römerschiffe in Oberstimm. Ausgrabung und Bergung. Das archäologische Jahr in Bayern 1994, 1995, 112-116. – S. McGrail, Romano-Celtic boats and ships: characteristic features. The International Journal of Nautical Archaeology 24, 1995, 139-145. – R. Bockius, Gleichmaß oder Vielfalt. Zum interscalmnium bei Vitruv (De architectura I 2,21 f.). Studia Antiqua – Festschrift für Niels Bantelman zum 60. Geburtstag (Bonn 2000) 111-125.

DAS SCHIFF OBERSTIMM 2

Entdeckung und Erhaltung

Abb. 1   Im Jahr 1986 wurden in einem archäologischen Suchschnitt 50 m westlich des römischen Kastells Oberstimm bei Ingolstadt an einem heute verlagerten Nebenfluss der Donau zwei römische Schiffe entdeckt. Beide wurden 1994 von Mitarbeitern des Museums für Antike Schiffahrt in Mainz ausgegraben und zur Konservierung, Restaurierung und wissenschaftlichen Bearbeitung nach Mainz gebracht.

Abb. 2   Anders als bei Oberstimm 1 blieben bei dem Schiff Oberstimm 2 auch die unteren vier Plankengänge auf der Backbordseite bewahrt; dafür fehlt auf der Steuerbordseite der oberste 8. Plankengang mit den Einlassungen für die Dollen. Durch den Baggerschnitt wurden die Backbordplanken, der Kiel und die Plankengänge 1 und 2 auf der Steuerbordseite zerstört. Wie Oberstimm 1 ist auch Oberstimm 2 nicht in voller Länge erhalten. Da Bug und Heck fehlen, blieben lediglich 14,4 m eines ursprünglich längeren Schiffs übrig. In der Rekonstruktion ergibt sich ein Schiff von ca. 15,4 m Länge, 2,7 m Breite und 1 m Höhe.

Datierung

Bei Oberstimm 2 bestehen die Planken aus Kiefernholz, der Kiel, das Kielschwein und die Spanten aus Eiche. Dendrochronologische Untersuchungen des Eichenholzes ergaben

Abb. 3   Fälldaten von 90 n.Chr. ± 10 Jahre bzw. 102 n.Chr. ± 10 Jahre. Eichenpfähle, die als Uferbefestigung die gesunkenen Schiffe durchschlagen haben, wurden 118 n.Chr. gefällt. Beide Schiffe aus Oberstimm gehören damit in die domitianisch/trajanische Zeit und waren nicht lange im Einsatz.

Funktion

Abb. 4   Das Kielschwein einerseits und die Aussparungen für die Sitzduchten andererseits zeigen, dass das Schiff Oberstimm 2 wie Oberstimm 1 sowohl gerudert als auch gesegelt werden konnte. Durch den schlanken Rumpf mit einem Längen-Breiten-Verhältnis von 6:1 sowie die sehr schmalen Bug- und Heckpartien kann Oberstimm 2 genauso wie Oberstimm 1 als Militärfahrzeug angesprochen werden.

Einzelheiten der Konstruktion

Kiel

Abb. 6   Der 10 cm hohe Kiel besteht auch Eichenholz. Seine Breite beträgt unten 7 cm, oben 13 cm. Wie bei Oberstimm 1 steigt er zum Bug und Heck hin an. Die Nuten für die Nut-und-Feder-Verbindung mit dem 1. Plankengang sind ganz leicht gekrümmt, sodass diese Federn im Kiel eingeklemmt wurden.

Im Heckbereich waren zwei außergewöhnlich lange Eisennägel von außen durch den Kiel geschlagen worden. Wahrscheinlich hielten sie den Achtersteven, der – nach der Nagellänge zu urteilen – unten in einem hohen Klotz endete.

Planken

Abb. 7   Die 4 cm dicken, 14-24 cm breiten Planken aus Kiefernholz weisen im Abstand von ca. 15-

Schiff Oberstimm 2

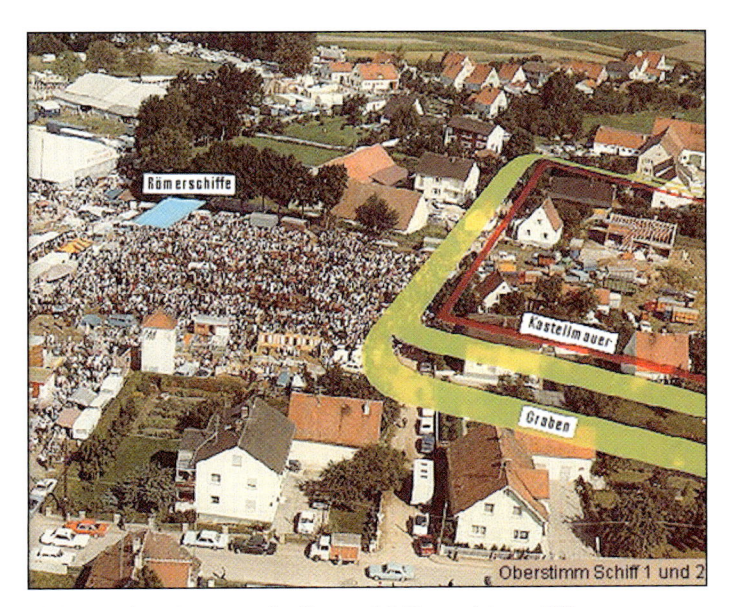

Abb. 1 Oberstimm. Fundstelle von Schiff 1 und 2 von SW.

Abb. 2 Oberstimm. Fundsituation von Schiff 1 und 2.

Abb. 3 Oberstimm 2. Ansicht von SW.

Abb. 4 Vergleich der Proportionen von Oberstimm 2 und Mainz 3.

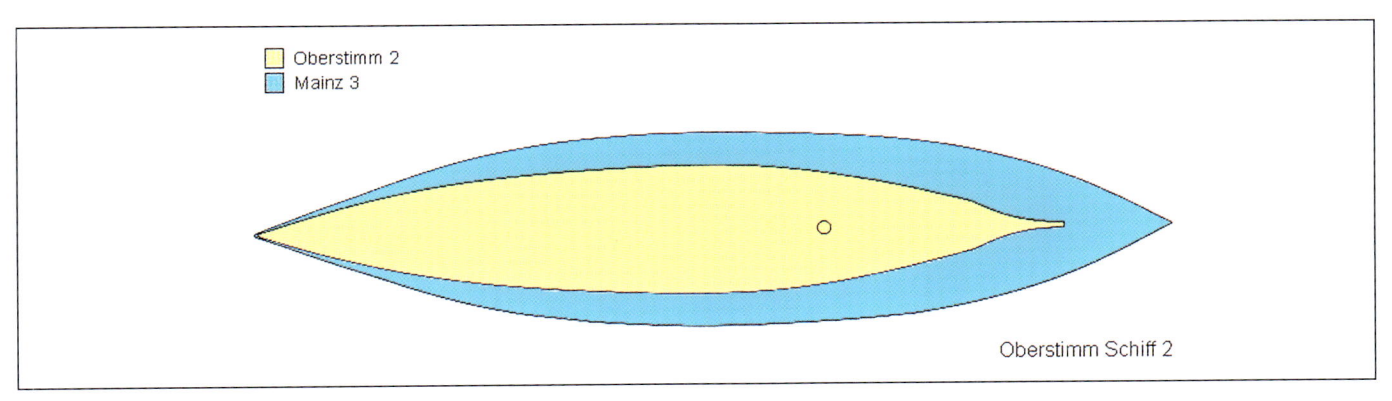

110   Schiff Oberstimm 2

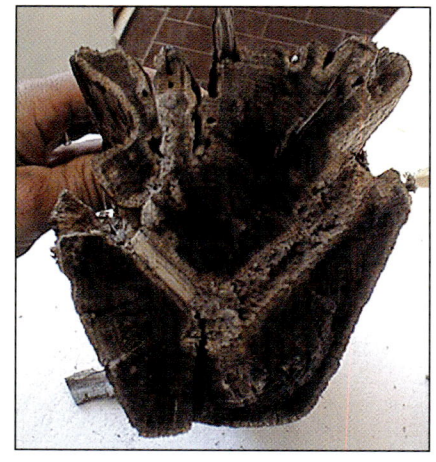

Abb. 5   Oberstimm 2. Heckbereich von N.

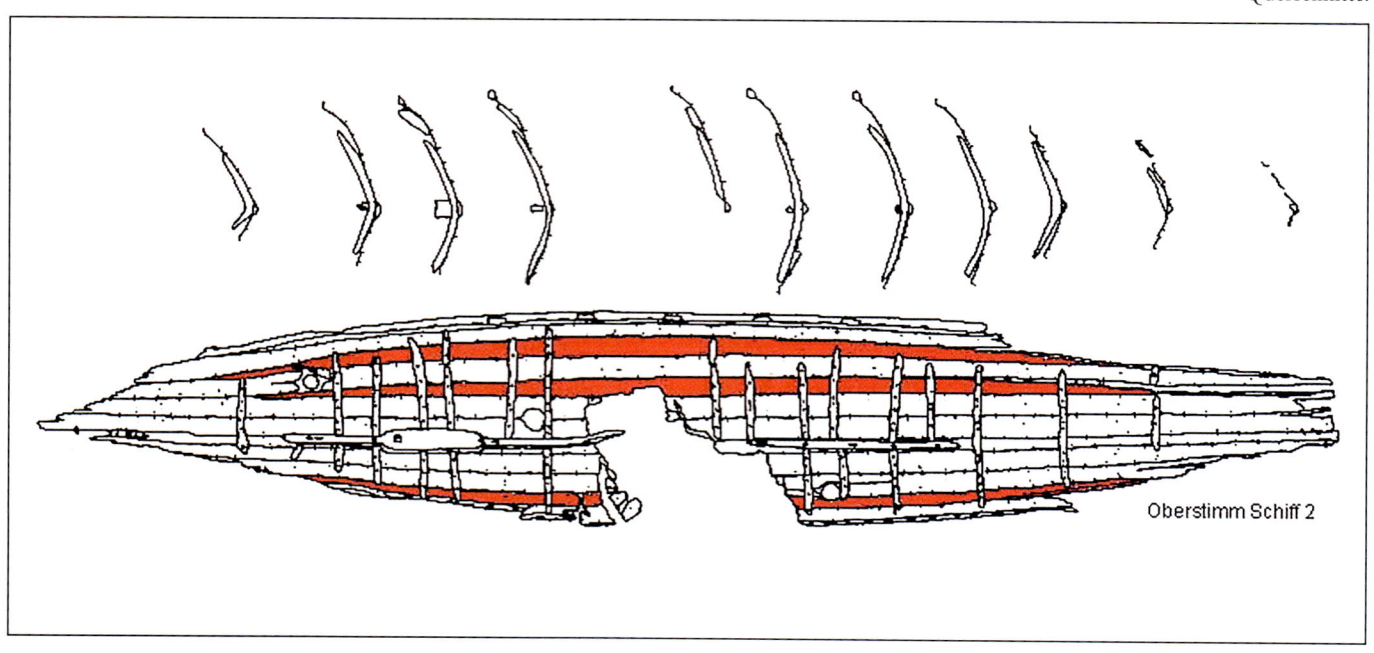

Abb. 6   Oberstimm 2. Nut-und-Feder-Verbindung am Kiel (Querschnitt).

Abb. 7   Oberstimm 2. Gekrümmte Nut im untersten Plankengang.

Abb. 8   Oberstimm 2. Draufsicht und Querschnitte.

Schiff Oberstimm 2

Abb. 9   Oberstimm 2. Nut-und-Federverbindung und Kalfat auf Plankengang 4 und 5.

Abb. 10   Oberstimm 2. Totgangende zwischen Spant 1 und 2 von W.

Abb. 11   Oberstimm 2. Bereich von Spant 10-15 von W.

Abb. 12   Oberstimm 2. Mastspur mit Spant 4-8.

Abb. 13   Oberstimm 2. Aussparung für Ducht bei Spant 15 von SW.

Abb. 14 Modell von Oberstimm 2.

25 cm Nut-und-Feder-Verbindungen auf. Gehalten werden die Federn von kleinen Holzstiften. Wie bei Oberstimm 1 ist auch bei dem Schiff Oberstimm 2 das Holz für die Planken so verarbeitet worden, dass sich bei der Trocknung jede Planke konkav nach außen wölbt, also gegen die Rumpfkontur. Diese Maßnahme sorgt für einen zusätzlichen Halt der Federn.

Abb. 5
Abb. 9

Von den sieben erhaltenen Plankengängen sind der 3. und 5. Gang Totgänge, deren Enden mit senkrecht in die Plankenschmalseite eingeschlagenen Eisennägeln fixiert sind. Der 7. Gang besteht aus einem 10 × 10 cm dicken Bargholz. Alle Plankennähte waren mit Kalfat abgedichtet.

Abb. 8
Abb. 10

Spanten

Die 6-7 cm breiten und 7-9 cm dicken Spanten aus Eichenholz bestehen teilweise aus Halbspanten (Spanten 8, 12, 13, 15 und 17). Die übrigen Spanten laufen im Bodenbereich durch und sind auf der Steuerbordseite im Bereich des senkrechten Bordwandabschnitts geschäftet. Die Schäftungen auf der Backbordseite haben sich nicht erhalten. Alle Spanten sind mit 2 cm dicken Holznägeln befestigt.

Abb. 11

Einbauten

Bis auf die Beschädigung durch den Baggerschnitt aus dem Jahr 1986 ist das 7,50 m lange, ca. 15 cm hohe Kielschwein vollständig erhalten. Neben der Mastspur weist es kleinere rechteckige Löcher auf. Sie befinden sich auf der Höhe der Aussparungen für die Ruderbänke im Bargholz – die Duchten selbst haben sich bei dem Schiff Oberstimm 2 im Gegensatz zu Oberstimm 1 nicht erhalten. Dieser Befund spricht dafür, dass die Duchten ursprünglich von Bordwand zu Bordwand durchgingen und in der Mitte auf einer zusätzlichen Stütze auflagen. Insgesamt haben sich im 6. und 7. (= Bargholz) Plankengang noch Aussparungen für fünf Ruderbänke erhalten; im auf volle Länge rekonstruierten Schiff wird man mit neun Duchten rechnen dürfen.

Abb. 3
Abb. 12
Abb. 13

Unregelmäßig in einige Spanten von innen eingeschlagene Holznägel, die aber stets auf gleicher Höhe liegen, weisen auf einen Stringer hin. Auf ihm lagen wohl Querbalken auf, die den Ruderern als Fußstützen dienten.

Das Schiff Oberstimm 2 ist im Museum für Antike Schiffahrt in Mainz konserviert worden und wird dort z.Z. zur Ausstellung vorbereitet. Ein Modell im M. 1:10 zeigt das vollständig rekonstruierte Schiff.

Abb. 14

Text: Barbara Pferdehirt

Literatur:
H. Schönberger/H.-J. Köhler/O. Höckmann, Die Ostumwehrung des Kastells Oberstimm – Schiffe mediterraner Bauart auf seiner Westseite. Germania 66/1, 1988, 170-175. – O. Höckmann, Römische Schiffsfunde westlich des Kastells Oberstimm. Bericht der Römisch-Germanischen Kommission 70, 1989, 322-350. – Ders., Roman Danube Vessels from Oberstimm (Germany) as examples of ›Shell-First‹ Technique. In: R. Reinders/K. Paul (Hrsg.), Carvel Construction Technique. Oxbow Monograph 12 (Oxford 1991) 14-18. – C.-M. Hüssen/K. H. Rieder/H. Schaaff, Die Römerschiffe in Oberstimm. Ausgrabung und Bergung. Das archäologische Jahr in Bayern 1994, 1995, 112-116. – C.-M. Hüssen/K. H. Rieder/H. Schaaff, Römerschiffe an der Donau. Archäologie in Deutschland 1/1995, 6-10. – A. Kremer, Die Bergung der römischen Schiffe von Oberstimm. Arbeitsblätter für Restauratoren Jg. 30, H.2, 1997, Gruppe 20 (Grabungstechnik), 325-328. – S. McGrail, Romano-Celtic boats and ships: characteristic features. The International Journal of Nautical Archaeology 24, 1995, 139-145.

WISSENSCHAFTLICHE UNTERSUCHUNGEN ZU DEN SCHIFFEN VON OBERSTIMM

Entdeckung und ältere Forschung

Sondagen vor der westlichen Umwehrung des römischen Truppenlagers von Oberstimm, Gem. Manching, Ldkr. Pfaffenhofen, führten im Jahr 1986 zur Entdeckung zweier Ruderfahrzeuge, die in geringer Tiefe vor der Uferzone eines verlandeten Fließgewässers lagen. Die mit einem Bagger vorbereitete Prospektion durchschlug eines der beiden Wracks ganz, das andere teilweise. Der um 1,5 m breite Suchschnitt gab von den Schiffskörpern so viel preis, um erkennen zu können, dass sie rundspantige Plankenfahrzeuge vergleichsweise flacher Bauart und mit einer Breite von weniger als 3 m in der erfassten Rumpfsektion repräsentieren. Ihre schiffstechnische Ausstattung mit Ruderduchten bezeugte den Charakter als mit Riemen gefahrene Boote. Maximal acht Plankengänge, die beiden obersten als Gurte und Verankerungsmöglichkeit für Beschläge und Einbauten, widersprachen dem in keiner Weise. In Wrack 2 wurde ein Kielschwein mit oben eingelassenen Zapflöchern identifiziert, das zur Unterfangung der Ruderbänke mittels dort ursprünglich eingezapfter Stempel diente. Die Kombination von Hart- und Weichholzsorten – die für den Bau der Schale verwendete Kiefer und Eiche für statisch stärker belastete Konstruktionsteile (Spanten; Kielschwein) – legte zusammen mit der gleichermaßen erkannten Schalenbauweise mit Hilfe von Nut-Feder-Verbindungen die Affinität der Oberstimm-Wracks zur mediterranen Schiffbautradition der Antike offen.

Dendrochronologische Untersuchungen lieferten zwar kein jahrgenaues Ergebnis, doch sprachen die vorgelegten Daten für eine Bauzeit der Fahrzeuge um die oder bald nach der Wende vom 1. zum 2. Jh. n. Chr. Demnach fiel ihre Betriebsphase noch in die späte Belegungsperiode des unmittelbar benachbarten Kastells. Zumal, da die Wracks strukturelle und technische Merkmale mit dem 1893 gleichermaßen bei einem Truppenlager entdeckten, knapp ein Jahrhundert älteren Schiffsfund von Bunnik-Vechten (NL) teilten, wurde hier wie dort eine militärische Verwendung des Fahrzeugtyps erwogen, wobei der Funktion als Ruderschiff mit Zusatzkapazitäten für den Truppentransport zunächst Vorzug gegeben worden ist.

Ausgrabung und neuere Untersuchungen

Die Ergebnisse aus dem archäologischen Aufschluss von 1986 ließen zusammen mit dem angetroffenen Erhaltungszustand die komplette Freilegung erforderlich erscheinen, weil die örtliche Grundwassersituation eine Gefährdung der Denkmäler erkennen ließ. Angeregt und organisiert vom Römisch-Germanischen Zentralmuseum (RGZM Mainz), fanden 1994 in Zusammenarbeit mit dem Bayerischen Landesamt für Denkmalpflege (Ingolstadt) und der Römisch-Germanischen Kommission des DAI (RGK Frankfurt) die plangemäße Ausgrabung, Dokumentation und die Bergung der Oberstimm-Wracks statt. Der Forschungsbereich Antike Schiffahrt des RGZM übernahm die konservatorische und wissenschaftliche Betreuung der Objekte, wo die Originale ab 1999 sukzessive der Öffentlichkeit im Museum für Antike Schiffahrt zugänglich gemacht, und schiffsarchäologisch fundierte, z.T. als großmaßstäbliche Modellbauten ausgeführte Rekonstruktionen vorbereitet worden sind. Weitere dendrochronologische Untersuchungen legten für die Kiellegung der

Abb. 1   Oberstimm, Wrack 1 und 2. Ausgrabungsfoto von 1986.

Abb. 2   Oberstimm, Wrack 1 und 2. Ausgrabungsfoto von 1994.

Abb. 3   Konservierungsvorbereitungen im Museum für Antike Schiffahrt Mainz.

116 Wissenschafliche Untersuchungen zu den Schiffen von Oberstimm

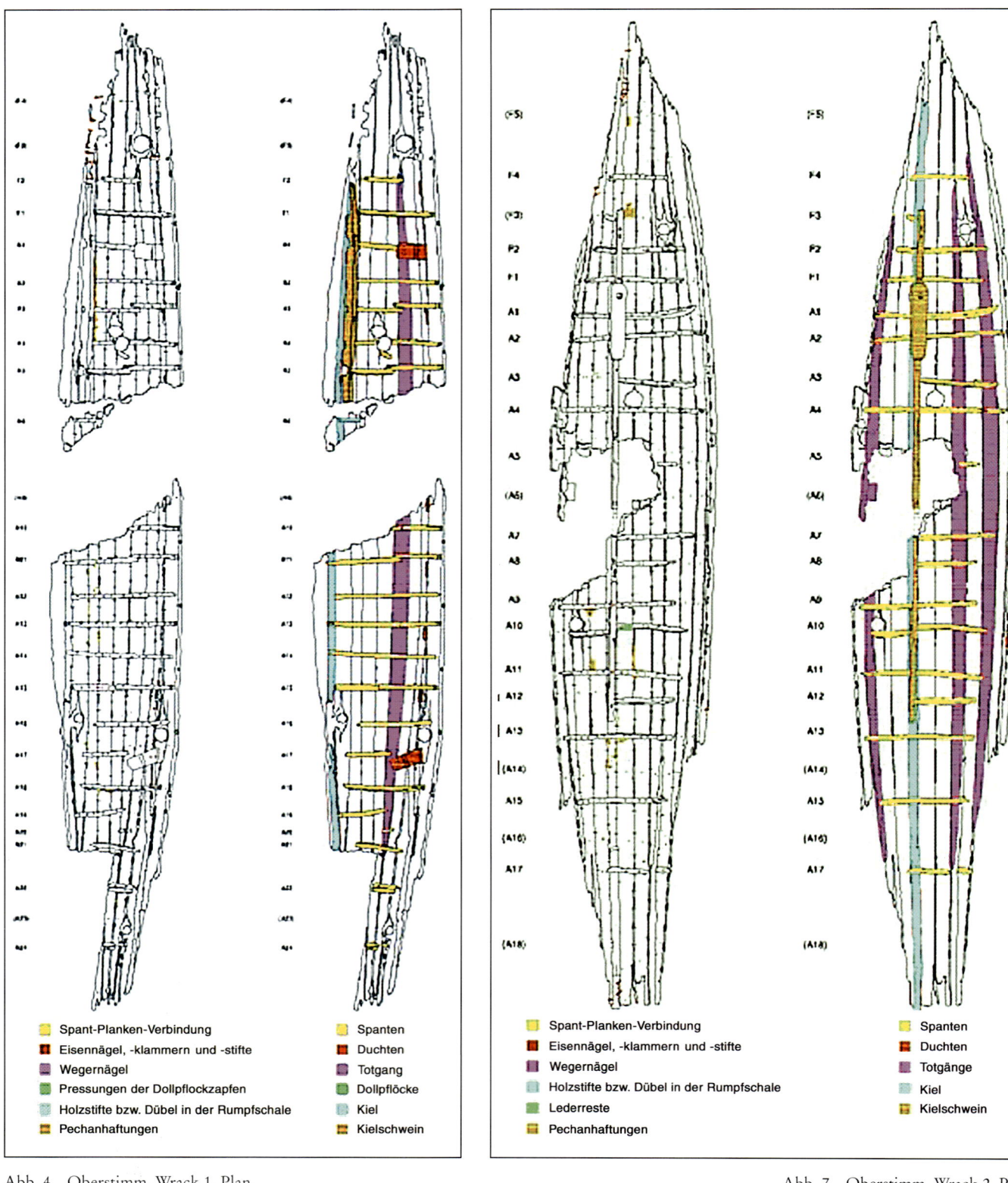

Abb. 4 Oberstimm, Wrack 1. Plan.

Abb. 7 Oberstimm, Wrack 2. Plan.

Wissenschafliche Untersuchungen zu den Schiffen von Oberstimm

Abb. 5   Oberstimm 1. Vorderer Bergeabschnitt mit Kielschwein, Ducht und Dollen.

Abb. 6   Oberstimm 1. Detailansicht vom Riemenantrieb.

Abb. 8   Oberstimm 2. Vorderer Bergeabschnitt mit Kielschwein.

Abb. 9   Oberstimm 2. Mittschiffssektion mit trapezförmig eingesenktem Kielschwein als mutmaßliche Lagerfläche für Einbauten.

Abb. 10   Oberstimm 2. Nahtabdichtung aus Lindenbast mit Nagelsicherung; binnenbords.

Abb. 11   Oberstimm 2. Heck.

Abb.12 Schiffsfunde gallorömischer (▼) und mediterraner (■) Bauart und antike Plattbodenfahrzeuge (●) in Mitteleuropa.

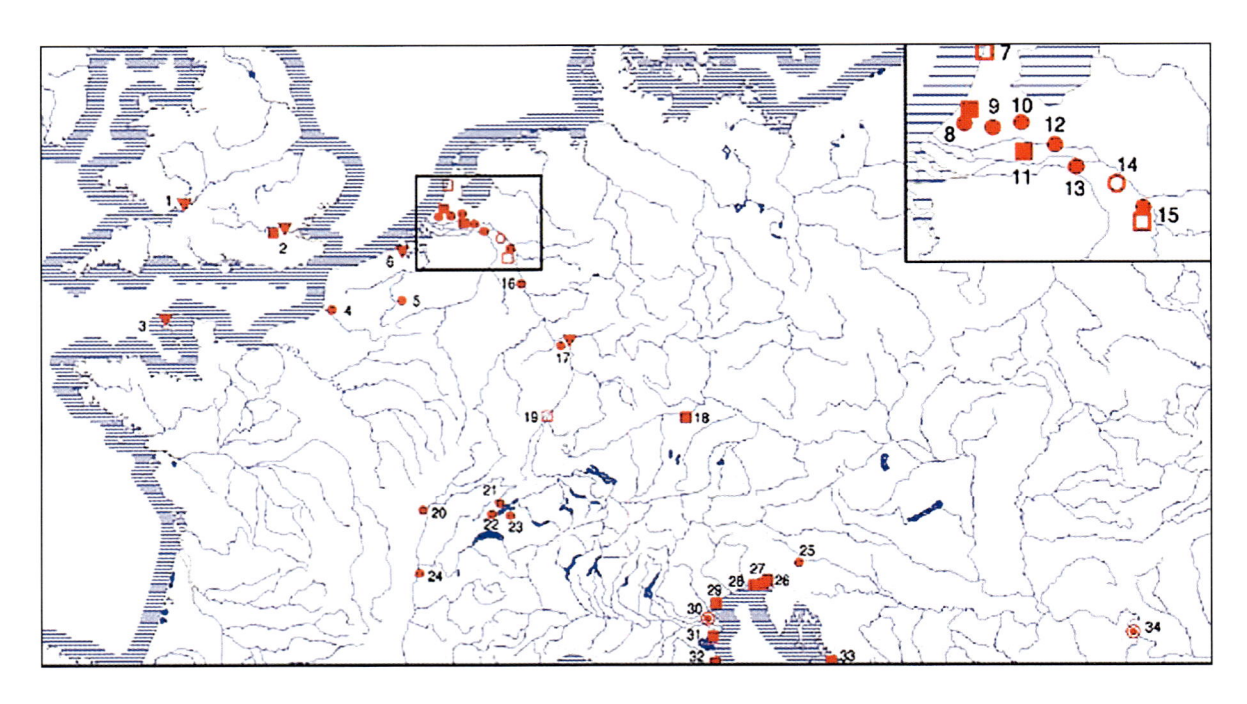

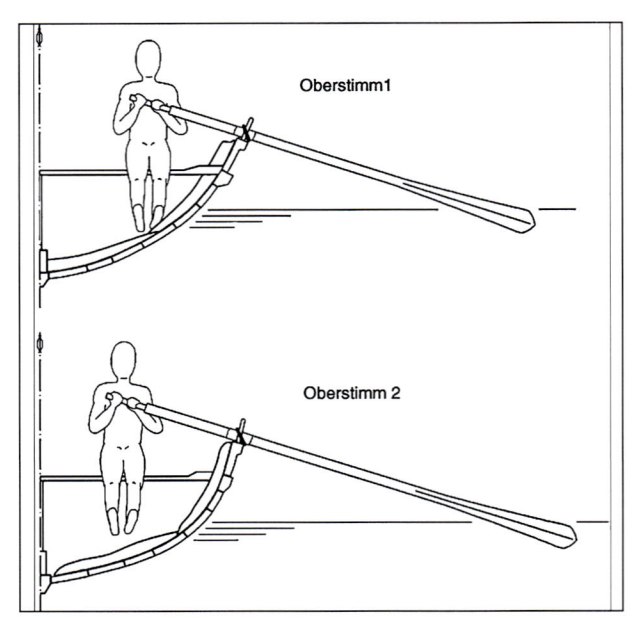

Abb. 13 Rekonstruktion von Oberstimm 1 und 2. Rumpfquerschnitte mit Besatzung und rudertechnischer Ausstattung.

Abb.14 Topographische Karte von Oberstimm mit Kastell, Uferbefestigungen (1-3), Hallenbauten (4).

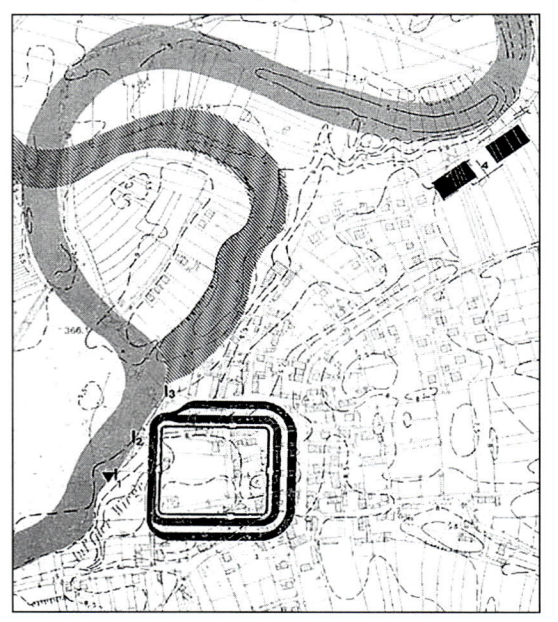

Fahrzeuge ein Datum gegen 110 n. Chr. nahe. Nach ihrem Untergang durchschlagen von Pfosten einer ufernahen Bebauung aus dem Jahr 118 n. Chr., kann ihre Betriebsdauer maximal nach Jahren gerechnet werden.

Oberstimm 1

Das erste, durch die Baumaschine in zwei Hälften getrennte Wrack war auf 15,2 m Länge erhalten, dem Augenschein nach bis weit in die Schiffsenden hinein. Lagebedingt waren der Eichekiel sowie der Kielgang an Backbord stark in Mitleidenschaft gezogen, und auch die exponierten Partien vom Vor- und Achterschiff zeigten Spuren von Verrottung. Von diesen Beeinträchtigungen abgesehen, ist die Steuerbordhälfte vom Rumpf streckenweise bis zur Bordkante vollständig erhalten. An den längsschiffs gerundeten, gegen Bug und Heck hin stärker aufkimmenden Kiel mit sechseckigem Querschnitt und knapp 10 cm Stärke schließen sich rechts acht schäftungslose, rund 4 cm starke Plankengänge aus Kiefernholz an. Der Steuerbordkielgang endet ebenso wie sein Pendant an Backbord beiderseits spitz auslaufend am Kiel; vom dritten Plankengang liegen Reste seines achteren Endes vor. Nr. 5 gleicht als Totgang ebenso wie die kurzen Kielgänge unterschiedliche Mantelflächen in den Schiffskörpersektionen aus. Auf den sechsten Plankengang folgt ein schmales Bargholz, dessen prismatischer Querschnitt der gedoppelten Plankenstärke entspricht. Der profilierte Schergang kommt in der oberen Hälfte auf dasselbe Maß, so dass sich eine auf rund 8 cm Breite verstärkte Bordkante ergibt. Zur Aussteifung dienten im Abstand von 0,2 bis 0,3 m verteilte Nut-Feder-Verbindungen mit beiderseitigen Sicherungsstiften, stellenweise darüber hinaus auch Eisennägel und -klammern, letztere besonders in den Schiffsenden zwischen Kiel und Kielgängen, bei den Totgangsenden sowie als Instandsetzungsmittel. Holznagelverbindungen mit der Außenhaut bezeichnen noch 26 nachweisbare Spantachsen; davon bieten 22 Positionen mehrheitlich umfangreiche Überreste der Spanten. Diese waren im Abstand von zumeist um 0,5 m über den Rumpf verteilt und mittels geschnitzter, im Kopfbereich gedrechselter Holznägel, teilweise auch mit gekeilten Holznieten fixiert. Das Spantsystem stellt sich als alternierender Wechsel von Wrangen mit lose nebeneinander oder überlappend angesetzten Seitenstücken (Auflanger) sowie von Halbspantpaaren dar. Die bis unmittelbar an die Bordkante heranreichenden Spantköpfe wurden so profiliert, dass Stauwasserbildung vermieden und die Widerstandsfähigkeit gegen Verrottung erhöht wurden.

Die vordere Rumpfpartie enthält ein mittels Ausklinkungen in seiner Sohle mit den Quergurten rastendes, damit jedoch nicht vernageltes, noch 3,3 m langes Kielschweinfragment aus Kiefer. Sein achteres Ende war abgesägt, vermutlich eine antike Demontagemaßnahme. Vorne schwach verdickt, enthielt das Element eine rechteckige Mastspur, achterlich davon zwei zierlichere Zapflöcher. Ihre Position deckt sich mit der Anordnung länglicher, in die Bargholzoberkante eingearbeiteter Schlösser, die nach Ausweis zweier Ruderbankfragmente aus Eiche zur Aufnahme dort eingelegter, gut 0,2 m breiter Duchten dienten. Mit Holz-, seltener mit Eisennägeln am Bargholz fixiert, aufgrund besonderer Stärke von bis zu 6 cm an den Flanken auch seichte Aussparungen in dem darüber gesetzten Schergang erforderlich machend, liefert das Wrack Anhaltspunkte für noch neun Rudererbänke, die gemäß der Korrespondenz zwischen Zapflöchern im Kielschwein und dem Anordnungsmuster im Vorschiffsbereich ursprünglich zentral unterfangen waren. Aus dem recht einheitlichen Verteilungsbild mit Abständen von durchschnittlich 96 cm leitet sich eine Ausstattung mit insgesamt zehn Duchten für eine Ruderbesatzung von 20 Mann ab.

Mit der Sequenz der Ruderbänke korrespondieren Befunde in der Bordkante: Jeder Ducht

Abb. 4

Abb. 5

Abb. 6

bzw. Duchtrast steht gut 0,4 m achterlich eine in den oben verstärkten Schergang eingezapfte Dolle (nach einer Stichprobe aus Eschenholz) mit massiver vierkantiger Basis gegenüber, sofern nicht komplett erhalten, zumindest durch das eingestemmte Zapfloch angezeigt. Abriebspuren vor den rund 16 cm hohen, im Querschnitt gerundeten Dollpflöcken sowie dort regelmäßig angetroffene zierliche Eisenstifte ohne Kopf, die mutmaßlich auf eine Belederung der Bordkante zurückgehen, bezeichnen ganz eindeutig die Lage der Antriebsriemen. Die hohe mechanische Beanspruchung der Beschläge führte zweifelsohne zu Lockerung und fahrtmindernden Ruckimpulsen. Dazu, dieses Phänomen zu minimieren, scheinen Pressstifte gedient zu haben, die, durch binnenbords auf die Zapfen geführte Bohrungen getrieben, die Dollen in ihrem Sitz verkeilten und so stabilisierten. Möglicherweise ließen sich die Pressungen nachjustieren. Über die als Primärantrieb zu wertende Fahrt unter Riemen hinaus ist aufgrund der erhaltenen Mastspur mit Besegelung zu rechnen, die, den Rumpflinien gemäß und in Anbetracht der vergleichsweise nahe zum vorderen Schiffsende orientierten Maststellung, eher sekundären Charakter besaß. Ein als Lager zur Montage eines Beschlages in Frage kommender vertikaler Durchbruch in der Flanke der achterlichsten Ducht mag mit der Takelage in Zusammenhang gestanden haben.

Über allgemeinere Formkriterien, wie die aus den Spantkonturen ablesbaren Rumpfquerschnitte sowie die insgesamt schlanke Gestalt des Schiffskörpers hinaus, liefert Wrack 1 bauliche Indizien, die für eine stärkere Gliederung des Rumpfes sprechen. So folgten auf die durch Duchten und Dollen vorne und achtern klar begrenzte Antriebssektion des Bootes in beiden Schiffsenden schanzkleidartige Erweiterungen aus wenigstens je einem Plankengang, so dass Vor- und Achterschiff in der Silhouette vom Mittschiffsabschnitt abgesetzt waren. Von diesen partiellen Aufhöhungen hat sich nahe den Verrottungskanten vom Schergang jeweils ein Nutschlitz mit Sicherungsstift erhalten.

Andere, teilweise sehr unscheinbare Merkmale tragen zum Verständnis der Bauweise und Ausstattung bei. So wird die Antriebssektion vorne und achtern gleichermaßen jeweils von annähernd quadratischen Bordwanddurchlässen, nachweisbar in der erhaltenen Schalenhälfte an Steuerbord, eingefasst, die mehr von oben in das Bargholz als unten in den Schergang geschnitten worden sind. Dort von oben in das ausgeklinkte Bargholz geschlagene Eisennägel lassen kaum einen anderen Schluss zu, als dass es sich bei den Öffnungen um Balkenpforten handelt, und die dort einst eingezogenen Querhölzer zur Versteifung der an dieser Stelle überhöhten Rumpfpartien beigetragen haben. Einige Spanten offenbaren Spuren, die auf verlorene Längsgürtel zurückgehen werden. In vertikalen Sacklochbohrungen der Spantinnenflächen steckende Holznägel legen durch ihre lineare Anordnung 0,4 bis 0,5 m seitlich der Schiffslängsachse Zeugnis ab über die Montage eines Stringers oder Wegers im Bereich der Kielgangsplanken. Die Außenhaut bewahrte außen und innen Reste von Pechanhaftungen, binnenbords nur am Boden, außenbords bis oberhalb der Wasserlinie, so dass hier an einen Schutzanstrich wasserbelasteter Weichholzoberflächen zu denken ist. Der überrasschende Nachweis von während des Beplankungsvorgangs zwischen die Nähte gepressten Fasersträngen ist unschwer als präventive Abdichtungsmaßnahme zu erkennen, umso mehr, als bei der Passgenauigkeit der Plankennähte manche Abstriche in Kauf genommen worden waren. In ihrer funktionalen Wertigkeit kaum exakt zu erläuternde Merkmale stellen demgegenüber zierliche Holzstifte in der Außenhaut dar, die weder zur Spantbefestigung noch zur Sicherung von Nut-Feder-Verbindungen beigetragen haben konnten. Dem Einvernehmen nach von innen nach außen durch Bohrungen in den Planken geschlagen, zeichnet ihre Verteilung im Rumpf kein klares Schema ab. Ihre querschiffs verlaufende Reihung in verschiedenen Bereichen des Schiffskörpers legt jedoch den Verdacht nahe, dass diese Spuren ephemerer Holzverbindungen auf das befristete Fixieren von Schablonen oder Behelfsmitteln während des Schalenbaus zurückgehen.

Oberstimm 2

In seiner Ausdehnung längs- und querschiffs besser erhalten als Wrack 1, ist der zweite Bootskörper im Aufgehenden stärker zerstört. Seine Länge betrug bei der Freilegung noch 14,6 m. Das intakte achtere Kielende mit Resten der Stevenverbindung sowie die original erhaltenen Enden dreier Plankengänge begrenzen die heckwärtigen Verluste auf ein Minimum. Formale und strukturelle Ähnlichkeiten bzw. Übereinstimmungen mit dem benachbart gefundenen Fahrzeug waren unübersehbar; im Detail zeichnen sich aber auch maßgebliche Unterschiede ab.

Abb. 7
Abb. 11

Das Beplankungssystem setzt sich aus noch sieben Plankengängen zusammen, wobei der oberste erhaltene Gang ein Bargholz mit prismatischem Querschnitt darstellt. Der dritte Gang ist an beiden Seiten als Totgang ähnlicher Abmessung und Längsausdehnung angelegt, an Steuerbord gleichermaßen der fünfte Plankengang, so dass von einer Art Symmetrie ausgegangen werden kann. Die Enden der Totgänge wurden mit jeweils zwei Eisennägeln an den nächst benachbarten tieferen Plankengängen befestigt. Die Häufung von Eisennagel- oder -klammerverbindungen in den Schiffsenden, namentlich zwischen Kiel und diesen berührenden Elementen, deckt sich mit dem Befund in Wrack 1. Dasselbe gilt für den Nachweis oder die Anordnung von Pechüberzug, Nut-Feder-Technik und Abdichtung durch Lindenbaststränge in der Außenhaut, dort beobachtete zierliche Holzstifte ohne unmittelbaren Bezug zur Bootskörperkonstruktion, ein Stringer- oder Wegerpaar im Schiffsbodenbereich sowie für die Art der Spantmontage. Von maximal 23 in Frage kommenden Querachsen haben 18 die Relikte von Halbspantpaaren und durch lose angesetzte Seitenstücke erweiterten Bodenwrangen geliefert; letztere waren nur vereinzelt und allein in der Hauptsektion mit kielmittigen Nüstergatts ausgestattet.

Der in Wrack 2 besser erhaltene, etwa 12 cm starke Kiel bildet im Vor- und Achterschiff jeweils eine höckerartige Verdickung aus, die der Herstellung breiterer Schmiegen für die dort steiler ansetzenden Kielgänge ermöglichte. Das Element war längsschiffs weniger deutlich gerundet als der Kiel von Wrack 1; seine Radien werden zu Bug und Heck hin kleiner. Im Querschnitt sechseckig, schließen im oberen Bereich die beiden Kielgänge an senkrechte Flanken an; unten kragt ein trapezoider Überstand 7 bis 8 cm tief vor die Außenhaut. An keiner Stelle mit den Spanten unmittelbar verbunden, ergab sich die Stabilität des Schiffskörpers aus der mit dem Kiel durch Federn verbundenen Plankenschale und den darin mit Holznägeln oder -nieten fixierten Spanten, namentlich den Wrangen, die den Kiel kreuzen.

Oberhalb vom Kiel liegt ein fast 7,5 m langes Kielschwein aus Eichenholz, dessen ausgeklinkte Sohle mit der Spantanordnung korrespondiert. In lockerer Folge mit kräftigen Eisennägeln an Bodenwrangen gegen seitliches Verrutschen gesichert, gibt das Bauteil in wesentlichem Maße Auskunft über die Antriebssysteme des Fahrzeugs sowie über die Art der Mannschaftsunterbringung. Ein am Übergang zwischen Mittel- und Vorschiff angeordnetes, blockartig erweitertes Segment enthält im vorderen Bereich eine kräftige, annähernd quadratische Mastspur. Vor und besonders achterlich der Verstärkung gleicht das Kielschwein einem hochkant stehenden Balken, über dessen Rücken sich einzelne oder als Zweiergruppe angelegte Zapflöcher verteilten, deren Lage sich an dem Anordnungsschema von Verbindungsspuren im Bargholz orientierte. Bei letzteren handelte es sich entweder um die von Wrack 1 hinreichend bekannten Lagerrasten mit mittig angeordnetem Holznagel verlorener Ruderbänke oder aber lediglich um einzelne in der Bargholzoberseite steckende Holz- oder Eisennägel, die sinnfällig machen, dass nicht alle Duchten in den siebten Plankengang eingelassen, sondern vom verlorenen achten Gang ausgespart worden waren. Dass die aus dem Arrangement von Zapflöchern und Merkmalen im Bargholz mittelbar herzuleitenden acht Ruderbänke zentral gestützt worden sind, steht außer Frage,

Abb. 8

doch legt der achterlich davon verfügbare Schiffsraum die ursprüngliche Existenz einer neunten Ducht und somit eine Ruderbesatzung von 18 Mann nahe. Mit durchschnittlich 98 cm liegt der Bankabstand nahe bei dem in Wrack 1 gemessenen Wert. Allein nach Maßgabe der kürzeren Antriebssektion dürfte das Fahrzeug nicht ganz dessen Gesamtlänge erreicht haben.

Oberstimm 2 überliefert einige bemerkenswerte Besonderheiten individuellen Charakters. Erstens: An der vom Bagger beschädigten Stelle des Kielschweins fiel nach Zusammensetzung der Bruchstücke eine durch schräge Sägeschnitte eingerahmte Einsenkung mit dazwischen 20 cm langer, horizontal verlaufender Fläche auf. Diese wird von zwei senkrecht verlaufenden Bohrungen mit Spuren eiserner Nagelschäfte durchdrungen, die zur Befestigung des Bauteils an Spanten nicht in Frage kommen. Zumal, da sich das Niveau der tiefer gelegten Kielschweinoberfläche ungefähr mit der Höhe der beiderseits herleitbaren Wegerungsplanken deckt, so dass hier ein an drei Punkten aufgelegter, die Schiffsmittelachse kreuzender Querbalken Platz gefunden hätte, mag an dieser Stelle im Rumpf – etwa der Schiffsmitte – ein Objekt, wie etwa eine Lenzpumpe, montiert gewesen sein. Auf eine dort untergebrachte Installation deutet überdies ein in derselben Sektion von innen in die vierte Planke an Backbord geschlagener Eisennagel hin. – Zweitens: Für in Nut-Feder-Technik gebaute Schiffe ganz ungewöhnlich, war das zwischen den Planken eingepresste Dichtmaterial einmal von innen durch ein Eisennägelchen gegen Hervorquellen gesichert. – Drittens: Ohne Verband beim Heck von Wrack 2 gefundene Eichenholzfragmente lassen sich zu einem größeren Stück mit zwei schmiegenartigen Bearbeitungskanten zusammensetzen, die bei entsprechender Stellung zu den Raumachsen des Schiffskörpers bündig in das rudimentär erhaltene Heck von Boot 2 passen. Zwei Marken unterschiedlich großer, einmal sichelförmig ins Holz eingedrungener Nägel entsprechen nach Lage und Aussehen exakt Nagelbefunden im Kielende sowie in einem der Plankenenden an Steuerbord. Die antiken Oberflächen des als Bruchstück des Achterstevens in Frage kommenden Objekts sind weitgehend verloren gegangen, so dass aus ihm nicht mehr die ursprüngliche Umrissgestaltung abgeleitet werden kann.

Abb. 9

Abb. 10

Abb. 11

Schiffsarchäologische Bedeutung

Die Oberstimm-Wracks gehören einerseits einer Fahrzeugfamilie, andererseits einer Schiffsklasse an, die sich beide der Forschung weitgehend entziehen: Geruderte antike Kleinfahrzeuge haben sich als Originale so gut wie gar nicht erhalten, und dasselbe gilt um nichts weniger für römische Kriegsschiffe. Dennoch spiegeln die literarische und insbesondere die bildliche Überlieferung die Verwendung kleinerer Ruderfahrzeuge in der Antike wider, sei es im zivilen Milieu (Fischerei, Personenverkehr, Hafendienst) oder im militärischen (Moneren; Depeschenboote; Avisos). Zumal, da gerade im Kernraum des Römerreiches die Erforschung von Binnenschifffahrt nicht dieselben Standards aufweist wie nördlich der Alpen und weil im Mittelmeergebiet kaum Originalfunde größerer, auf die Binnenfahrt beschränkter antiker Schiffe zur Verfügung stehen, sind modern untersuchte, umfangreich erhaltene Wracks aus den Provinzen als Originalquelle umso willkommener, wenn sie technologische Reflexe mediterraner Schiffbautradition widerspiegeln. Die Vergleichbarkeit zwar funktional nicht gleichwertiger, konstruktiv jedoch ganz eng verwandter Wasserfahrzeuge – im erörterten Falle in einem Fließgewässer gefundene Mannschaftsboote und see- bzw. küstentaugliche mediterrane Frachtsegler – lässt sich als Ausdruck von Technologietransfer, ja selbst von personeller Mobilität auffassen, der vor dem Hintergrund des Kulturstromes in römischer Zeit freilich kaum verwundert. Die schiffsar-

Abb. 12

chäologische Auseinandersetzung mit den Wracks von Oberstimm trägt dazu bei, dieses allgemeine Erscheinungsbild mit einigen Schärfen zu versehen.

Die auf Nut-Feder-Verbindungen basierende Schalenbauweise der Fahrzeuge entspricht ebenso wie die gemischte Holzsortenauswahl, das Spantsystem, selbst die Beschaffenheit der hölzernen Spantnägel, dann auch die untergeordnete Bedeutung von Eisen als Konstruktionsmittel sowie die Verwendung des Kielschweins als Riggträger den Gepflogenheiten mittelmeerländischen Schiffbaus. Indizien für die Anwendung des römischen Maßsystems unterstreichen noch den Eindruck, dass es sich bei den Booten um ausgesprochen »klassische« Produkte handelt. Allerdings konfrontieren uns gewisse Verfahrensweisen mit einer handwerklichen Note, die sich nicht so ohne weiteres in das Bild vom an die Donau transponierten mediterranen Schiffbauwesen einfügen. Zuvorderst irritiert hier der Umstand, dass beide Rümpfe ausgedehnte Spuren von Nahtabdichtung liefern, die einmal (Wrack 2) sogar mit einem Eisennägelchen gesichert worden ist. Bei oberflächlicher Betrachtung sind beide Erscheinungen typische Kennzeichen galloromischer Schiffbautradition, die sich nicht nur technologisch, sondern auch in der Art dort konstruierter antiker Plankenfahrzeuge vom mediterranen Konzept absetzt. Das hier an einzelnen kaiserzeitlichen Plattbodenschiffen (Bevaix; Pommerœul; Yverdon 1) wie auch einmal an einem rundspantigen Fahrzeug (Yverdon 2) nachweisbare Verfahren, Plankennähte mit Moos oder anderem pflanzlichen Material zu kalfatern (d.h. von außen in die etwas erweiterten Nähte zu hämmern) und dieses durch Serien von Eisennägelchen oder mit aufgenagelten Sintelhölzern bzw. -eisen zu fixieren, ist keineswegs dasselbe wie der Befund in den Oberstimm-Wracks, weder im stofflichen noch im verfahrenstechnischen Sinne. So handelt es sich dort um Dichtstränge aus Lindenbast, die während des Beplankungsvorgangs zwischen den Nahtkanten verpresst worden sind. Diese Maßnahme ist zwar für mediterrane Schalenbauten in Nut-Feder-Konstruktion gänzlich untypisch, kehrt südlich der Alpen aber als Varietät bei einer kleinen Gruppe antiker Wasserfahrzeuge aus dem Adriaraum wieder, deren Plankenhaut in Nähtechnik zusammengefügt wurde. Durch entlang der Plankenkanten gesetzte Bohrungen wurde kräftige Schnur gefädelt, die jeweils benachbarte Gänge zusammenpresste und zugleich innen über die Plankenfugen gelegte Stränge aus Lindenbast quetschte. Während im Mittelmeerbereich mit Nut und Feder gebaute sowie genähte Schiffe quasi nebeneinander existierten, vereinen sich in den Oberstimm-Wracks beide Techniken als miteinander kombiniertes Verbindungs- und Dichtungsverfahren. In diesem technischen Prinzip bislang einzigartig, erinnert der Befund an die Bauweise des augusteischen Schiffes von Comacchio nördlich von Ravenna, dessen Unterwasserschiff genäht, die Beplankung der oberen Rumpfpartien dagegen mit Nut-Feder-Verbindungen versehen worden war. Wenngleich hier keine Verquickung zwischen beiden Verfahrensweisen stattgefunden hatte, zeigt das Wrack doch, dass sich Bootsbauer in der Region beider Techniken bedient hatten und diese auch beherrschten. Vor diesem Hintergrund ist für die Schiffsfunde von der oberen Donau mit einem Einfluss aus dem Gebiet um die nördliche Adria (Caput Adriae) zu rechnen. Dafür sprechen aber noch weitere Hinweise.

Der Gebrauch eiserner Klammern war im antiken Schiffbau kaum bekannt. Die wenigen einschlägigen Parallelen lieferten einerseits der Prahm Zwammerdam 2 und der spätrömische »Pseudoeinbaum« aus Yverdon (Yverdon 2), andererseits ein römisches Wrack aus Prahovo, Ostserbien (YU). Letzteres war übersät mit Eisenklammern, die – serienweise binnenbords über die Plankennähte geschlagen – die ebenso arbeitsintensive wie reparaturtrachtige Nähtechnik in einem homologen Muster ersetzen. Auch ist hier die relative Nähe des Fundorts zur Verbreitungszone genähter Fahrzeuge bemerkenswert. Der Nachweis von Eisenklammern in Zwammerdam, Wrack 2 passt so wenig zur galloromischen Bauart rheinischer Prähme wie eine andere Beobachtung von spezifischen Merkmalen an den Korben, die gleichermaßen eine Brücke zum adriatischen Schiffbau schlagen helfen.

Das drückt sich für in Mitteleuropa gefundene kaiserzeitliche Plattbodenschiffe generell dadurch aus, dass das älteste Zeugnis der genähte Prahm von Ljubljana darstellt. Doch zeichnen sich noch weitere Wechselbeziehungen zwischen Oberstimm, den Prähmen und genähten Schiffen ab. Während sich Kielschweine ganz allgemein als schiffstechnische Elemente mediterraner Segler erweisen, und das Bruchstück aus Oberstimm, Wrack 1, sogar einer guten Entstprechung im Kielschwein aus einem Schiffsfund von Ostia (Fiumicino 1) gegenübergestellt werden kann, erweist sich das Bauteil aus Oberstimm 2 mit seinem scharf abgesetzten massiven Segment als Sonderfall: Nach typologischen Maßgaben handelt es sich hierbei um eine andere Kategorie, für die nur ganz wenige Vergleichsstücke existieren – die Kielschweine in den Prähmen Zwammerdam 2 und 6, beide mit Affinitäten zum klassischen Schiffbau; dann außergewöhnlich alte, in die Zeit vom 6. bis 2. Jh. v. Chr. zurückgehende Wracks von der südfranzösischen Küste, Sizilien und Israel (Gela; Ma'agan Mikhael; Bon Porté I; La Chrétienne A). Letztere stellen überwiegend genähte Plankenfahrzeuge dar; eines unter ihnen (Ma'agan Mikhael) überliefert – entfernt mit dem Befund aus Comacchio vergleichbar – sowohl Schnur- als auch Nut-Feder-Verbindungen. Ein solches Zusammentreffen mit einer unter der Oberfläche durchscheinenden Dominanz genähten mediterranen Schiffsbaus, der gerade in Oberitalien bis ins Mittelalter kontinuierlich fortlebte, spricht sehr für die Verwurzelung der Mannschaftsboote von Oberstimm im italischen Schiffsbau; dass diese nach Ausweis der Bauhölzer zweifelsohne in Süddeutschland auf Kiel gelegt worden sind, beeinträchtigt den Befund in keiner Weise. Das Werftpersonal verfügte über das Knowhow nordadriatischer Schiffsbauer, transformierte aber auch im gallorömischen Schiffbauwesen übliche Verfahrensweisen, ohne sie gleichwertig zu adaptieren. Zumal, da heute wie damals zwischen Ausführenden und Lenkenden zu unterscheiden ist, legt das den Gedanken an eine Planung und verantwortliche Bauausführung durch in den klassischen Konstruktionstechniken routiniertes Fachpersonal unter Mitwirkung darin allenfalls geschulter Handwerker mit anderem schiffsbaulichen Hintergrund nahe.

Leistungseinschätzung und funktionale Interpretation

Die ursprünglich zwischen 15 und 16 m langen, etwas weniger als 3 m breiten Boote verfügten über 18 bis 20 Mann große Riemenbesatzungen, die den größten Anteil des verfügbaren Schiffsraumes einnahmen. Rechnet man noch den Platzbedarf für Ausrüstungsgegenstände, Einbauten sowie die kaum verzichtbare Steuerung einschließlich des dafür erforderlichen Personals ab, so dürften die Schiffskörper bis auf unmaßgebliche Reserven vor und achterlich der Antriebssektion räumlich ausgelastet gewesen sein. Bei niedergelegtem Mast wurde selbst die schmale Ruderbankfläche zwischen den nicht unmittelbar bei den Bordwänden sitzenden Ruderern benötigt. Schon daraus leitet sich ein vergleichsweise hohes Leistungspotenzial dieser Fahrzeuge ab. Der Mangel an über den Schiffsbetrieb hinausgehenden Nutzungsmöglichkeiten spricht zusammen mit der aus dem Verhältnis von Schiffsgröße und Besatzung resultierenden Energiebilanz wie auch der schlanken Rumpfform dafür, dass der Einsatz der Boote zuvorderst auf Geschwindigkeit gründete, kaum oder gar nicht auf Transportkapazitäten, sieht man einmal von der Beförderung der nicht ganz kleinen Mannschaften ab.

Abb. 13

Einer zivilen Verwendung stehen demnach wirtschaftliche Unvereinbarkeiten entgegen. Nicht weniger schwer wiegen der fundtopographische Kontext und schiffstypologische Bezüge. Wenn zwei qualitativ annähernd identische, einer gemeinsamen Kategorie angehörende Fahrzeuge unmittelbar nebeneinanderliegend in einem seichten Flussbett ge-

Abb. 14

funden werden, lässt das kaum auf ein Schiffsunglück, sondern auf die Ausmusterung wertlos gewordenen Geräts schließen. Dem gerade einen Steinwurf entfernten, gleichzeitig besetzten Truppenlager von Oberstimm wird ein logistischer Auftrag zugedacht, mit dem auch in der näheren Umgebung nachgewiesene Gebäude monumentaler Ausmaße in Einklang stehen. Beide Einrichtungen orientieren sich an dem Gewässer, das über längere Strecken hinweg wasserbauliche Spuren in Gestalt mehrphasiger, überwiegend während der Belegungsperiode vom Kastell angelegter Pfostensetzungen hinterlassen hat. Ohne dass sich der Einsatzauftrag der Boote im einzelnen bezeichnen ließe, deuten die den Fluss berührenden Aktivitäten der in Oberstimm garnisonierten Truppe auf die militärische Verwendung der Ruderfahrzeuge hin. Sie kommen als Kommunikationsmittel ebenso in Frage wie als Überwachungseinheiten; auch die Möglichkeit, kleine Truppenkörper von der Größe jeweils einer Bootsmannschaft in unwegsamem, nur amphibisch kontrollierbarem Terrain verschieben zu können, mag eine Rolle gespielt haben. Was für die Schiffsfunde von Oberstimm zutrifft, hat gleichermaßen Gültigkeit für das knapp ein Jahrhundert ältere Wrack von Bunnik-Vechten (NL), das auch als unmittelbare schiffstypologische Parallele in Erwägung zu ziehen ist.

Text: Ronald Bockius

Literatur:

R. Bockius, Gleichmaß oder Vielfalt? Zum interscalmium bei Vitruv (De architectura I2,21 f.). Studia Antiquaria. Festschr. Niels Bantelmann. Universitätsforsch. Prähist. Arch. 63 (Bonn 2000) 111 ff. – R. Bockius, Die römerzeitlichen Schiffsfunde von Oberstimm. Monogr. RGZM (im Druck). – O. Höckmann, Römische Schiffsfunde westlich des Kastells Oberstimm. Ber. RGK 70, 1989, 321 ff. – O. Höckmann, Roman Danube Vessels from Oberstimm, Germany. In: H. Tzalas (Hrsg.), Tropis II. Proceedings of the 2nd International Symposium on Ship Construction in Antiquity, Delphi 1987, Athen 1990, 215 ff. – O. Höckmann, Roman Danube Vessels from Oberstimm (Germany) as Examples of »Shell-First« Construction. In: R. Reinders u. K. Paul (Hrsg.), Carvel Construction Technique. Fifth International Symposium on Boat and Ship Archaeology, Amsterdam 1988. Oxbow Monogr. 12 (Oxford 1991) 14 ff. – C.-M. Hüssen, K.H. Rieder u. H. Schaaff, Die Römerschiffe in Oberstimm – Ausgrabung und Bergung. Das Arch. Jahr in Bayern 1994 (Stuttgart 1995) 112 ff. – C.-M. Hüssen, K.H. Rieder u. H. Schaaff, Römerschiffe von der Donau. Arch. Deutschland 1995, H. 1, 6 ff. – Jahresbericht des Römisch-Germanischen Zentralmuseums 1994 (Forschungen zur römischen Schiffahrt). Jahrb. RGZM 41, 2. Teil, 1994 (Mainz 1996), 569 ff. – Jahresbericht des Römisch-Germanischen Zentralmuseums 1995 (H. Schaaff). Jahrb. RGZM 42, 2. Teil, 1995 (Mainz 1996), 568 ff. – Jahresbericht des Römisch-Germanischen Zentralmuseums 1996 (H. Schaaff). Jahrb. RGZM 43, 2. Teil, 1996 (Mainz 1998), 654 ff. – A. Kremer, Die Bergung der Römerschiffe von Oberstimm. Arbeitsbl. Restauratoren 30, 1997, 325 ff. – H. Schönberger, Die Wasserversorgung des Kastells Oberstimm. Germania 54, 1976, 403 ff. – H. Schönberger u.a., Kastell Oberstimm. Die Grabungen von 1968 bis 1971. Limesforsch. 18 (1978). – H. Schönberger, H.-J. Köhler u. O. Höckmann, Die östliche Umwehrung des Kastells Oberstimm und Schiffe mediterraner Bauart auf seiner Westseite. Das Arch. Jahr in Bayern 1987 (Stuttgart 1988) 106 ff. – H. Schönberger, H.-J. Köhler u. O. Höckmann, Die Ostumwehrung des Kastells Oberstimm – Schiffe mediterraner Bauart auf seiner Westseite. Germania 66, 1988, 170 ff. – H. Schönberger, H.-J. Köhler u. H.-G. Simon, Neue Ergebnisse zur Geschichte des Kastells Oberstimm. Ber. RGK 70, 1989, 243 ff. – M. Wittköpper, Der aktuelle Stand der Konservierung archäologischer Naßhölzer mit Melamin/Aminoharzen am Römisch-Germanischen Zentralmuseum. Arch. Korrbl. 28, 1998, 639.

IL RELITTO DI COMACCHIO

Il luogo di rinvenimento

Fig. 2
Fig. 3

La nave romana di Comacchio è stata rinvenuta nella immediata periferia della città, in corrispondenza del tratto iniziale del Canale Collettore, il principale canale di scolo del bacino di Valle Ponti bonificato tra il 1919 e il 1922. I primi indizi della presenza del relitto si èbbero nell'autunno del 1980 (segnalazione del Gruppo Archeologico Comacchiese), quando, nel corso di lavori di dragaggio del canale, vennero portati in superficie vari frammenti di legno che, come si poté stabilire in seguito, appartenevano ad un'imbarcazione. Nell'estate del 1981, mediante un ampio scavo, fu portata alla luce tutta la parte superiore del relitto e fu recuperato il càrico. Successivamente, il relitto fu sommerso dall'acqua di falda per preservare le parti lignee.

Scavo e recupero dello scafo

Fig. 4
Fig. 5

Tra la fine dell'autunno del 1986 e l'inverno del 1987, si procedette alla rimozione del fasciame interno e delle ordinate mentre furono lasciati in posto il guscio e gli staminali della fiancata sinistra. Il recupero avvenne nell'inverno 1988-89: lo scafo, sostenuto da una centina lignea che si adattava alle deformazioni della struttura e ingabbiato con un telaio metallico, fu sollevato e trasportato a Comacchio all'interno del complesso di Palazzo Bellini.

Il trattamento di conservazione

Fig. 6
Fig. 7

Inizialmente, l'imbarcazione fu posizionata all'interno di una vasca di m 25 di lunghezza, 6 di larghezza e 3 di altezza e, dopo essere stata liberata dell'ingabbiatura metallica, fu sottoposta a ripetuti lavaggi. Insieme agli elementi della carpenteria interna, venne immersa in acqua dolce. Recentemente, secondo un progetto elaborato da Costantino Meucci dell' Istituto Centrale del Restauro di Roma, sullo scafo è stato modellato un guscio di vetro-rèsina che permetterà di ridurre la quantità di PEG necessaria al trattamento conservativo e di abbàtterne notevolmente costi e tempi.

Situazione ambientale e dinamiche del naufragio

Fig. 1

La nave concluse il suo viaggio in un ambiente di spiaggia scarsamente popolato e prossimo ad una foce fluviale. L'imbarcazione, spinta dal vento e dalle correnti, probabilmente durante una mareggiata, si arenò vicino alla battigia. Le sovrastrutture vennero distrutte dalle onde che, scalzando alla base la nave, determinarono il suo sprofondamento nella sabbia, favorito anche dal notevole peso del càrico. In breve tempo, l'imbarcazione venne ricoperta dai sedimenti litorali.

Il relitto di Comacchio

Fig. 2 Comacchio. Veduta dello scafo durante lo scavo.

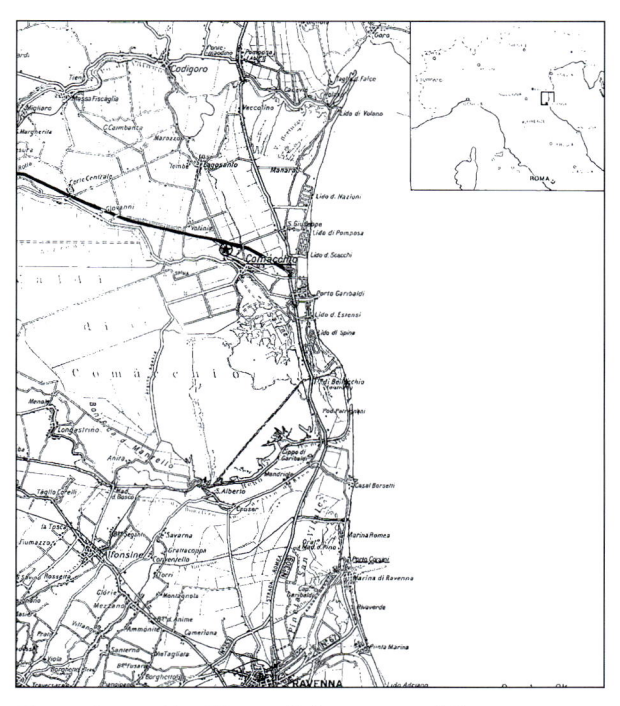

Fig. 1 Comacchio. Il luogo di ritrovamento della nave.

Fig. 5 Comacchio. Il recupero dello scafo.

Fig. 6 Comacchio. Lo scafo durante il trattamento conservativo.

Fig. 3 Comacchio. Lo scafo durante lo scavo da poppa.

Fig. 4 Comacchio. Il guscio cucito da prua.

Fig. 7 Comacchio. Lo scafo prima del trattamento di conservazione.

Fig. 8   Comacchio. La fiancata babordo senza fasciame interno.

Fig. 10   Comacchio. Lo scafo senza il fasciame interno.

Fig. 9   Comacchio. Particolare dello scafo verso poppa.

Fig. 11   Comacchio. Tenoni incavigliati lungo la fiancata babordo.

Fig. 12   Comacchio. Le tavole cucite.

Fig. 13   Comacchio. Il brione di poppa.

Fig. 14 Comacchio. La fiancata babordo senza fasciame interno.

Fig. 15 Comacchio. Lo scafo senza fasciame interno.

Fig. 16 Comacchio. Particolare dello scafo da babordo.

Fig. 17 Comacchio. Corde di collegamento di un madiere allo scafo.

Fig. 18 Comacchio. Particolare dello scafo verso poppa.

Fig. 19 Comacchio. La fiancata babordo.

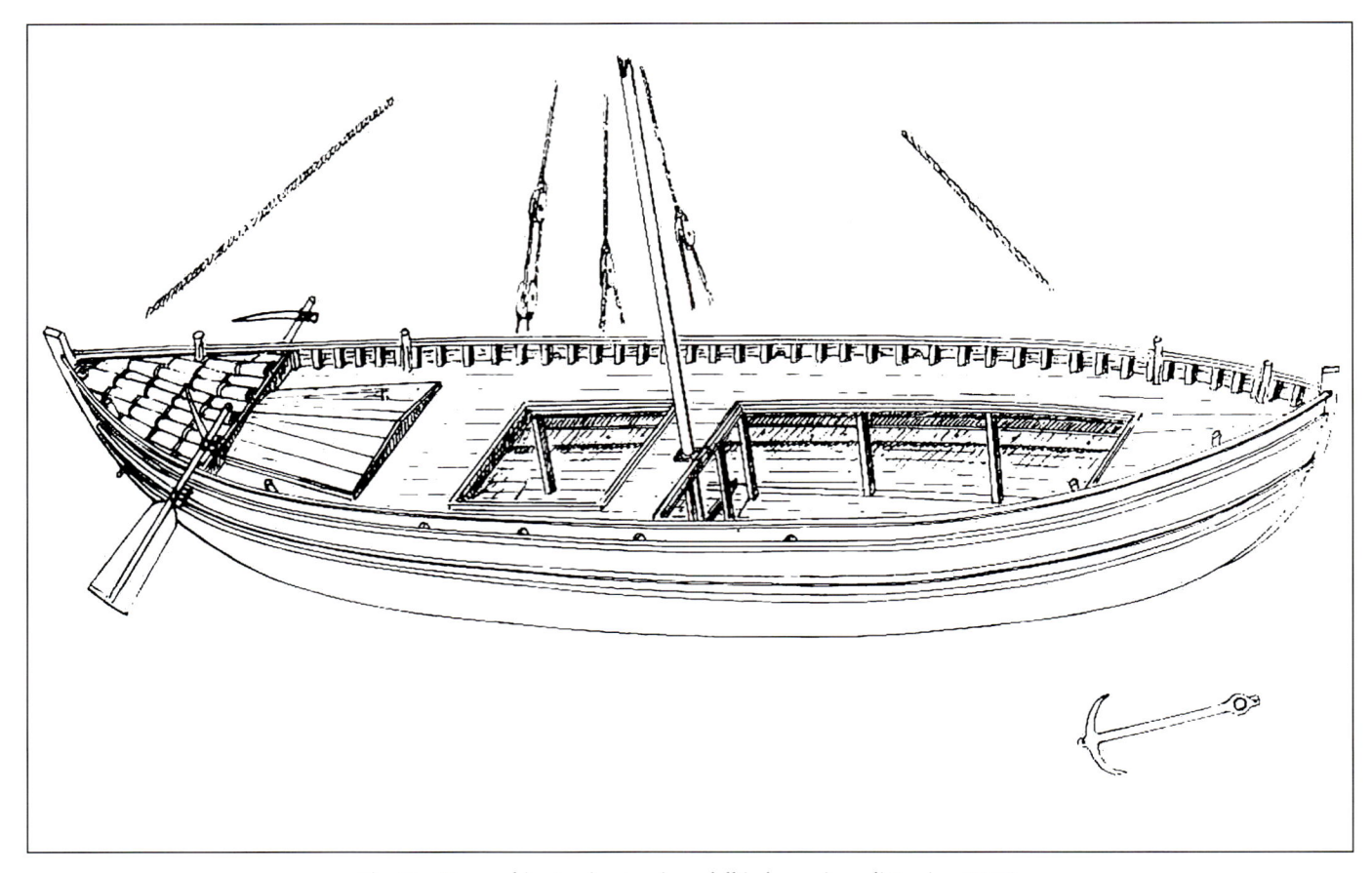

Fig. 20 Comacchio. La ricostruzione dell'imbarcazione di Bonino (1980).

Fig. 22 Comacchio. Materiali relativi alla cucina di bordo.

Fig. 21 Comacchio. I lingotti in piombo.

Descrizione dello scafo

Lo stato di conservazione

Lo scafo è conservato per poco più di 20 m di lunghezza. Al brione di poppa è ancora connessa, fino alla cinta, parte della fiancata sinistra, mentre procedendo verso prua (identificata grazie alla presenza di un'ancora) le tavole del fasciame si sono distaccate e sovrapposte. Mancano la prua con il settore ad essa adiacente e la fiancata destra. Una spaccatura taglia il fasciame a breve distanza dal brione di poppa.

Fig. 8

La chiglia

L'imbarcazione, priva di una chiglia vera e propria, era dotata di una tavola di fondo. A questa tavola vennero collegati, mediante assemblaggi obliqui, un brione di poppa (conservato) e, verso prua, un altro elemento di raccordo. Il brione di poppa è stato ricavato da un poderoso blocco in olmo, lungo m 1,70 e dal profilo piuttosto complesso. In prossimità della ruota di prua il blocco è spesso 35/32 cm, largo internamente 34/32 cm e presenta un profilo poligonale (decaedro). L'estremità superiore era collegata alla ruota di poppa (non conservata) mediante una calettatura a palella e denti. Inoltre, a 20 cm da questa estremità, il brione è attraversato da un foro trasversale, passante e quadrato in sezione, che risulta occupato da un perno in leccio. Il foro, benché non sembri logorato, forse faceva parte di un sistema di traino. Procedendo verso prua, il brione assume una larghezza e uno spessore di 20 cm, diviene trapezoidale in sezione ed internamente incavato. Successivamente, in relazione al primo giunto obliquo (a circa 3,7 m) l'altezza si riduce a 5 cm in modo da raccordarsi alla tavola del fondo, lunga 12,12 m. Un giunto obliquo collega la tavola del fondo con un altro elemento di cui rimangono soltanto 1,82 m. Trapezoidale in sezione, esso presenta una larghezza superiore di 20 cm, inferiore di 11,5 cm e uno spessore di 7 cm. Le estremità delle tavole sono inchiodate al brione di poppa, mentre il torello è collegato mediante cuciture alla tavola del fondo.

Fig. 9
Fig. 10

Il fasciame

La struttura del guscio è costituita da corsi di fasciame in olmo raccordati da giunti obliqui fermati da chiodi in ferro orizzontali. La larghezza delle tavole del fondo è compresa tra 17 e 29 cm mentre il loro spessore risulta in media di 5 cm. L'opera viva è assemblata mediante cuciture. All'interno delle tavole, a circa 4 cm dal bordo e secondo un intervallo di 6/8 cm, sono stati praticati dei fori diagonali che fuoriescono in corrispondenza dello spìgolo esterno dove si trova una piccola cavità rettangolare di 1,8 × 1,5 cm. Il cordolo che si sovrappone internamente al giunto, costituito da fibre di tiglio, è coperto da tessuto di lana e fermato da quattro cordicelle di sparto, passate insieme in senso trasversale, quindi sdoppiate ed incrociate. I fori sono chiusi da spinotti ricavati da varie essenze lignee (fràssino, corniolo e tiglio). Il cordolo presenta tracce di calafatura con pece. Lungo la fiancata sinistra, si conserva una cinta (spessa 7 cm) che è collegata all'opera morta da tenoni incavigliati, in leccio. Le mortase sono larghe 8 cm e spesse 0,5 cm, spaziate circa 12,5 cm e leggermente sfalsate.

Fig. 11
Fig. 12

Fig. 13

Le ordinate

Il sistema delle ordinate è formato da madieri e staminali in legno di quercia. I madieri so-

Fig. 14

Fig. 15
Fig. 16
Fig. 17

no spaziati, in media, 45 cm. A centro nave è presente una sorta di corridoio trasversale caratterizzato da un intervallo maggiore (60 cm). I madieri hanno sezione rettangolare (altezza 16 cm e larghezza 12 cm) e, sulla loro faccia inferiore, presentano intagli rettangolari, larghi circa 10 cm, per permettere il passaggio del cordolo di calafatura. Gli incassi diventano trapezoidali in corrispondenza del ginocchio. È presente un foro di biscia centrale. I diciannove staminali superstiti sono inseriti nell'intervallo tra i madieri, all'altezza della curvatura del ginocchio. Le ordinate sono fissate al guscio da trecce di sparto affiancate superiormente in numero di cinque. In corrispondenza degli spìgoli, una treccia fermava con un nodo le restanti che, a due a due passavano in appositi fori praticati sul fasciame, chiusi poi anch'essi da spinotti. Le trecce erano inclinate in modo opposto rispetto alla mezzeria, per evitare spostamenti dovuti alle tensioni. I due madieri (17 e 18) che fiancheggiano il corridoio trasversale presentano alcune cavità per l'inserzione dei puntelli del ponte. Esse hanno un interasse di circa 80 cm. Altre mortase sono attestate sui madieri 4, 11, 16 e 32.

Il fasciame interno

Fig. 18
Fig. 19

Il fasciame interno è costituito da varie porzioni di pagliolo e da alcuni correnti, conservati soltanto lungo la fiancata sinistra. Le essenze utilizzate sono costituite da noce, olmo e quercia. I sette correnti sono inchiodati agli staminali e recano incassi quadrangolari per i bagli superiori. Il pagliolo, in quattro porzioni, è costituito da tavole spesse 2 cm e lunghe, a partire da poppa, rispettivamente: 3 m, 5,85 m, 5,9 m e 2 m. La prima porzione di pagliolo, costituita da nove tavole, reca incisa una serie di numerali romani compresa tra VI a XIV. Si tratta di segni di riconoscimento nel caso che le tavole dovessero essere spostate per riparazioni o pulizie dello scafo e poi rimesse a posto. Solo la tavola centrale, la XIV, era fissata alle strutture, le altre erano solo appoggiate. Un'altra porzione di tavole, collegate mediante cuciture e di forma trapezoidale (lunghezza 2,32, base minore 74 cm, base maggiore 1,25 cm), è stata ritrovata all'esterno della fiancata destra, vicino al brione di poppa. Si è ipotizzato che si trattasse di un tettuccio di copertura di un boccaporto.

Ricostruzione dello scafo: forma e funzione dell'imbarcazione

Fig. 20

Marco Bonino ha ricostruito un'imbarcazione pontata dotata di un albero con vela quadra e di timoni laterali. A poppa, il ponte era maggiormente esteso e, sulla cambusa, doveva trovarsi un tetto rialzato rivestito di tégole; davanti vi era un boccaporto trapezoidale, con probabile copertura a tettuccio. Un boccaporto doveva trovarsi a centro nave e un altro, più ampio, a prua. L'imbarcazione, a scafo piatto e arrotondato, doveva essere lunga più di 21 m, larga 5,62 m e pesare, a pieno càrico, 130 ton. La mancanza di una vera e propria chiglia ne faceva un'imbarcazione adatta sia alla navigazione interna che a quella costiera.

Il càrico e la datazione dell'imbarcazione

Fig. 21
Fig. 22

La varietà e la rarità dei materiali trasportati dall'imbarcazione rendono il ritrovamento tra i più suggestivi mai rinvenuti nel delta ferrarese. Essi riflettono la complessità e la vivacità dei rapporti commerciali che, lungo il Po, si ridistribuivano all'interno della pianura padana e permettono di datare il naufragio alla fine del I sec. a.C. Il càrico di maggiore entità era costituito da 102 massae plumbee di provenienza spagnola, anfore per derrate alimentari e tronchi di bosso. I lingotti sono contrassegnati da una serie di marchi tra i quali ricorre con regolarità il nome di Agrippa. A bordo era stato caricato anche vasellame in sigillata nord italica e sei tempietti in lamina di piombo. Tra i materiali eterogenei, appartenenti alla dotazione di bordo, ricordiamo una stadera in bronzo per la vendita al dettaglio della merce, numerosi indumenti, contenitori e calzature di cuoio appartenenti all'equipaggio e ai viaggiatori nonché una serie di attrezzi per la manutenzione (mazzuoli, un'accetta, una pialla) e per il governo (bozzelli, una sassola, un'ancora in ferro) della nave.

Testo: Fede Berti

Bibliografia:
Berti, F., 1985. La nave romana di Valle Ponti (Comacchio). In: RivStLig, LI, 4: 553-570. – Berti, F., 1986. Rinvenimenti di archeologia fluviale ed endolagunare nel delta ferrarese. In: Bollettino d'Arte, suppl. al n. 37-38, Archeologia Subacquea 3: 19-38. Berti, F., 1986. L'épave aux lingots de Valle Ponti (Comacchio). In: Les mines et la métallurgie en Gaule e dans les provinces voisines, Caesarodunum, XXII: 129-33. – Berti, F. (ed.), 1990. Fortuna Maris. La nave romana di Comacchio, Bologna. – Berti, F., 1995. Osservazioni a margine di alcune ceramiche del relitto navale di Valle Ponti (Comacchio) e sul loro commercio. In: B.M. Giannattasio (ed.), Atti VII Giornata Archeologica – Viaggi e Commerci nell'Antichità: 39-155. – Bonino, M., 1985. Sewn boats in Italy. Sutiles naves and barche cucite. In: S. McGrail, E. Kentley (ed.), Sewn plank boats (Greenwich 1984), BAR Reports International Series 276: 87-104. – Bonino, M., 1990. Tecnica costruttiva e architettura navale, proposte per la ricostruzione. In: F. Berti (ed.), Fortuna Maris. La nave romana di Comacchio, Bologna: 35-42. – Kunniholm, P. (ed.), 1994. Comacchio (Ferrara): A 513-Year Buxus Dendrochonology for the Roman Ship. In: Bolletino d'Archeologia: 291-299. – Meucci, C., Berti, F., 1997. La nave di Comacchio: documenti di un restauro (Schede di Archeologia dell'Emilia Romagna), Firenze. – Pomey, P., 1985. Mediterranean sewn boats in antiquity. In: S. McGrail, E. Kentley (ed.), Sewn plank boats (Greenwich 1984), BAR Reports International Series 276: 35-44. – Williams, H., 1997. Comacchio Wreck. In: J. P. Delgado (ed.), Encyclopaedia of Underwater and Maritime Archaeology, London: 105.

FIUMICINO 1

Introduzione

Fig. 1 Fiumicino 1 venne ritrovata nel 1959 durante i lavori per la costruzione dell'Aereoporto Internazionale di Fiumicino nell'area occupata, in epoca antica, dal bacino portuale costruito nel 42 d.C. dall'imperatore Claudio. Lo scafo venne recuperato nel 1961 e, in seguito ad un intervento di conservazione effettuato con una miscela di rèsine (metacrilicato con poliesteri), fu esposto nel 1979 nel Museo delle Navi Romane.
Fiumicino 1 è un'imbarcazione a fondo piatto. La sua struttura assomiglia a quella di Fiumicino 2 anche se è meglio conservata nelle parti superiori dello scafo.

Fig. 2 A livello morfologico, la superficie conservata va dal brione di poppa fino all'inizio del dritto di prua per una lunghezza di 13,83 m. Lo scafo poi, lungo la fiancata di babordo, risulta rotto poco al di sotto del ginocchio, mentre, lungo la fiancata di tribordo, a poppa e al centro si conserva fino al lombolo, a prua fino a comprendere alcune tavole della murata per un'altezza massima di 1,45 m. La larghezza massima della carena risulta di 4,57 m.

I resti dello scafo

La chiglia

Fig. 3 La chiglia è costituita da due elementi, il brione di poppa e la chiglia vera e propria, uniti
Fig. 4 per mezzo di una calettatura a palella e denti. La calettatura è chiusa da una chiave a sezione rettangolare ma non è fissata da un perno trasversale, come normale in altre imbarcazioni romane. Il dente interno del collegamento è rafforzato da tre spinotti lignei. Il brione, rettangolare in sezione (largh. 10/12 e h. 16 cm), possiede due batture per l'incastro dei torelli e delle estremità delle altre tavole. Il collegamento è assicurato esclusivamente da chiodi in ferro.
La chiglia, costituita da un unico tronco squadrato lungo 11,11 m, è caratterizzata da una sezione evolutiva. Da una sezione rettangolare (17x13 cm), essa si trasforma in un trapezio rovesciato (15x12/9 cm) e, infine, in un quadrato (10,5 cm di lato). I fianchi della chiglia non sono modanati superiormente per accogliere il torello ma sono rettilinei.

Il fasciame

Fig. 5 L'imbarcazione presenta fasciame semplice montato a paro. Sul fianco destro, il torello è
Fig. 6 costituito da due tavole (larghe 30 cm e spesse, rispettivamente, 4,5 cm e 3,5 cm) e, sul fianco sinistro, da un'unica tavola (lunga 12,51 m, larga 24 cm e spessa 3,5 cm). Il torello è collegato al troncone centrale della chiglia mediante il sistema classico a tenoni e mortase. Lungo la fiancata di tribordo, i tenoni sono bloccati da spinotti soltanto sul torello e non sulla chiglia, mentre lungo la fiancata di babordo i tenoni non sono incavigliati né sul torello né sulla chiglia. I torelli, poi, sono stati ulteriormente fissati alla chiglia per mezzo di chiodi in ferro infissi obliquamente dalla faccia interna delle tavole. Le capocchie sono alloggiate in incassi tetraedrici.
Fig. 7 Le altre tavole del fasciame sono in totale 58 e le loro dimensioni sono variabili. La parte

Fiumicino 1

Fig. 1 Fiumicino 1. Veduta d'insieme dello scafo da poppa durante lo scavo.

Fig. 2 Fiumicino 1. Veduta d'insieme dello scafo da prua nel museo.

Fig. 3 Fiumicino 1. Giunto di collegamento tra il ruota di poppa e la chiglia.

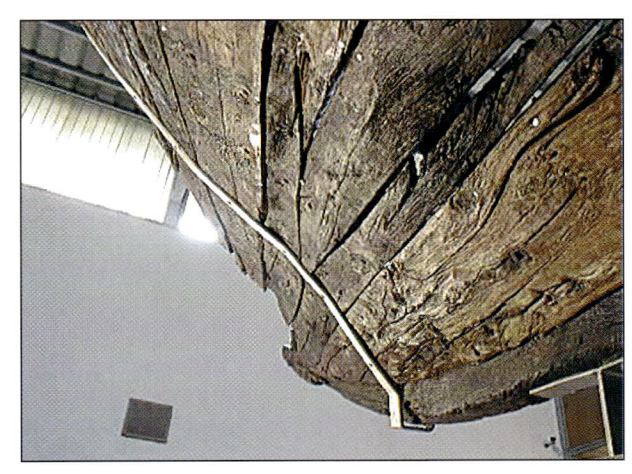

Fig. 4 Fiumicino 1. Veduta parziale della poppa da tribordo.

Fig. 5 Fiumicino 1. Veduta d'insieme dello scafo da poppa.

Fig. 6 Fiumicino 1. Tenone non incavigliato di collegamento tra il torello babordo e la chiglia.

Fig. 7 Fiumicino 1. Chiodo in ferro trasversale e tenone non incavigliato.

Fig. 8 Fiumicino 1. Giunti longitudinali a tribodo, verso prua.

Fig. 9 Fiumicino 1. Tenoni non incavigliati a tribordo, verso prua.

Fig. 10 Fiumicino 1. Riparazione antica a tribordo verso poppa.

Fig. 11 Fiumicino 1. Tavola sottile tra il torello babordo e il secondo corso di fasciame.

Fiumicino 1

Fig. 12   Fiumicino 1. Veduta parziale della poppa.

Fig. 13   Fiumicino 1. Veduta parziale delle ordinate M33-M3 a tribordo.

Fig. 14   Fiumicino 1. Foro di biscia centrale del madiere M20.

Fig. 15   Fiumicino 1. Chiodi in ferro di collegamento tra il torello tribordo e il brione di poppa.

Fig. 16   Fiumicino 1. Chiavarda in ferro inserita nella chiglia.

Fig. 17   Fiumicino 1. Veduta parziale interna della prua.

Fig. 18   Fiumicino 1. Dettaglio del paramezzale con la scassa per l'albero.

Fig. 19   Fiumicino 1. Segni di lavorazione sulla murata di tribordo.

Fig. 20   Porta Laurentina, Ostia. Nave di »Isis Geminiana«.

centrale presenta 6 corsi di fasciame sia a tribordo che a babordo, con tavole caratterizzate da una notevole larghezza compresa tra 29 e 40 cm e da uno spessore medio di 4,4 cm. La lunghezza è quasi in tutti i casi superiore a 6 m (la tavola più lunga misura 6,61 m). Tali tavole sono appuntite e collegate alle tavole contigue con tenoni incavigliati e chiodi infissi nello spessore del bordo. In questo modo è stato possibile chiudere la forma dello scafo alle estremità.

I collegamenti tra i corsi di fasciame sono assicurati, in maggioranza, da tenoni incavigliati. La distanza tra gli spinotti di bloccaggio dei tenoni è irregolare e misura, in media, 34,7 cm. I tenoni (larghi 4,3 cm, spessi 0,3/0,6 cm, alti 8/9 cm) sono più piccoli delle mortase in cui sono inseriti (larghe 7,4 cm, spesse 0,7/1 cm e profonde 4,5 cm), sia le mortase che i tenoni si restringono verso l'interno della tavola. Gli spinotti di bloccaggio dei tenoni sono leggermente troncoconici e sono stati infissi dall'interno dello scafo (diametro interno 1,1/1,3 cm, esterno 0,7/1,0 cm). La loro sezione è poligonale e con la caratteristica strozzatura causata dal movimento dei tenoni nelle mortase.

Fig. 8

In Fiumicino 1 sono presenti anche tenoni non incavigliati e tavole senza tenoni. Queste ultime non sono collegate alle tavole contigue, che conservano le mortase dei collegamenti precedenti, ma sono inchiodate alle ordinate. Si tratta di riparazioni o sostituzioni antiche di tavole di fasciame. Inoltre, alcuni elementi ci fanno ipotizzare una sostituzione antica sia della chiglia che del torello di babordo. In questo modo possiamo comprendere la presenza di tenoni incavigliati soltanto lungo la fiancata di tribordo, di chiodi trasversali per rinforzare la struttura e di una tavola molto sottile, una sorta di »riempitivo«, inchiodata alle ordinate tra il torello e il controtorello di babordo.

Fig. 9

Fig. 10

Probabilmente, anche i tenoni non incavigliati delle altre tavole sono indicatori di riparazioni antiche, ma questa è anche una caratteristica costruttiva dell'imbarcazione. Infatti, un frammento di cinta »sconnesso« presenta tenoni incavigliati lungo un bordo e tenoni non bloccati da spinotti lungo l'altro. Inoltre, sul bordo esterno delle tavole della fiancata destra, è stata rilevata un'alternanza tra tenoni con e senza spinotti.

Fig. 11

Le ordinate

L'imbarcazione, attualmente, conserva 42 ordinate, rettangolari o trapezoidali in sezione (larghe 6/10 cm e alte 7/12 cm) mentre i madieri di poppa sono più alti (da 13 a 18 cm). In generale, è rispettata la normale alternanza tra madieri e semiordinate mentre gli scalmi non sono collegati ai madieri. La distanza tra ordinate non è regolare e misura, in media, 19 cm.

Fig. 12
Fig. 13

I fori di biscia sono rettangolari (larghi 5 cm e alti 3 cm), di cui uno centrale lungo la chiglia e due in posizione laterale lungo il terzo corso di fasciame. Dove le semiordiante sono molto ravvicinate, è presente un mezzo foro di biscia su ogni elemento.

Fig. 14
Fig. 15

Il collegamento tra le ordinate e il fasciame è attuato da caviglie in legno (diametro 1,5 cm) munite di chiodi in ferro (con gambi a sezione quadrata di 1/1,2 cm e testa con diametro di 3,8/4,4 cm). In origine, le punte dei chiodi erano ribattute sulle ordinate.

Non esiste, in generale, alcuna commettitura tra le coste e la chiglia, anche se sono state rilevate sei chiavarde in ferro, di cui cinque bloccano altrettanti madieri e la sesta attraversa il brione di poppa. Si tratta di grossi chiodi infissi dal lato esterno della chiglia in incassi ribassati di 1/1,5 cm e con diàmetro di 4/4,5 cm atti ad accoglierne la testa. A partire dal basso, essi hanno sezione circolare e diametro decrescente da 2,5/2,2 a 1,6 cm. Nel momento in cui si infilano nel madiere, la loro sezione diviene quadrata, di 1,2 cm ca di lato, e risultano infissi in una caviglia lignea, in modo non dissimile dagli altri chiodi di collegamento delle còstole. Tali chiavarde dovevano essere ribattute sulla schiena dei madieri.

Fig. 16

Il paramezzale

Fig. 17
Fig. 18

Il paramezzale (lungo 2,75 m, largo da 5 a 10 cm e alto 15 cm) attualmente non si trova nella sua posizione originaria ma più avanzato verso poppa. Esso era bloccato sulle ordinate e sulla chiglia da due chiavarde in ferro. Sul lato superiore, sono presenti due scasse di cui una rettangolare (lunga 15 cm, larga 5 cm, profonda 6 cm) con uno scìvolo interno per abbattere l'albero e l'altra quadrata (5 cm di lato, profonda 3,5 cm).

Il fasciame interno

All'interno dello scafo si conservano anche due frammenti di serrette. Il primo è lungo 5,29 m mentre il secondo misura 1,71 m. Inoltre, entrambi sono larghi 14 cm e spessi 3,5 cm. Il più lungo presenta due fori probabilmente per poterlo inchiodare alle coste. Comunque, apparentemente non ci sono tracce sulla schiena delle ordinate delle punte dei chiodi, testimonianza della presenza di serrette fisse sul fondo della nave.

Le essenze del legno

È stato identificato il cipresso (*Cupressus sempervirens*), il pino domestico (*Pinus pinea*) e la quercia (*Quercus* sp.) per il fasciame. La quercia (*Quercus* sp.) per la chiglia e il paramezzale e, insieme al leccio (*Quercus ilex*) per le ordinate. Il leccio è stato utilizzato anche per i tenoni e gli spinotti mentre il salice (*Salix* sp.) per i cavicchi bloccati da chiodi in ferro di collegamento tra il fasciame e le ordinate.

I segni di lavorazione

Fig. 19

Sono stati anche rilevati alcuni segni di attrezzi su Fiumicino 1. La sega è stata usata per convertire i tronchi in tavole per la carpenteria longitudinale esterna e interna. L'uso delle accette è documentato per abbassare la superfice esterna di alcune tavole ed evitare la sporgenza delle teste dei chiodi. Anche la parte inferiore del torello di tribordo è stato rifinito con l'accetta per inserirlo nella battura del brione di poppa. Questo stesso attrezzo è stato usato per le ordinate, ma sembra documentata anche la sega.

Interpretazione dei resti dello scafo

Queste osservazioni tecnologiche sull'antico sistema di costruzione Fiumicino 1 ci permettono di avanzare alcune ipotesi su:

1. la datazione;
2. i principi e i metodi di costruzione;
3. il tipo di imbarcazione.

Datazione

La datazione di Fiumicino 1 è ancora incerta. Il risultato dell'analisi del C14 è imprecisa (13±50 d.C.) e molto diversa dalla data fornita dal materiale associato (IV-V sec. d.C.). Comunque, una datazione tarda dell'imbarcazione sembra confermata da alcune caratteristiche strutturali:

- L'alta spaziatura degli assemblaggi a mortase e tenoni. Caratterìstiche simili sono presenti nei relitti di IV sec. d.C. della County Hall, Yassi Ada II, Dramont E e su quello di V sec. d.C. del Dramont F
- La forma e le dimensioni degli assemblaggi simili a quelli del relitto Yassi Ada II
- Il massiccio uso di ferro (chiodi inseriti in cavicchi) per collegare le ordinate al fasciame.

Principi e i metodi di costruzione

Fiumicino 1 risponde ad un principio di costruzione a guscio portante. Gli assemblaggi a tenoni e mortase infatti, benchè piuttosto spaziati, giocano ancora un ruolo importante di collegamento tra le tavole del fasciame garantendo la coesione interna della struttura dell'imbarcazione prima della messa in opera della carpenteria trasversale. Allo stesso modo l'ossatura sembra rivestire una funzione di rinforzo della carena e di sostegno dei corsi di fasciame. Infatti la maggior parte dei madieri non sono affatto collegati alla chiglia, così come non esistono connessioni tra questi ultimi e gli staminali.

Comunque, sono stati rilevati alcuni procedimenti costruttivi particolari, essi sono:
- la presenza, ad intervalli regolari, di chiavarde in ferro di collegamento tra la chiglia, i madieri e il paramezzale
- i tenoni non incavigliati
- i chiodi trasversali per connettere i torelli alla chiglia
- l'assenza di tenoni.

Infine, è possibile che le numerose riparazioni e sostituzioni – che sono, probabilmente e in parte, soluzioni o processi costruttivi del tipo a scheletro portante – siano collegate alla lunga vita di questa chiatta fluviale, agli interventi di riparazione successivi e alla necessità di rafforzare la struttura generale dello scafo.

Tipo di imbarcazione

L'analisi dello scafo ci permette di identificare Fiumicino 1 con un tipo particolare d'imbarcazione. A causa di considerazioni tecniche e strutturali, il paramezzale era in origine molto più avanzato verso prua, poichè sono state ritrovate le chiavarde per connetterlo alle ordinate e alla chiglia. Questa posizione è anche confermata dalle fotografie prese durante lo scavo. In aggiunta, lo scìvolo interno della scassa indica la posizione della prua in precedenza erroneamente identificata con la poppa.

La struttura generale dello scafo con la poppa ricurva, la prua slanciata e l'albero avanzato al di là del centro di gravità, ci permette di identificare Fiumicino 1 con una navis caudicaria.

Fig. 20

La famiglia delle naves caudicariae – imbarcazioni alate e utilizzate per il trasporto delle merci lungo il Tevere fino a Roma – è conosciuta non solo dalle fonti antiche (Sen. De brev. vitae, XIII, 4; Varr. e Sall. apud Nonnius s.v.; Isid., Etym. sive Orig., XIX, I, 27), ma anche da molte rappresentazioni figurate datate dal II al IV secolo d.C., come l'affresco del Vaticano, il mosaico del Piazzale delle Corporazioni di Ostia, i rilievi del Museo Nazionale Romano e di Salerno.

Tutte queste imbarcazioni hanno caratteristiche simili e possono essere raggruppate in un'unica famiglia. Gli scafi presentano alcune caratterIstiche comuni: un'alta poppa molto ricurva, una prua piuttosto slanciata tipica delle chiatte fluviali, un albero d'alaggio avanzato, l'assenza di vele, il cavo d'alaggio fissato ad una carrucola sull'albero e collegato a puntelli o ad un piccolo supporto sul capo di banda, il timone laterale, il ponte e la cabina di poppa.

In Fiumicino 1, il cavo di alaggio doveva essere collegato all'albero assiale tra il 20% e il 40% della lunghezza totale a partire da prua. In questo modo l'imbarcazione veniva alata parallelamente alla sponda con un uso minimo del dispositivo di governo dei remi. Inoltre, la scassa dell'albero è molto semplice, di dimensioni limitate ed è molto simile a una scassa per un albero di prua. Non sappiamo se l'albero d'alaggio fosse usato anche per una vela a tarchia, non solo perché sono noti alberi con doppio uso, ma anche per la difficoltà di differenziare gli alberi d'alaggio e i loro dispositivi dagli alberi per le vele.

Infine, Fiumicino 1 doveva venire trainata dalla riva destra da coppie di boui come sappiamo da Procopio (Bell. Goth., V, XXVI), una pratica usata sul fiume Tevere fino al secolo XIX.

Testo: Giulia Boetto

Bibliografia:
Boetto, G., 1998. Il porto di Claudio, Museo delle Navi, depliant del museo, Roma. – Boetto G., 2000. Le navi di Fiumicino: un contributo alla ricostruzione della topografia del porto di Claudio e della geomorfologia costiera. In: Atti del II Colloquio Internazionale su Ostia Antica (Ostia 1998), Mededelingen van het Nederlands Instituut te Rome, 58, Antiquity (1999): 41. – Boetto G., 2000. New technological and historical observations on the Fiumicino 1 wreck from Portus Claudius (Fiumicino, Rome). In: J. Litwin (ed.), Down the river into the sea, Proceedings of the 8 ISBSA (Gdansk 1997), Gdansk: 99-102. – Boetto, G., in stampa. Naves caudicariae et la navigation sur le Tibre. In: M. P. Arnaud (ed.), Naviguer entre mer et rivière, Table Ronde (Nice 2000). – Boetto, G., in stampa. Les navires de Fiumicino. In: J.-P. Descoeudres (ed.), Ostie – port et porte de la Rome antique, catalogue de l'exposition. – Boetto, G., in stampa. The Late Roman Fiumicino 1 wreck: reconstructing the hull. In: Proceedings of the 9 ISBSA (Venice 2000). – Carre, B., 1981. Recensione a Valnea Santa Maria Scrinari, La navi del porto di Claudio. In: Acl, 33: 393-340. – Frost, H., 1983. Reviews. Valnea Santa Maria Scrinari, La navi del porto di Claudio. In: IntJNautA, 12.2: 183-187. – Pomey, P., 1982. Recensione a Valnea Santa Maria Scrinari, La navi del porto di Claudio. In: Gnomon, 54, 7: 683-688. – Schmitt, P., 1998. Museo delle Navi Romane. Bericht über das Römische Schiffsmuseum in Fiumicino/Rom. In: Skyllis, 1: 32-36. – Scrinari, V. S. M., 1979. Le navi del porto di Claudio, Roma. – Scrinari, V. S. M., 1989. Guida al museo delle navi, Roma. – Testaguzza, O., 1970. Portus, Roma.

FIUMICINO 2

Introduzione

Fiumicino 2 è stata la prima imbarcazione rinvenuta nel 1958 durante i lavori per la costruzione dell'Aereoporto Internazionale di Fiumicino nell'area occupata, in epoca antica, dal bacino portuale costruito nel 42 d.C. dall'imperatore Claudio.

Lo scafo venne recuperato nel 1959 e ricoverato sotto una campata dell'autostrada Roma-Fiumicino, subì alcuni atti vandalici ad opera di ignoti che asportarono parte del legno dallo scafo come legna da àrdere.

Fig. 1

In seguito al trattamento conservativo con una miscela di rèsine e alcuni restauri e integrazioni lignee moderne, nel 1979 lo scafo fu esposto nel Museo delle Navi Romane.

Fig. 2

Fiumicino 2 è un'imbarcazione a fondo piatto molto simile a Fiumicino 1. Il fondo dello scafo di Fiumicino 2 è conservato da poppa a prua per una lunghezza di 13,81 m, per una larghezza di 4,5 m. L'altezza massima conservata lungo il fianco destro è di 85 cm mentre la fiancata sinistra è rotta sotto il ginocchio. Il fasciame è molto danneggiato e la carpenteria trasversale ha subito molti rimaneggiamenti e riparazioni.

I resti dello scafo

La chiglia

La chiglia è formata da due tronconi uniti da una calettatura. Il tipo di calettatura non è riconoscibile a causa dei restauri moderni. Il brione di poppa ha sezione rettangolare (14 x 22 cm) e presenta due batture per l'incastro del torello, che è fissato da chiodi in ferro.

Fig. 3

La chiglia, costituita da un unico tronco squadrato, è lunga 11,32 m e ha una sezione evolutiva: verso poppa è rettangolare (17 × 13,5 cm), poi si trasforma in un trapezio rovesciato (13,4 × 11 cm).

Il fasciame

Il fasciame è di tipo semplice assemblato a paro. I torelli sono costituiti da due elementi sia a tribordo che a babordo (larghi 27 cm e spessi 5,5 cm). I collegamenti tra queste due tavole non sono originali ma sono presenti due integrazioni moderne. Il collegamento con la chiglia è assicurato da collegamenti a mortase e tenoni. Questi ultimi sono normalmente incavigliati.

Le altre tavole di fasciame conservate sono 42. Se consideriamo la sezione trasversale dello scafo a centro nave, rimangono 9 corsi di fasciame lungo la fiancata di tribordo, mentre lungo la fiancata di babordo se ne conservano soltanto 4. Le tavole di tribordo hanno lunghezze decrescenti man mano che ci si avvicina al ginocchio, da 8,92 m a 7,27 m. Lo spessore è notévole e supera, in alcuni casi, i 5,5 cm.

Queste tavole, larghe in media 35 cm, finiscono a punta e sono collegate a tavole di minore spessore, con tenoni incavigliati e chiodi infissi nello spessore del bordo. In questo modo è possibile chiudere la forma dello scafo alle estremità.

Fig. 4

La struttura del fasciame è uguale a quella di Fiumicino 1, anche se di dimensioni maggiori.

Fig. 5

Al contrario di Fiumicino 1, la struttura di questo relitto (il fasciame e la chiglia) non sembra aver subito riparazioni in epoca antica, a causa dell'omogeneità degli assemblaggi a mortase e tenoni. Sono stati rilevati pochi tenoni non incavigliati nelle estremità delle tavole della sezione centrale in corrispondenza dei collegamenti longitudinali .

La distanza tra gli spinotti che bloccano i tenoni è irregolare e misura in media 42,3 cm. I tenoni (larghi 5/7,8 cm e spessi 1 cm) sono più piccoli delle mortase in cui sono inseriti (larghe 6,5/10 cm, spesse 1,5/2 cm e profonde 4,8/5 cm), sia le mortase che i tenoni si restringono verso l'interno della tavola. Gli spinotti sono leggermente troncoconici e sono stati piantati dall'interno dello scafo.

Le ordinate

All'interno dello scafo, si conservano 35 ordinate connesse al fasciame con chiodi in ferro (con fusto a sezione quadrata di 1/1,3 cm e testa di 4/5 cm di diàmetro) inserite in cavicchi lignei (1,2/1,5 cm di diàmetro). La distanza media tra madieri e semiordinate è di 24,5 cm. Attualmente, tre madieri sono collegati alla chiglia da chiavarde in ferro simili a grossi chiodi, infissi dal basso (diametro 2,2/2,4 cm). È possibile che in orìgine queste chiavarde fossero più numerose e che attualmente siano nascoste dai restauri moderni.

Fig. 6
Fig. 7
Fig. 8

Le essenze del legno

È stato identificato il pino domestico (*Pinus pinea*) e la quercia (*Quercus sp.*) per il fasciame. La quercia è stata utilizzata anche per la chiglia e le ordinate. Il leccio (*Quercus ilex*) e il frassino (*Fraxinus excelsior*) sono stati impiegati per i tenoni e gli spinotti mentre il salice (*Salix sp.*) per i cavicchi, bloccati da chiodi in ferro, di collegamento tra il fasciame e le ordinate.

Interpretazione dei resti dello scafo

In breve, il relitto di Fiumicino 2 possiede caratterìstiche tecnologiche molto simili a quelle di Fiumicino 1. Esse sono:
- la struttura della carpenteria longitudinale (fasciame e chiglia);
- la struttura della carpenteria trasversale (ordinate);
- gli assemblaggi (mortase e tenoni, chiodi in ferro inseriti in cavicchi lignei, chiavarde in ferro).

Per queste ragioni, Fiumicino 2 sembra essere lo stesso tipo di imbarcazione di Fiumicino 1 anche se costruita con dimensioni maggiori.

Le caratterìstiche tecnologiche insieme con il presupposto che Fiumicino 1 e Fiumicino 2 siano »imbarcazioni sorelle«, ci permette di giungere ad altre conclusioni su:
1. la datazione;
2. il principio e i metodi di costruzione;
3. il tipo di imbarcazione.

Datazione

La datazione di Fiumicino 2 è ancora incerta. Il risultato dell'analisi al C14 è imprecisa (130

Fiumicino 2

Fig. 1 Fiumicino 2. Scafo da poppa durante lo scavo.

Fig. 2 Fiumicino 2. Veduta d'insieme dello scafo da prua.

Fig. 3 Fiumicino 2. Vista laterale dello scafo.

Fig. 4 Fiumicino 2. Veduta d'insieme del fasciame verso poppa.

Fig. Fiumicino 2. Vista del fondo dello scafo verso prua.

Fig. 6   Fiumicino 2. Veduta d'insieme interna dello scafo da poppa.

Fig. 7   Fiumicino 2. Chiavarda in ferro inserita nel brione di poppa.

Fig. 8   Fiumicino 2. Veduta parziale interna della poppa.

Fig. 9   Porta Laurentina, Ostia. La nave di »Isis Geminiana«.

± 50 d.C.). La data piuttosto alta dell'imbarcazione, in assenza di materiale associato, sembra confermata da alcune caratterìstiche strutturali:
– L'alta spaziatura degli assemblaggi a mortase e tenoni. Caratterìstiche simili sono presenti nei relitti di IV sec. d.C. della County Hall, Yassi Ada II, Dramont E e su quello di V sec. d.C. del Dramont F;
– La forma e le dimensioni degli assemblaggi simili a quelli del relitto Yassi Ada II;
– Il massiccio uso di ferro (chiodi inseriti in cavicchi) per collegare le ordinate al fasciame.

Principio e metodi di costruzione

Il principio di costruzione è a guscio portante a causa della generale omogeneità dei collegamenti a mortase e tenoni del fasciame. D'altra parte, i madieri collegati con chiavarde alla chiglia sembrano connessi a processi di costruzione a scheletro portante.

Tipo di imbarcazione

Il tipo di imbarcazione è lo stesso proposto per Fiumicino 1, anche se qui non è presente il paramezzale di supporto di un albero di alaggio. La struttura generale dello scafo, con la poppa ricurva e la prua slanciata, ci permette di avanzare l'ipotesi che anche Fiumicino 2 possa essere una caudicaria navis.
La famiglia delle naves caudicariae – imbarcazioni alate e utilizzate per il trasporto delle merci lungo il Tevere fino a Roma – è conosciuta non solo dalle fonti antiche (Sen. De brev. vitae, XIII, 4; Varr. e Sall. apud Nonnius s.v.; Isid., Etym. sive Orig., XIX, I, 27), ma anche da molte rappresentazioni figurate datate dal II al IV secolo d.C., come l'affresco del Vaticano, il mosaico del Piazzale delle Corporazioni di Ostia, i rilievi del Museo Nazionale Romano e di Salerno.

Fig. 9

Tutte queste imbarcazioni hanno caratterìstiche simili e possono essere raggruppate in un' unica famiglia. Gli scafi presentano alcune caratterìstiche comuni: un'alta poppa molto ricurva, una prua piuttosto slanciata tipica delle chiatte fluviali, un albero d'alaggio avanzato, l'assenza di vele, il cavo d'alaggio fissato ad una carrucola sull'albero collegato a puntelli o ad un piccolo supporto sul capo di banda, il timone laterale, il ponte e una cabina di poppa. Infine, Fiumicino 2 doveva venire trainata dalla riva destra da coppie di buoi come sappiamo da Procopio (Bell. Goth., V, XXVI), una pratica usata sul fiume Tevere fino al secolo XIX.

Testo: Giulia Boetto

Bibliografia:
Boetto, G., 1998. Il porto di Claudio, Museo delle Navi, depliant del museo, Roma. – Boetto G., 2000. Le navi di Fiumicino: un contributo alla ricostruzione della topografia del porto di Claudio e della geomorfologia costiera. In: Atti del II Colloquio Internazionale su Ostia Antica (Ostia 1998), Mededelingen van het Nederlands Instituut te Rome, 58, Antiquity (1999): 41. – Boetto, G., in stampa. Naves caudicariae et la navigation sur le Tibre. In: M. P. Arnaud (ed.), Naviguer entre mer et rivière, Table Ronde (Nice 2000). – Boetto, G., in stampa. Les navires de Fiumicino. In: J.-P. Descoeudres (ed.), Ostie – port et porte de la Rome antique, catalogue de l'exposition. – Carre, B., 1981. Recensione a Valnea Santa Maria Scrinari, La navi del porto di Claudio. In: Acl, 33: 393-340. – Frost, H., 1983. Reviews. Valnea Santa Maria Scrinari, La navi del porto di Claudio. In: IntJNautA, 12.2: 183-187. – Pomey, P., 1982. Recensione a Valnea Santa Maria Scrinari, La navi del porto di Claudio. In: Gnomon, 54, 7: 683-688. – Schmitt, P., 1998. Museo delle Navi Romane. Bericht über das Römische Schiffsmuseum in Fiumicino/Rom. In: Skyllis, 1: 32-36. – Scrinari, V. S. M., 1979. Le navi del porto di Claudio, Roma. – Scrinari, V. S. M., 1989. Guida al museo delle navi, Roma. – Testaguzza, O., 1970. Portus, Roma.

FIUMICINO 3

Introduzione

Fig. 1 Fiumicino 3 venne ritrovata nel 1959 durante i lavori per la costruzione dell'Aereoporto Internazionale di Fiumicino nell'area occupata, in epoca antica, dal bacino portuale costruito nel 42 d.C. dall'imperatore Claudio.
Lo scafo, rinvenuto in buone condizioni di conservazione, venne recuperato nel 1961. Sfortunatamente, nell'anno successivo venne colpito da un fulmine e prese fuoco. Gran parte del legno andò distrutto: soltanto la chiglia e il brione di poppa si salvarono, così come alcune tavole del fasciame e alcune ordinate.

Fig. 2 Lo scafo, dopo il trattamento conservativo a base di una miscela di rèsine e un pesante intervento di con pezzi di legno moderni, venne esposto nel 1979 nel Museo delle Navi Romane.

Fig. 3 A giudicare dai resti dello scafo originale, Fiumicino 3 era, con tutta probabilità, un'imbarcazione fluviale, una chiatta a fondo piatto di medie dimensioni. La parte centrale del fondo della carena è conservata per una lunghezza di 5,40 m e per una larghezza di 2,36 m.

I resti dello scafo

La chiglia

Fig. 4
Fig. 5 Per quanto riguarda i vari elementi strutturali dello scafo, la chiglia è costituita da due elementi assemblati con una calettatura a palella e denti, chiusa da una chiave. Il brione di poppa, lungo 1,04 m, ha una sezione rettangolare (9 x 14 cm) con due batture per lato dove sono fissati i torelli mediante chiodi in ferro.
La chiglia, che si conserva per una lunghezza di 5,50 m, ha una sezione pressoché quadrata e svasata verso il basso. I fianchi non sono modanati ma rettilinei.

Il fasciame

Fig. 6
Fig. 7 Il fasciame dell'imbarcazione è semplice ed è montato a paro. I torelli sono collegati al troncone centrale della chiglia da tenoni incavigliati. Le altre tavole del fasciame sono in totale 13, quattro corsi a babordo, cinque a tribordo, ma nessuna tavola è conservata per tutta la sua lunghezza. Le larghezze sono comprese tra 11 cm e 21,5 cm.
La distanza media tra spinotti è di 28,9 cm. I tenoni (larghi 4,6 cm, spessi 0,65 e alti 7,3 cm) sono più piccoli delle mortase in cui sono inseriti (larghe 7/8 cm in alto, in basso 4,6/5 cm, profonde 4 cm e spesse 0,7/0,9 cm). Sia le mortase che i tenoni sono rastremati verso il basso. Gli spinotti sono leggermente troncoconici (diàmetro interno 1/1,1 cm, esterno 0,7/1 cm) e sono stati piantati dall'interno dello scafo.

Le ordinate

Fig. 8 Le ordinate originali sono 18 ed esse sono collegate al fasciame da cavicchi (diàmetro 1,1/1,3 cm). La loro sezione è rettangolare e la loro distanza media è 24,3 cm (tra 19 e 29 cm). I fori di biscia si trovano lungo l'asse longitudinale dell'imbarcazione in corrispondenza della chiglia.

Fig. 1   Fiumicino 3. Scafo da poppa durante lo scavo.

Fig. 2   Fiumicino 3. Veduta d'insieme dello scafo da poppa.

Fig. 3   Fiumicino 3. Veduta d'insieme dello scafo da babordo.

Fig. 4   Fiumicino 3. Veduta parziale da babordo della palella tra il brione di poppa e la chiglia.

Fig. 5   Fiumicino 3. Veduta da tribordo della palella tra il brione di poppa e la chiglia.

Fig. 6   Fiumicino 3. Veduta parziale del fasciame del fondo verso prua.

Fig. 7   Fiumicino 3. Veduta parziale di un assemblaggio a mortasa e tenone a tribordo.

Fig. 8   Fiumicino 3. Veduta parziale dei cavicchi di collegamento tra ordinate e fasciame.

Fig. 9   Fiumicino 3. Veduta parziale della fiancata tribordo da poppa.

Fig. 10   Fiumicino 3. Veduta parziale del paramezzale da babordo.

Il fasciame interno

Al di sopra delle ordinate, rimangono otto frammenti di serrette (spessore tra 2,5 e 3 cm) e serrettoni (spessore tra 3 e 4,5 cm).

Il paramezzale

Inoltre, il paramezzale è caratterizzato da una sezione rettangolare verso poppa (7 × 6,5 cm di altezza), quadrata verso prua (5,5 di lato) ed è fissato ad alcuni madieri da cavicchi lignei, presumibilmente moderni. Non sono presenti scasse per alberi o puntelli.

Fig. 10

Le essenze del legno

È stata identificata la quercia (*Quercus* sp.) e il pino d'Aleppo (*Pinus* cf. *halepensis*) per il fasciame. Il cipresso (*Cupressus sempervirens*) è stato utilizzato per la chiglia, mentre la quercia è stata impiegata per il brione di poppa e le ordinate. Il paramezzale è di pino d'Aleppo mentre il fasciame interno è di pino domèstico (*Pinus pinea*) e di quercia. Il leccio (*Quercus ilex*) è stato utilizzato per i tenoni mentre il frassino (*Fraxinus excelsior*) per gli spinotti. Il salice (*Salix* sp.) con l'olivo (*Olea europaea*) è stato impiegato per le caviglie di collegamento tra il fasciame e le ordinate.

Interpretazione dei resti dello scafo

La datazione di Fiumicino 3 è ancora incerta. Il risultato dell'analisi al Carbonio 14 è imprecisa (180±50 d.C.) e lo scavo non ha restituito alcun tipo di materiale archeològico datante. Una cronologia piuttosto recente sembra confermata dall'elevata e irregolare spaziatura degli assemblaggi a tenoni e mortase.

Il principio di costruzione di Fiumicino 3 è a guscio portante a causa della omogenea distribuzione degli assemblaggi a mortase e tenoni, della debolezza del sistema delle ordinate e dell'assenza di collegamento tra questi elementi e la chiglia.

Fiumicino 3 veniva, con tutta probabilità, alata, anche se non rimangono tracce dell'originario sistema di propulsione. Si tratta di un'ipotesi per la somiglianza della sua forma e struttura con quella delle imbarcazioni più grandi, Fiumicino 1 e Fiumicino 2.

Testo: Giulia Boetto

Bibliografia:
Boetto, G., 1998. Il porto di Claudio, Museo delle Navi, depliant del museo, Roma. – Boetto G., 2000. Le navi di Fiumicino: un contributo alla ricostruzione della topografia del porto di Claudio e della geomorfologia costiera. In: Atti del II Colloquio Internazionale su Ostia Antica (Ostia 1998), Mededelingen van het Nederlands Instituut te Rome, 58, Antiquity (1999): 41. – Boetto, G., in stampa. Les navires de Fiumicino. In: J.-P. Descoeudres (ed.), Ostie – port et porte de la Rome antique, catalogue de l'exposition. – Carre, B., 1981. Recensione a Valnea Santa Maria Scrinari, La navi del porto di Claudio. In: AcI, 33: 393-340. – Frost, H., 1983. Reviews. Valnea Santa Maria Scrinari, La navi del porto di Claudio. In: IntJNautA, 12.2: 183-187. – Pomey, P., 1982. Recensione a Valnea Santa Maria Scrinari, La navi del porto di Claudio. In: Gnomon, 54, 7: 683-688. – Schmitt, P., 1998. Museo delle Navi Romane. Bericht über das Römische Schiffsmuseum in Fiumicino/Rom. In: Skyllis, 1: 32-36. – Scrinari, V. S. M., 1979. Le navi del porto di Claudio, Roma. – Scrinari, V. S. M., 1989. Guida al museo delle navi, Roma. – Testaguzza, O., 1970. Portus, Roma.

FIUMICINO 4

Introduzione

Fig. 1
Fig. 2

Fiumicino 4 venne ritrovata nel 1965, quando ormai si stavano ultimando i lavori per la costruzione dell'Aereoporto Internazionale di Fiumicino nell'area occupata, in epoca antica, dal bacino portuale costruito nel 42 d.C. dall'imperatore Claudio.

Lo scafo, in buone condizioni di conservazione, venne recuperato nel 1968. In seguito al trattamento conservativo a base di una miscela di rèsine, nel 1979 fu esposto nel Museo delle Navi Romane.

Lo scafo di Fiumicino 4 è caratterizzato da una forma molto elegante a sezione concavo-convessa tìpica delle imbarcazioni marittime.

L'imbarcazione è conservata per una lunghezza di 7,96 m, per una larghezza massima di 2,79 cm e per un'altezza massima di 77 cm lungo la fiancata destra. Quest'ultima conserva parte della murata, mentre la fiancata sinistra è rotta lungo il ginocchio.

I resti dello scafo

La chiglia

Fig. 3

La chiglia è unita da calettature a palella e denti ai brioni di poppa e di prua. Le testate della chiglia sono state restaurate con l'aggiunta di due pezzi in legno moderni.

I brioni hanno sezione rettangolare (6/6,5 × 13/14 cm) ed in essi sono presenti due batture per l'incastro del torello, costituito da un unica tavola sia a tribordo che a babordo, e delle estremità delle tavole. Il collegamento con i brioni è assicurato da tenoni non incavigliati e da chiodi in ferro a sezione quadrata.

Il fasciame

Fig. 4

Il fasciame dell'imbarcazione è semplice ed è montato a paro. Le tavole di fasciame conservate sono in totale 39, di cui 23 a tribordo e 17 a babordo. Il loro spessore medio risulta di 2,5 cm, mentre le lunghezze sono comprese tra 7,58 m e 4,30 m. Le larghezze invece vanno da 17 e 7,7 cm.

Fig. 5

Il collegamento tra le tavole è assicurato da assemblaggi a mortase e tenoni e la distanza media degli spinotti misura, in media, 27,2 cm. I tenoni sono più piccoli delle mortase in cui sono inseriti (larghe 5,2/6,8 cm, profonde 3/4,5 cm e spesse 0,5 cm). Sia le mortase che i tenoni sono rastremati. Gli spinotti di bloccaggio dei tenoni sono leggermente troncoconici e sembrano infissi dall'interno dello scafo.

Le tavole del fasciame, inoltre, sono prolungate longitudinalmene da giunti a Z.

Le ordinate

Fig. 6

Fiumicino 4 conserva 22 ordinate. La maglia misura, in media, 25 cm. Le ordinate hanno sezione rettangolare o quadrata, talvolta anche romboidale a causa della deformazione subita dal legno.

Fig. 7

I madieri delle estremità dell'imbarcazione sono più larghi e alti rispetto a tutti gli altri che hanno larghezze comprese tra 6 e 4 cm e altezze che vanno da 5,5 a 3 cm. Lungo la fiancata di tribordo si conservano cinque staminali. Essi non sono collegati, ma semplicemente intestati ai madieri. Le ordinate sono collegate al fasciame mediante cavicchi lignei (1,3/1,5 cm di diàmetro).

Fiumicino 4

Fig. 1 Fiumicino 4. Veduta d'insieme dello scafo dopo lo scavo.

Fig. 3 Fiumicino 4. Palella che collegava il brione con la ruota di poppa (non conservata).

Fig. 2 Fiumicino 4. Veduta dalla fiancata di tribordo da poppa.

Fig. 4   Fiumicino 4. Il fasciame del fondo da prua.

Fig. 5   Fiumicino 4. Giunto longitudinale sul fasciame di babordo.

Fig. 6   Fiumicino 4. Veduta interna della fiancata tribordo da prua.

Fig. 7   Fiumicino 4. Veduta d'insieme della fiancata tribordo.

Fig. 8   Fiumicino 4. Veduta generale interna dello scafo da poppa.

Fig. 9   Fiumicino 4. Vista interna a centro nave.

Il fasciame interno

All'interno dello scafo si conservano alcuni correnti, serrette e parte del pagliolato. Tali elementi sono molto deformati e, a causa degli spostamenti avvenuti dopo il recupero, la maggior parte dei pezzi non si trova più nella loro posizione originaria.

Fig. 8

L'area dell'albero

In corrispondenza della chiglia, leggermente spostato verso prua, troviamo il massiccio dell'albero (lungo 1,71 m, largo 14,6 cm e alto 12 cm). Esso è munito di una scassa rettangolare per il piede dell'albero dotata di uno scìvolo per il suo abbattimento. Verso poppa poi è presente un altro incasso per inserire un puntello per sorreggere l'albero.
Il massiccio è affiancato sui due lati da paramezzalini. In essi, verso poppa, sono stati intagliati due incassi semilunati per sistemare la pompa di cala (non conservata).

Fig. 9

Le essenze del legno

La chiglia è stata costruita in leccio (*Quercus ilex*) mentre i brioni di poppa e di prua in quercia (*Quercus* sp.). Per il fasciame è stato utilizzato il cipresso (*Cupressus sempervirens*), mentre per le ordinate è attestata la quercia, il leccio, il noce (*Juglans regia*) e il pino domèstico (*Pinus pinea*). Molte specie diverse sono state impiegate per il fasciame interno. Il massiccio dell'albero è in pino domèstico. I tenoni sono in leccio mentre gli spinotti di bloccaggio sono in olivo (*Olea europaea*), salice (*Salix* sp.), cipresso, pino nero (*Pinus* cf. *nigra*). L'olivo è stato impiegato anche per le caviglie di collegamento tra il fasciame e le ordinate.

Interpretazione dei resti dello scafo

La datazione di Fiumicino 4 è ancora incerta. Il risultato dell'analisi del Carbonio 14 è impreciso (170±50 d.C. mentre il materiale associato risale alla fine del II-III sec. d.C.
Il principio di costruzione di Fiumicino 4 è a guscio portante a causa dell'omogeneità dei collegamenti a mortase e tenoni, della debolezza del sistema delle ordinate e dell'assenza di collegamento tra questi elementi e la chiglia.
Fiumicino 4 potrebbe essere un'imbarcazione commerciale utilizzata nella navigazione di piccolo cabotaggio oppure un peschereccio. Il sistema di propulsione era costituito da un'unica vela quadra sorretta da un albero in posizione leggermente avanzata verso prua.

Testo: Giulia Boetto

Bibliografia:
Boetto, G., 1998. Il porto di Claudio, Museo delle Navi, depliant del museo, Roma. – Boetto G., 2000. Le navi di Fiumicino: un contributo alla ricostruzione della topografia del porto di Claudio e della geomorfologia costiera. In: Atti del II Colloquio Internazionale su Ostia Antica (Ostia 1998), Mededelingen van het Nederlands Instituut te Rome, 58, Antiquity (1999): 41. – Boetto, G., in stampa. Les navires de Fiumicino. In: J.-P. Descoeudres (ed.), Ostie – port et porte de la Rome antique, catalogue de l'exposition. – Carre, B., 1981. Recensione a Valnea Santa Maria Scrinari, La navi del porto di Claudio. In: AcI, 33: 393-340. – Frost, H., 1983. Reviews. Valnea Santa Maria Scrinari, La navi del porto di Claudio. In: IntJNautA, 12.2: 183-187. – Pomey, P., 1982. Recensione a Valnea Santa Maria Scrinari, La navi del porto di Claudio. In: Gnomon, 54, 7: 683-688. – Schmitt, P., 1998. Museo delle Navi Romane. Bericht über das Römische Schiffsmuseum in Fiumicino/Rom. In: Skyllis, 1: 32-36. – Scrinari, V. S. M., 1979. Le navi del porto di Claudio, Roma. – Scrinari, V. S. M., 1989. Guida al museo delle navi, Roma. – Testaguzza, O., 1970. Portus, Roma.

FIUMICINO 5

Introduzione

Fig. 1
Fig. 2

Fiumicino 5 venne ritrovata nel 1959 durante i lavori per la costruzione dell'Aereoporto Internazionale di Fiumicino nell'area occupata, in epoca antica, dal bacino portuale costruito nel 42 d.C. dall'imperatore Claudio.

Lo scafo venne recuperato nel 1961 e, in seguito agli interventi di conservazione con una miscela di rèsine, nel 1979 fu esposto nel Museo delle Navi Romane.

Il relitto di Fiumicino 5 riveste un'importanza eccezionale poichè costituisce l'unica imbarcazione da pesca romana giunta fino ai nostri giorni.

Fig. 3

L'imbarcazione è conservata per buona parte dell'opera viva sia a babordo che a tribordo e misura 5,20 m di lunghezza, 50/55 di altezza e 1,50 m di larghezza sulla sezione maestra.

I resti dello scafo

La chiglia

A proposito dei diversi elementi strutturali del relitto, il sistema della chiglia è costituito da tre elementi. Il troncone centrale, che è di restauro moderno, è collegato ai brioni di poppa e di prua mediante calettature a palella e denti.

Altre calettature dovevano essere presenti alle estremità dei brioni per il collegamento con le ruote, non conservate.

Fig. 4
Fig. 5

I brioni hanno una sezione rettangolare su cui è stata praticata una battura per l'incasso del torello e delle altre tavole del fasciame. Queste tavole sono fissate da chiodi in rame e da caviglie lignee.

Il fasciame

Il fasciame è di tìpo semplice collegato a paro ed è composto da 6 corsi di fasciame a babordo e 7 a tribordo.

Il torello, costituito da un'unica tavola sia a tribordo che a babordo, è largo 14 cm e spesso circa 2 cm. Il collegamento con la chiglia è effettuato da linguette bloccate da spinotti.

Fig. 6
Fig. 7

Le altre tavole del fasciame presentano larghezze comprese tra 7,5 e 22 cm, mentre lo spessore varia tra 1,8 e 2,3 cm. I corsi sono collegati per mezzo di linguette tenute ferme da spinotti distanti, in media, 27,7 cm. Le mortase sono rastremate verso il fondo (larghe 6 cm e spesse 0,5/0,6 cm), mentre i tenoni sono leggermente più piccoli.

Le tavole sono prolungate longitudinalmente mediante collegamenti a Z.

Le ordinate

L'imbarcazione conserva al suo interno 18 ordinate collegate al fasciame per mezzo di caviglie lignee (0.9/1 cm di diàmetro). L'alternanza tra madieri e semiordiante non è rispettata e la distanza tra ordinate misura, in media, 14 cm.

Fig. 8
Fig. 9

Il pozzetto per il pesce

Fiumicino 5 è caratterizzata dalla presenza di un pozzetto per il pesce posizionato al centro dell'imbarcazione. Si tratta di un acquario-vivaio per conservare il pesce fresco.

Fiumicino 5

Fig. 1 Fiumicino 5. Veduta d'insieme dello scafo durante lo scavo.

Fig. 2 Fiumicino 5. Vista laterale dello scafo da prua.

Fig. 3 Fiumicino 5. Veduta d'insieme dello scafo da babordo.

Fig. 4 Fiumicino 5. Veduta parziale della palella tra il brione di poppa e la ruota di poppa (non cons.)

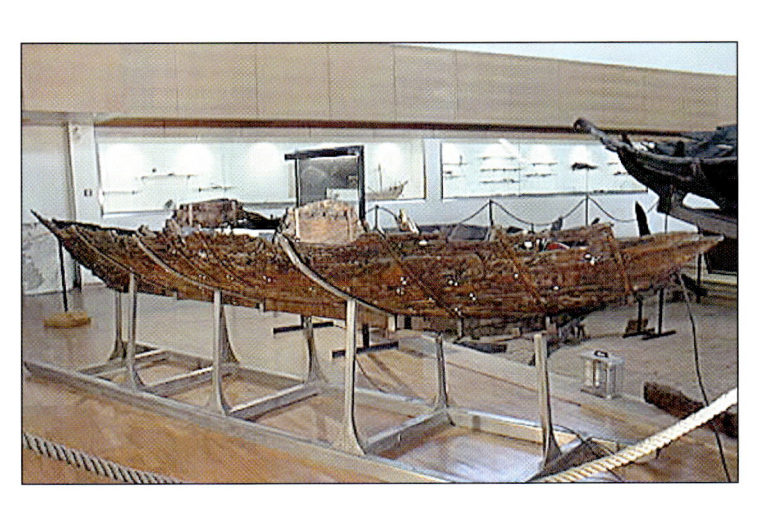

Fig. 5 Fiumicino 5. Veduta parziale, da tribordo, delle tavole T1-T5.

Fig. 6 Fiumicino 5. Veduta d'insieme dello scafo da poppa.

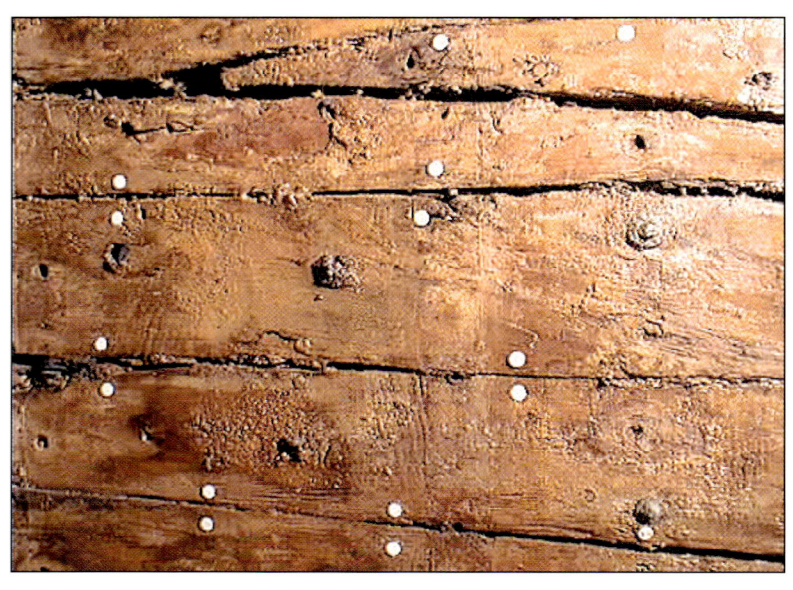

Fig. 7 Fiumicino 5. I chiodi delle tavole T12-T16 alla base del pozzetto per il pesce, da babordo.

Fig. 8 Fiumicino 5. Veduta generale dello scafo verso poppa.

Fig. 9 Fiumicino 5. Veduta generale dello scafo verso prua.

Fig. 10 Fiumicino 5. Veduta parziale del pozzetto per il pesce da poppa.

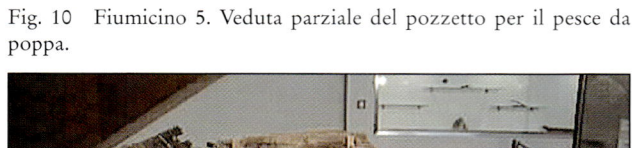

Fig. 11 Fiumicino 5. Tribordo del fondo del pozzetto.

Il pozzetto, di forma troncopiramidale a base quadrata di 1 m di lato, è costituito da tavole piuttosto spesse (5 cm) collegate da tenoni. Gli angoli sono rinforzati da chiodi in ferro. I longheroni trasversali sono sagomati inferiormente in modo da adattarsi perfettamente alla curvatura del fondo dello scafo e sono collegati al fasciame mediante chiodi in rame infissi dall'esterno. Gli elementi superiori presentano degli incassi angolari per poter fissare un coperchio in legno (non conservato). Sul fondo dello scafo sono presenti 19 fori (diàmetro 2,5/3 cm), alcuni ancora muniti di tappi in legno, per permettere di riempire il contenitore con acqua fresca.

Fig. 10
Fig. 11

Le essenze del legno

La chiglia e i brioni di poppa e di prua sono di quercia (*Quercus* sp.), il fasciame di cipresso (*Cupressus sempervirens*), abete rosso (*Picea* sp.), pino domèstico (*Pinus pinea*) mentre le ordinate sono state costruite con ginepro (*Juniperus*), pino domèstico (*Pinus pinea*), cipresso (*Cupressus sempervirens*) e quercia (*Quercus* sp.). Un tenone è risultato di leccio (*Quercus ilex*) mentre uno spinotto di bloccaggio è in cipresso. L'olivo (*Olea europaea*) è stato utilizzato per collegare il fasciame alle ordinate. Nel pozzetto per il pesce troviamo il pino domèstico, il cipresso, la quercia e l'olmo (*Ulmus* sp.).

Interpretazione dei resti dello scafo

La datazione di Fiumicino 5 è ancora incerta. Il risultato dell'analisi al Carbonio 14 ha fornito una cronologia compresa tra il 92 a.C. e l'8 d.C., mentre il materiale associato, più tardo, risale al II sec. d.C.

Il principio di costruzione di Fiumicino 5 è a guscio portante a causa dell'omogeneità degli assemblaggi a mortase e tenoni, la debolezza del sistema delle ordinate e l'assenza di collegamento di questi elementi con la chiglia.

Il sistema di propulsione dell'imbarcazione era costituito da remi.

Testo: Giulia Boetto

Bibliografia:
Boetto, G., 1998. Il porto di Claudio, Museo delle Navi, depliant del museo, Roma. – Boetto G., 2000. Le navi di Fiumicino: un contributo alla ricostruzione della topografia del porto di Claudio e della geomorfologia costiera. In: Atti del II Colloquio Internazionale su Ostia Antica (Ostia 1998), Mededelingen van het Nederlands Instituut te Rome, 58, Antiquity (1999): 41. – Boetto, G., in stampa. Les navires de Fiumicino. In: J.-P. Descoeudres (ed.), Ostie – port et porte de la Rome antique, catalogue de l'exposition. – Carre, B., 1981. Recensione a Valnea Santa Maria Scrinari, La navi del porto di Claudio. In: AcI, 33: 393-340. – Frost, H., 1983. Reviews. Valnea Santa Maria Scrinari, La navi del porto di Claudio. In: IntJNautA, 12.2: 183-187. – Pomey, P., 1982. Recensione a Valnea Santa Maria Scrinari, La navi del porto di Claudio. In: Gnomon, 54, 7: 683-688. – Schmitt, P., 1998. Museo delle Navi Romane. Bericht über das Römische Schiffsmuseum in Fiumicino/Rom. In: Skyllis, 1: 32-36. – Scrinari, V. S. M., 1979. Le navi del porto di Claudio, Roma. – Scrinari, V. S. M., 1989. Guida al museo delle navi, Roma. – Testaguzza, O., 1970. Portus, Roma.

IL RELITTO DI MONFALCONE

Il luogo di rinvenimento e la datazione dell'imbarcazione

Fig. 1
Fig. 2

Nel 1972, durante lo scavo di un grande complesso monumentale, forse una villa rustica con annesso impianto termale, in località Lisert presso Monfalcone (Trieste), venne alla luce il relitto di un'imbarcazione antica. La villa era situata nella zona corrispondente all'antica isola nota per la presenza di terme romane e celebrata da Plinio con queste parole: »di fronte al fiume Timavo vi è nel mare una piccola isola con risorgive di acqua calda«. Lo scafo, ubicato a nord dell'edificio, giaceva su un fondale roccioso ed era ricoperto da sedimenti sabbiosi. Scarsi furono i materiali rinvenuti, sicché l'imbarcazione viene datata nell'arco di vita della villa, tra il I e il III secolo d.C.

Scavo, recupero e trattamento dello scafo

Fig. 3
Fig. 4

Il relitto fu recuperato grazie al concorso di aziende private (la »Siderurgica Monfalconese« e la »Laminati Lisert«) che si accingevano alla costruzione di un'ampia area industriale nella zona. Tra il 1973 e l'anno successivo, venne costruita una centina lignea ed un telaio metallico per poter sollevare e trasportare l'imbarcazione. Successivamente, lo scafo fu collocato in una vasca, appositamente costruita a ridosso della Galleria Lapidaria del Museo Archeològico Nazionale di Aquileia, e rimase immerso in acqua dolce per sette anni (dal 1974 al 1981). Colpito dal terremoto del 1976, causa di alcune deformazioni strutturali, lo scafo venne trattato con PEG dal 1981 al 1983.

I resti dello scafo

Fig. 5
Fig. 6

Attualmente, all'interno della sezione navale del Museo Archeològico Nazionale di Aquileia, i visitatori possono ammirare il fondo dell'imbarcazione lungo 10,7 m e largo 3,8. In mancanza di sicuri indizi strutturali, quali la scassa dell'albero o resti di ruote, oppure dell'attrezzatura di bordo, come le ancore o la pompa di sentina, non è stato possibile stabilire quale delle due estremità fosse la poppa e quale la prua.

La chiglia

Fig. 7
Fig. 8
Fig. 9

La chiglia, a sezione rettangolare, presenta alle estremità delle calettature a palella e denti per il collegamento con gli elementi di poppa e di prua, non conservati.

Il fasciame

Fig. 10

I corsi di fasciame sono sei per fiancata. Le tavole, piuttosto spesse (4,5/5,5 cm) e larghe (tra 20 e 40 cm), sono collegate da tenoni incavigliati. Sono stati osservati chiodi metallici nello spessore delle tavole e sulla chiglia.

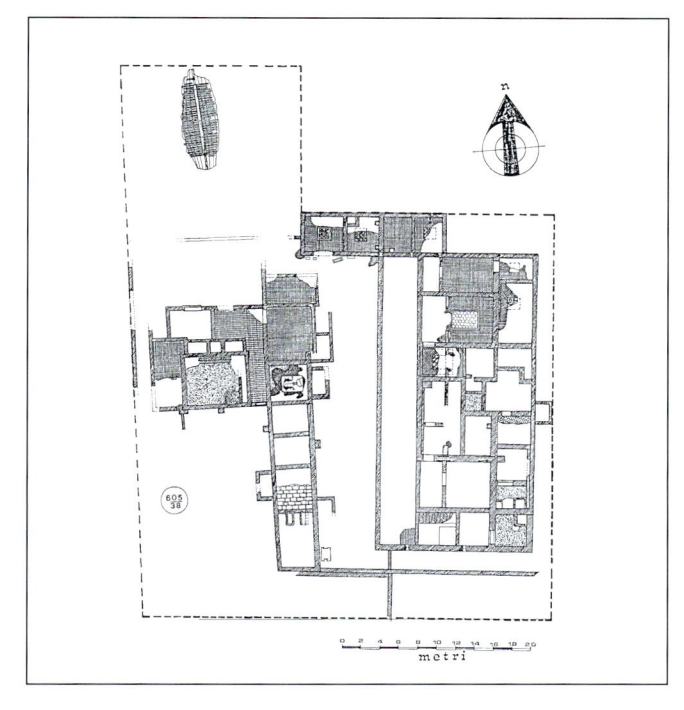

Il relitto di Monfalcone

Fig. 1   Monfalcone. Il luogo di rinvenimento del relitto.

Fig. 2   Monfalcone. Il relitto al momento del ritrovamento.

Fig. 3-4   Monfalcone. Il recupero del relitto.

Fig. 5   Monfalcone. Il relitto esposto all'interno del museo.

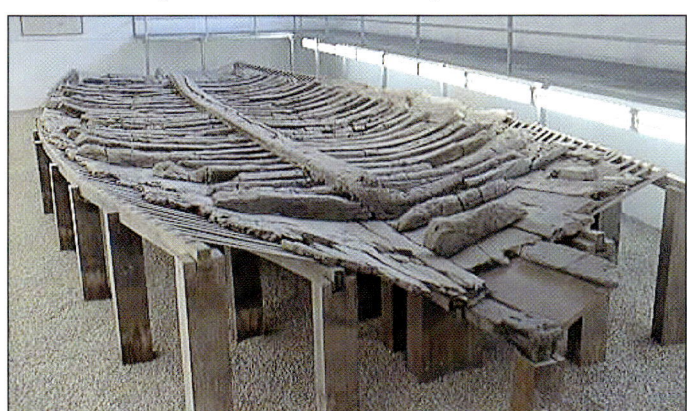

Fig. 6   Monfalcone. Il relitto esposto all'interno del museo.

Fig. 7-9 Monfalcone. Particolare della calettatura a palella e denti presente sulla chiglia.

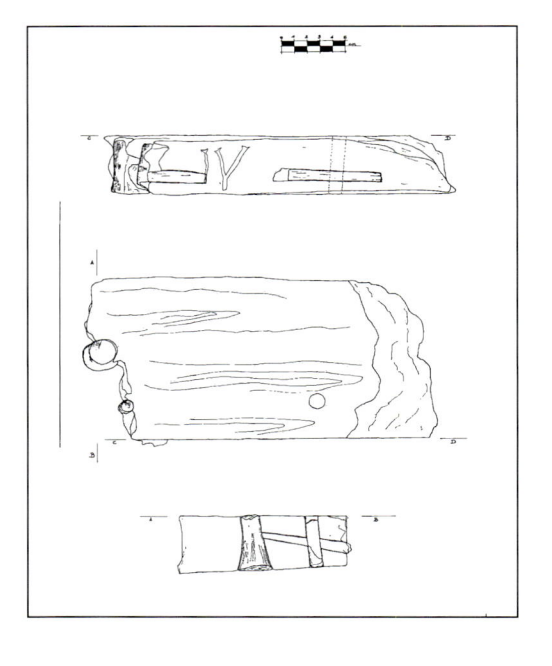

Fig. 10 Monfalcone. Collegamenti a tenoni e mortase.

Fig. 11 Monfalcone. Particolare delle ordinate e del paramezzale.

Fig. 12 Monfalcone. Il paramezzale.

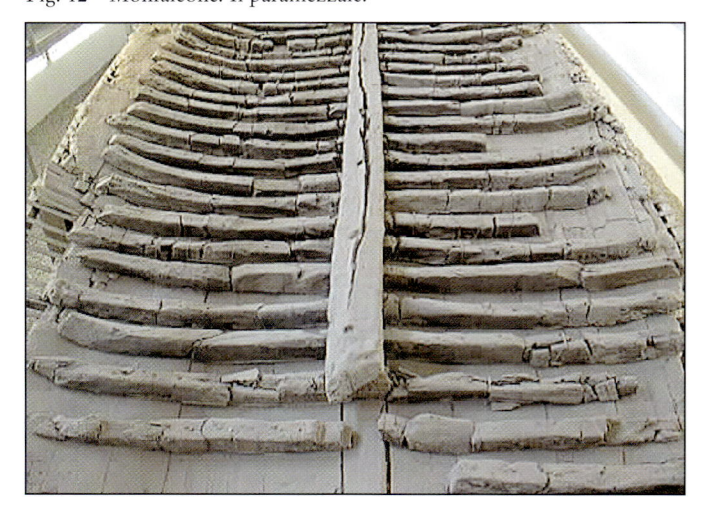

Fig. 13 Monfalcone. Il paramezzale. Si notano gli incassi sulla chiglia.

Le ordinate

All'interno dello scafo, non è presente la classica alternanza tra madieri e semiordinate ma tutte le ordinate sono costitute da madieri rotti in corrispondenza del ginocchio. I trentadue madieri conservati hanno sezione rettangolare, con altezza media di 9 cm e larghezza media di 11 cm, mentre la maglia misura 16,5 cm. I madieri sono collegati al fasciame da caviglie lignee e presentano fori di biscia centrali e laterali.

Il paramezzale

Il paramezzale, lungo 7,3 m, è incastrato sui madieri grazie ad appositi intagli sulla sua faccia inferiore. La sua sezione è rettangolare (larghezza massima 24 cm e altezza 12 cm) e presenta superiormente, a distanza compresa tra 95 e 70 cm, nove incassi quadrangolari per i puntelli che sorreggevano il ponte.

Fig. 12
Fig. 13

Il rivestimento dello scafo

Durante lo scavo, furono ritrovati alcuni piccoli frammenti di làmine in piombo che potrebbero dimostrare che lo scafo ne era rivestito.

Testo: Giulia Boetto e Franca Maselli Scotti

Bibliografia:
Bertacchi, L., 1976. L'imbarcazione romana di Monfalcone. In: Antichità Altoadriatiche, 10,: 39-45. – Bertacchi, L., 1979. Presenze archeològiche romane nell'area meridionale del territorio di Aquileia. In: Antichità Altoadriatiche, 15, vol. I: 259-289. – Bertacchi, L., 1990. Il sistema portuale della metròpoli aquileiese. In: Antichità Altoadriatiche, 36: 227-253. – Bertacchi, L., Bertacchi, P., 1988. L'imbarcazione romana di Monfalcone, Udine. – Boetto, G., 1999. Il relitto di Monfalcone. In: L'archeòlogo subacqueo, IV, 1 (13): 4. – Bonino, M., 1980. Barche e navi antiche tra Aquileia e Trieste. In: Antichità Altoadriatiche, 17.

DIE SCHIFFSFUNDE VON HERCULANEUM

Herculaneum 1

Entdeckung und Erhaltung

Bei Untersuchungen der Soprintendenza Archeologica di Pompei im südlichen Grabungsgelände von Ercolano (*Herculaneum*) (I) sind im Sommer 1982 die Überreste eines größeren Bootes entdeckt worden. Das Wrack lag – kieloben und längs auseinandergebrochen – nur 5 m südwestlich der seeseitigen Mauer der suburbanen Thermen, etwa 0,5 km vom heutigen Küstenverlauf entfernt. Durch den Ausbruch des Vesuvs 79 n. Chr. unter 23 Metern vulkanischer Rückstände eingeschlossen, war die hölzerne Substanz des Rumpfs weitgehend karbonisiert. Trotz problematischer Erhaltung, die die Bergung erschwerte, gestattete der Zustand wichtige Beobachtungen zu Form und Konstruktion des Fahrzeugs.

Abb. 1

Einzelheiten zur Konstruktion

Es handelt sich um einen noch 7,6 m langen Rumpf mit einem erhaltenen Schiffsende, womöglich dem Heck. An den fast quadratischen Balkenkiel (Querschnitt 6 mal 7,2 cm) schließen sich beiderseits sieben bis acht Bodenplanken mit 1,7 bis 2 cm Stärke an, jeweils drei bis vier davon als Totgänge angelegt. Die Bordwände werden durch ein Bargholz mit separat vorgeblendeter Scheuerleiste (Querschnitt ca. 10 mal 12 cm) gegliedert, auf das der Schergang folgt. Eine Schandeckelleiste deckt die Bordkante ab und diente zugleich als Dollbord: Mittschiffs haben sich hier Reste von mindestens drei Dollen (Abstände ca. 92 und 112,5 cm) erhalten.

Die Außenhaut wird durch im Abstand von durchschnittlich 13 cm verteilte Nut-Feder-Verbindungen stabilisiert. Für die Aussteifung der Hülle sorgte ein System von wechselweise angeordneten Bodenwrangen und Halb- bzw. Seitenspanten mit Zwischenentfernungen von lediglich 12 bis 30 cm. Ihre Befestigung erfolgte mittels einer Kobination aus Metall- und Holznägeln, pro Spantachse und Gang bis zu vier Nägeln (jeweils zwei aus Bronze und Holz).

Längsschiffs rund 1 m vom Ende des Stevens entfernt, durchstieß ein Querbalken unmittelbar über dem Bargholz die Außenhaut, dort jeweils gut 0,4 m über die Seiten vorkragend. Das Element wird eine Lagervorrichtung für Seitenruder darstellen. Deshalb dürfte es sich bei dem erhaltenen Rumpfende um das Heck handeln.

Form, Größe und Funktion

Provisorischen, unter schwierigen Feldbedingungen erfolgten Aufmessungen gemäß verfügt der Bootskörper über einen U-förmigen, zum Kiel hin stärker einziehenden Querschnitt ohne ausgeprägte Kimmung. Für die Mittelsektion wird mit einer maximalen Breite von 2,4 m und einer Bauhöhe von lediglich 0,85 m, die achterlich jedoch um ungefähr 0,5 m zunimmt, gerechnet. Die ursprünglich auf rund 9 m geschätzte Gesamtlänge des Fahrzeugs ist eher größer zu veranschlagen.

Abb. 2

Abb. 3

Nach der Gestalt des Rumpfes, seinen Dimensionen sowie der leichten Bauweise und in Anbetracht der Spuren eines Riemenantriebes gehört Wrack 1 von Herculaneum am ehesten in die Gruppe der Mannschaftsboote. Ob es als ziviles Arbeitsfahrzeug eingesetzt worden war, oder aber eine militärische Funktion hatte, ist ungewiss.

Die Schiffsfunde von Herculaneum 165

Abb. 1   Herculaneum 1. Fundplan.

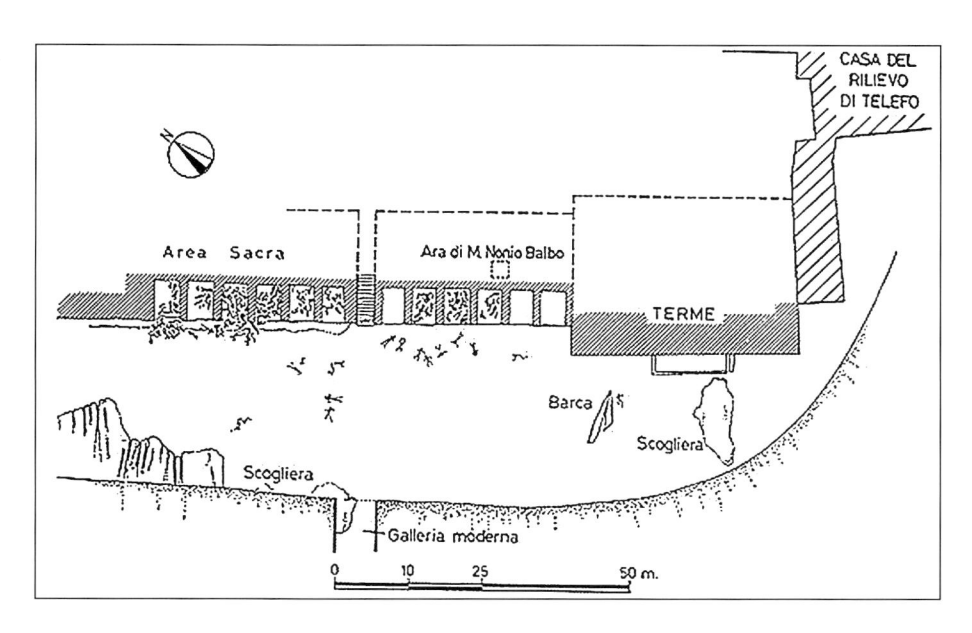

Abb. 2   Herculaneum 1. Rumpfquerschnitt.

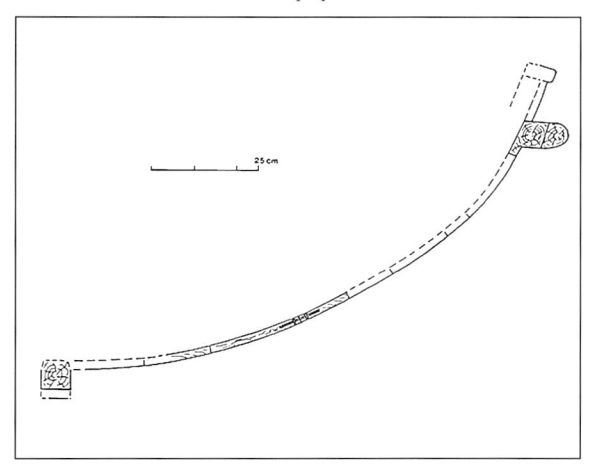

Abb. 3   Herculaneum 1. Wrackplan.

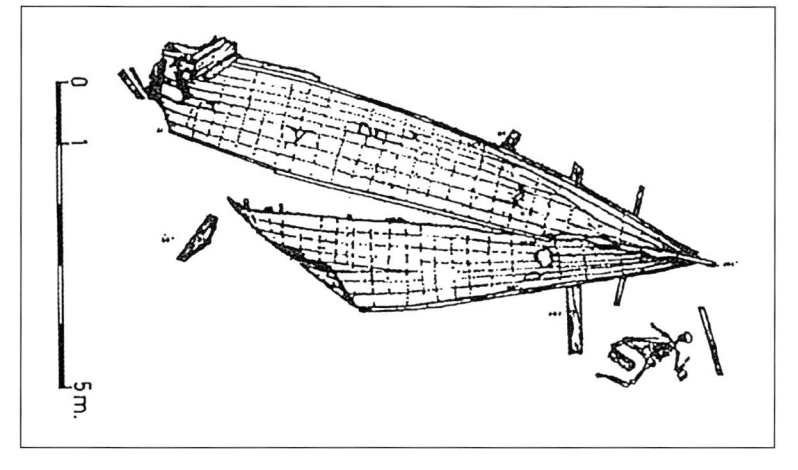

Abb. 4   Herculaneum 2. Ausgrabungsfoto.

Herculaneum 2

Ein weiteres, in den neunziger Jahren aufgedecktes Wrack (Herculaneum 2) scheint gleichermaßen auf ein kleineres Fahrzeug zurückzugehen. Erhalten auf einer Länge von knapp 3 m, waren auch dort die Spanten durch Holz- und Bronzenägel in der Plankenhaut befestigt. Gemäß einem Grabungsfoto enthält der Rumpf noch mehrere Längsgurte. Die Bergung erfolgte en bloc.

Abb. 4

Text: Ronald Bockius

Literatur:
R. Bockius, Gleichmaß oder Vielfalt? Zum interscalmium bei Vitruv (De architectura I2,21f.). Studia Antiquaria. Festschr. Niels Bantelmann. Universitätsforschungen zur Prähistorischen Archäologie 63 (Bonn 2000) 119ff. – J. P. Delgado (Hrsg.), British Museum. Encyclopedia of Underwater and Maritime Archaeology (London 1997) 192. – L. Franchi dell'Orto (Hrsg.), Ercolano 1738-1988. 250 anni di ricerca archeologica. Monogr. 6 (Rom 1988) 679f. – M. Pagano, Ercolano. Itinerario Archeologico Ragionato (Neapel 1997) 26f. mit Plan. – F. Ruffo, Il nuovi scavi. Bei A De Simone u.a., Ercolano 1992-1997. La Villa die Papiri e lo scavo della città. Cronache Ercolanesi 28, 1998, 39ff. – J. R. Steffy, The Herculaneum boat: preliminary notes on hull details. American Journal of Arcaeology 89, 1985, 519ff. – J. R. Steffy, Wooden Ship Building and the Interpretation of Shipwrecks (College Station, Texas 1994) 67ff.

IL RELITTO DI AQUILEIA

Nel 1988, nell'antico Canale Anfora – probabile porto-canale di Aquileia – vennero scoperte due tavole di fasciame, lunghe 10 m, una sezione di una terza ed un frammento sconnesso di ordinata. Le tavole, lungo le giunzioni, conservavano ancora la stoppa di calafataggio stretta dalle corde. La tavola centrale presenta, ad un'estremità, un giunto a S e, all'altra, una riparazione con cucitura.

Fig. 1
Fig. 2

Il reperto è conservato nel Museo Archeologico Nazionale di Aquileia, in una vasca con acqua dolce e non è stato, fino ad oggi, sottoposto ad alcun trattamento conservativo.
L'unica datazione possibile – puramente indicativa – è quella offerta dal materiale presente nel fondo del canale, datato genericamente tra la fine della Repubblica e il II sec. d.C.

Testo: Carlo Beltrame

Bibliografia:
C. Beltrame, La *sutilis navis* del Lido di Venezia. Nuova testimonianza dell'antica tecnica cantieristica *a cucitura* nell' alto Adriatico. In: Navalia archeologia e storia (Savona 1996) 31-53. – L. Bertacchi, Il sistema portuale della metropoli aquileiese. In: Atti della XX Settimana di Studi Aquileiesi, Antichità grave; Altoadriatiche 36, 1989, 227-253.

Fig. 1 Aquileia. Tavole di fasciame cucite.

Fig. 2 Aquileia. Tavole di fasciame cucite.

RIVER BARGE FROM LIPE ON THE LJUBLJANA MOOR

Fig. 1
Fig. 2

The Ljubljana basin is an exceptionally passable region between the Danubian area, Italy and the Adriatic. Consequently, it represents the junction of trade and traffic flow in the south-eastern Alpine region from old. Various excerpts from Roman literature point to the significance of rivers for trade and traffic during the pre-Roman era. The large river barge discovered in 1890 at Lipe on the Ljubljana moor best confirms these data provided by Roman geographers.

The discovery

The barge was discovered by workers digging a trench on the property of dr. Josip Kozler between the Ljubljanica river and Ljubljana-Podpec road. Presently, the owner reported the discovery to the curator of the Regional Museum, Alfons Müllner, who immediately recognised the significance of the discovery. Excavations were carried out between the 25th and the 31st of October along with documentation, complete with drawings and photographs. Due to poor weather, work efforts continued the following summer. In July 1891, the vessel was measured once again for the woodworker, Karol Binder, to construct a model on a scale of 1:10 and this lead to the creation of another photograph. Finally, numerous wooden parts were collected from two cross-sections and taken to the museum.

The stratigraphic position

The barge lay in the loamy chalk with it's bow facing West and it's stern facing East. There was no trace of any cargo in the relatively well preserved barge, which could suggest that it was abandoned due to it's declining age, deterioration or possibly some other reason. Excavation revealed that it was filled with a 30 cm thick organogenic layer, while the uppermost parts reached into a 45 cm thick layer of peat that covered the organogenic layer and the barge. An additional layer of turf, 3 to 4 m thick, was removed for other purposes already prior to the excavation. On the basis of the stratigraphic results it can be concluded that the barge navigated the meandering currents of the Ljubljanica river, although due to it's shallow draught it was also suitable for navigation across the often flooded plain. For some inconceivable reason the barge was abandoned in a dead branch of the then riverbed or in a flooded region nearby. The former seems more probable considering the fact that rivers channelled their riverbeds in the loamy chalk of the Ljubljana moor, which is where the barge eventually lay. Gradually, the barge sunk to the floor of the riverbed or basin where it was then covered by an organogenic layer.

The chronology

Based upon the fact that the barge was situated in loamy chalk and under a layer of turf, Müllner reasoned that it navigated the water currents during the period in which a lake exi-

River barge from Lipe on the Ljubljana moor

Fig. 1   The barge from Lipe, October 1890.

Fig. 2   The barge from Lipe, July 1891.

sted and that it sunk before the lake became marshy. He attributed the rendering of the lake to marsh and the formation of peat to the chronological period between 500 and 100 BC, while he associated the barge with Etruscan commerce between Italy and the East during the period between 900 and 400 BC. Certain authors adjudged a much younger age to the barge due to its similarity with vessels from the Middle Ages and modern times. Radiocarbon analysis (performed in Groningen in the Netherlands) of the samples of the planks (*Picea* sp.; GrN-20813), the stopper (*Fraxinus* sp.; GrN20812), with which knots in wood were usually substituted, as well as the cross timber (*Quercus* sp.; GrN-23548), registered that the stopper is 2140 ± 20 BP years old, the planks are 2135 ± 30 BP years and the cross timber is 2090 ± 35 BP years old. Following the calibration method presented by Stuiver and Kraeds, absolute dates spanning from 210 to 150 BC were obtained with 83% probability for the first two samples, and values spanning from 185 to 90 BC with 68% probability for the third sample. Thus it would seem that trees intended for building purposes were cut down sometime during the beginning or the middle of the 2nd century BC, while the barge was probably in use during the second half of the 2nd and the beginning of the 1st century BC.

The construction

The National Museum of Slovenia currently preserves 110 wooden parts of barges in its depot. In addition to the preserved parts of the barge, a rather precise description of Müllner's, original sketches from the field and drawings published in Argo, the photographs mentioned above as well as Binder's model are all available for the deliberation concerning the construction of the barge.

The reason for Müllner's meagre documentation drawings lies in the precisely built model measuring 3 in in length and exhibiting even the greatest of details. Despite the exceptional precision, some details were somewhat revised on the model (e.g. the chine-girder as well as the joints in the side planks) – probably for the purpose of simplifying construction. Consequently, the descriptions of individual parts of the barge are based upon the preserved parts, photographs, drawings and also the model, considering that there is no reason to doubt the integrity of the woodworker's measurements.

The structural characteristics of the barge from Lipe classify it as belonging to the group of sewn boats. At the same time it represents the oldest example, or rather prototype, of a river barge classified as the so-called Roman-Celtic type. The shape of the barge corresponds with the term »pontonium« (Isid. Etym. 19, 1, 24), the Roman expression for a shallow wooden boat with a flat bottom and a small draught and which is intended for transporting cargo. The barge was a symmetrical, long oval shape with truncated ends. It measured approximately 30 in in length, up to 4.8 in in width and 0.6 in in height. It had a flat, keel-less bottom with low sides that curved outward. Floor cross timbers with knees between them which supported the sides, constructed the internal supporting structures. The shell was composed of bottom and side planking made from longitudinally placed planks that were sewn together. The side planks were joined additionally with wooden tenons inserted in notches drilled in the edges of facing planks. The passage from the bottom to the side planks was constituted by slightly curved planks, otherwise referred to as chine-girders. Wooden tenons, or dowels, and a few nails joined the planks and the internal supporting structure. The similarly constructed bow and stern terminated simply with an inclined wall and they can be differentiated solely by the space situated for the steersman. The barge was moved by being pushed off and it had a gangway timber for this purpose. Two strakes lay along the middle of the barge and they served as additional support to the bottom as well as for the placing of cargo.

The board at the stern probably served as a standing space for the steersman and indicates that a steering oar must have been used to help navigate through the otherwise tranquil currents of the Ljubljanica. Perhaps a board, constructed from one piece of oak wood and with a raised part in which two holes were drilled is also of some relevance. Both holes indicate that they served a particular purpose, possibly something to do with rope manœuvres (for towing or mooring?).

Xylotomous analyses of the samples indicated that spruce(*Picea* sp.), oak (*Quercus* sp.), ash (*Fraxinus* sp.) and black alder (*Rhamnus carthartica*) wood were used for the construction of the barge. The shell was constructed using a lightweight yet resinous sprucewood, as opposed to the high quality wood of a fir tree (*Abies alba*) which can be easily handled; this is somewhat surprising considering that sprucewood was not highly appreciated in Roman times (Plin. 16, 40, 42, 90). Similar throughout the Mediterranean where hard oak wood was used solely for the keel and ribs, the knees and part of the cross timbers on the barge from Lipe were also of hard oak wood. The resistant, flexible and lightweight wood of ash tree was used for the cross timbers, the gangway and the two stakes. Müllner mentions that marks left by the usage of an axe, saw, file and borer can be traced on the barge. All of the above mentioned tools can be classified as standard tools used by Roman shipbuilders. The delicate construction of the barge certainly required frequent maintenance work and repairs considering that sewn boats, due to loosened cords and deteriorated sealants, need to be dismantled, have their sealants refurbished and then sewn back together again. Inasmuch as the barge from Lipe was regularly used and maintained, it presumably survived a period of 10 to 20 years; it definitely did not last longer than 50 years.

The sequence of construction, or rather, the composition of the individual structural parts indicates that the shape of the barge was conceived as a bottom-based construction. The entire shell was built first and then the internal supporting structures were placed within it. The symmetry of the individual segments of the shell (the distribution of the bottom and side planks and the joints between them), as well as the uniform intervals between the cross timbers and the knees, suggest that geometric criteria were observed by the shipbuilders during construction.

The entire tonnage of the barge was calculated to be approximately 5 tons, based upon the volume and the specific weight of the individual parts. The flat bottom with a work surface of approximately 108 square metres and the low and inclined side planking suggest that the river barge had a carrying capacity of at least 40 tons and a maximum draught of approximately 40 cm.

The structural characteristics (the joining of planks and their symmetrical distribution, the use of dowels and nails, the standardised proportions between the individual elements), the citations in written sources referring to the Late Republican era in the Cisalpine region, as well as the presence of the so-called ›Romano-Celtic‹ type of vessel in the region north of the Alps only after the Roman conquest, all compose reasonable arguments that the technological origins for the barge from Lipe lie among the Mediterranean vessels of the sewn type. The development of sewn vessels with flat bottoms is linked particularly with the geographic conditions of the northern Italian - Po region. The size and carrying capacity of the barge from Lipe, which, according to current findings, is present in a La Tene environment, suggest that organised river transport of larger quantities of goods was active between the northern Italian and eastern Alpine regions during the 2nd century BC. There are three possible hypotheses concerning the origins of the barge that are grounded upon the execution of political-economical events in the south-eastern Alps at the beginning of the expansion of Roman influence: 1.) The vessel represents a river barge belonging to Italian merchants who, according to written sources, established contacts already very early with tribes residing in the hinterland of Aquileia, 2.) The barge was a transport vessel belonging to native inhabitants (Celtic Tauriscans?) who built the vessel on the basis of a foreign model and then used it for the transport of goods, 3.) The barge served as a military supply vessel and is thus connected with one of the Roman military interventions against the Danube region.

In consideration of all the available data, the hypothesis conjecturing a military supply vessel seems the most likely. It is of considerable significance that all vessels built in the Mediterranean tradition (mortise-and-tenon joints) only appear north of the Alps subsequent to the incorporation of these regions into the Roman dominion. The barge from Lipe would thus represent one of the earliest archaeological pieces of evidence confirming Roman intervention towards the East. Presumably, the barge served to transport any and all necessary goods from Vrhnika to Zalog, where the cargo was transferred to smaller vessels more suitable for navigation through the menacing Sava gorge.

Fig 1.: The barge from Lipe, July, 1891. View towards the East (unknown author; archives of the Department of Archaeology at the National Museum of Slovenia, no. 248).

Fig 2.: Alfons Müllner at the conclusion of the excavation of the barge in Lipe, October 31st, 1890. View towards the West (photograph: Gustav Pirc; archives of the Department of Archaeology at the National Museum of Slovenia, no. 253).

The previous text is a shortened version of an article written by Andrej Gaspari, which was published in Arheoloski Vestnik 49, Ljubljana 1998 under a title: A »Pontonium« from Lipe on the Ljubljana moor.

Text: Andrej Gaspari

Publication:
A. Gaspari, Das Frachtschiff aus Lipe im Moor von Laibach (Ljubljana). Jahrb. Römisch-Germanisches Zentralmus. 45, 1998, 527 ff. Taf. 69 ff. (mit ausführlicher Bibliographie).

MODERNE NACHBAUTEN

Abb. 4 REKONSTRUKTION EINES RÖMISCHEN TRUPPENTRANSPORTERS
AUS MAINZ: TYP MAINZ A/NACHBAU I

Abb. 2 Im November 1981 stieß man beim Bau eines Hotelneubaus in unmittelbarer Nähe des Rheins aus Holzreste. Die herbeigerufenen Archäologen erkannten sofort, dass es sich um Teile eines Schiffes handelte und konnten die weiteren Bauarbeiten für drei Monate unterbrechen, um die Fundstelle näher zu untersuchen. Dabei stießen sie auf die Überreste von fünf Schiffen, die nach den dendrochronologischen Untersuchungen in das späte 3. und vor allem in das 4. Jh. datiert werden konnten.

Bedingt durch die kurze Zeit, die für die Ausgrabung zur Verfügung stand, wurden die Schiffe photogrammetrisch vermessen und gezeichnet. Anschließend wurden sie demontiert und die Einzelteile zunächst in Wasser gelagert, um sie vor dem Verfall zu schützen. 1992 gelangten diese Teile in das Museum für Antike Schiffahrt des Römisch-Germanischen Zentralmuseums, wo die Konservierung des Holzes, die Remontage der Teile und die wissenschaftliche Untersuchung der Wracks stattfanden.

Bereits unmittelbar nach der Ausgrabung stand fest, daß alle fünf Schiffe (Mainz 1, Mainz 2, Mainz 3, Mainz 4 und Mainz 5) auf Grund ihrer Form keine Frachtschiffe gewesen waren, sondern in militärischen Kontext gehörten. Obwohl alle Schiffe individuelle Eigenarten zeigen, konnten sie im Laufe der Untersuchung zwei verschiedenen Typen zugewiesen werden. Vier von ihnen (Mainz 1, 2, 4, 5) waren ursprünglich als Mannschaftstransporter eingesetzt, das fünfte (Mainz 3) mit deutlich abweichendem Aussehen darf wohl als Patrouillenschiff angesprochen werden.

Abb. 1
Abb. 4 Grundlage für die spätere Rekonstruktion bildeten die Wracks Mainz 1 und Mainz 5, die sehr ähnliche Baumerkmale aufweisen. Bei Schiff Mainz 5 handelt es sich um das einzige Schiff, bei dem das Vorschiff erhalten blieb. Es hatte sich nach dem Untergang auch nicht wie alle anderen auf eine Seite gedreht, sodass der Schiffsboden komplett war, dafür aber die Bordwände fehlten. Leider konnte es bei der Ausgrabung nicht vollständig geborgen werden, sondern nur der vordere Teil vom Bug bis wenige Spanten hinter dem Mastspant gelangte ins Museum.

Schiff Mainz 1 hatte sich dagegen auf die Backbordseite gedreht. Daher fehlt hier die Steuerbordseite bis auf die untersten drei Plankengänge. Auf der linken Seite blieb es dagegen bis zur Bordkante erhalten. Außerdem besitzt dieses Schiff noch den Achtersteven.

Abb. 5
Abb. 6 Wie die originalen Wracks aus Mainz besteht auch der Nachbau vollständig aus Eichenholz. Die Planken sind mit ca. 2 cm Dicke sehr dünn und weisen keine Nut-und-Feder-Verbindung wie mediterrane Schiffe auf. Im Durchschnitt sind sie 25 cm breit und sind zum Teil mit Z-Schäftungen versehen. Wie bei römischen Schiffen üblich, sind die Planken kraweel gesetzt.

Der auf dem Schiff Mainz 1 beruhende Kiel ist nur 5 cm dick und vermittelt den Eindruck einer etwas stärkeren Planke. Wie alle originalen Kiele weist auch der Kiel des Nachbaus in der Mitte eine Bilgerinne auf, in der sich das Wasser sammeln konnte. Außerdem wurden auf ihren Innenseiten Anrisslinien beobachtet, mit denen die antiken Bootsbauer die Stellen markierten, an denen später die Spanten eingebaut werden sollten. Sie liegen ca. 33, 5 cm auseinander. Dieses Maß entspricht ungefähr einem Pes Drusianus, ein Längenmaß, das im gallisch-germanischem Gebiet in römischer Zeit üblich war. Der Nachbau I des Schiffstyps A aus Mainz basiert auf dieser Maßeinheit.

Abb. 7
Abb. 8 Zusammengehalten wurden alle Schiffe aus Mainz durch die Spanten. Dabei haben Schiff 1 und 5 beide dreigeteilte Spanten: Neben einem Spant, der über den Boden bis zur Kimm
Abb. 9 reicht, der sog. Wrange, wurden separate Seitenspanten angebracht. Dem Spantrhythmus der Schiffe Mainz 1 und Mainz 5 entsprechend sitzen die Seitenspanten im Nachbau vom

Rekonstruktion eines römischen Truppentransporters aus Mainz: Typ Mainz A

Abb. 1 Mainz 5. Präsentation im Museum für Antike Schiffahrt.

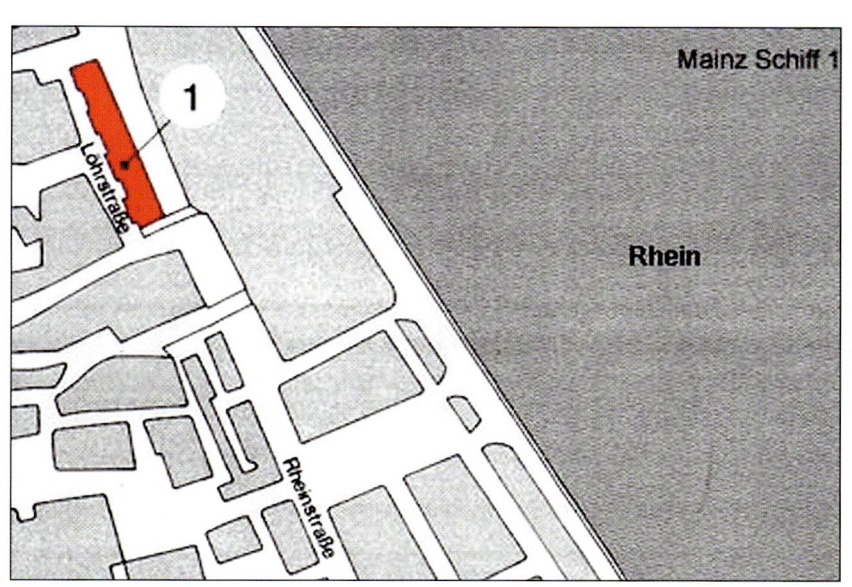

Abb. 2 Fundstelle der spätantiken Schiffe in Mainz.

Abb. 3 Mainz 1. Präsentation im Museum für Antike Schiffahrt.

Abb. 4 Rekonstruktion des Typs Mainz A als Nachbau I im Museum für Antike Schiffahrt.

176 Rekonstruktion eines römischen Truppentransporters aus Mainz: Typ Mainz A

Abb. 5 Nachbau I. Z-Schäftung.

Abb. 6 Mainz 1, Kiel mit Anrisslinien von Wrange A12 und A13, innen.

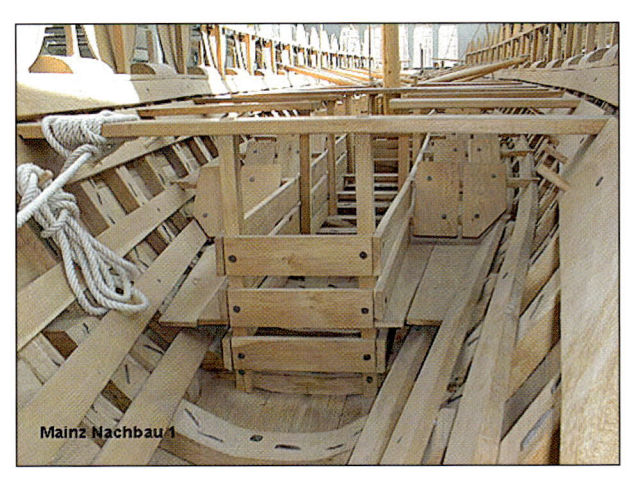

Abb. 7 Nachbau I. Schiffsinneres vom Bug aus gesehen.

Abb. 8 Mainz 1. Seitenansicht in der Ausstellung.

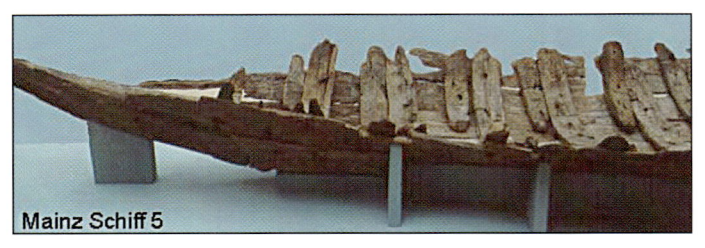

Abb. 9 Mainz 5. Bugpartie.

Abb. 10 Mainz 5. Bugpartie.

Abb. 11 Nachbau I. Bug von innen.

Rekonstruktion eines römischen Truppentransporters aus Mainz: Typ Mainz A

Abb. 12 Mainz 1. Achtersteven von der Steuerbordseite. →

Abb. 13 Mainz 3. Achtersteven von der Steuerbordseite. →→

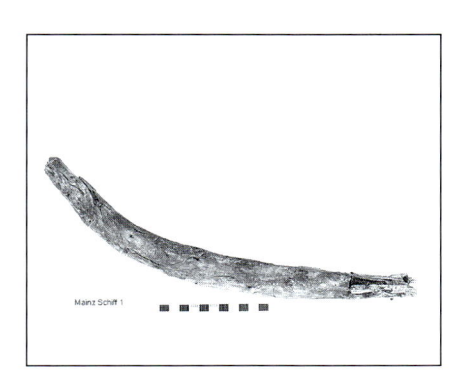

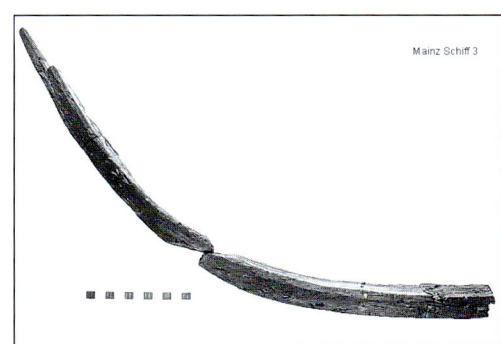

Abb. 14 Nachbau I. Achtersteven-Zier.

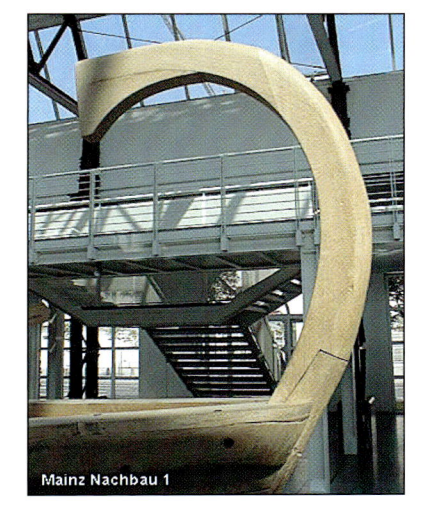

Abb. 15 Ziegelstempel der 22. Legion mit Schiffsdarstellung.

Abb. 16 Nachbau I. Seitenansicht des Bugs.

Abb. 17 Mainz 5. Seitenansicht der Bugpartie von Steuerbord.

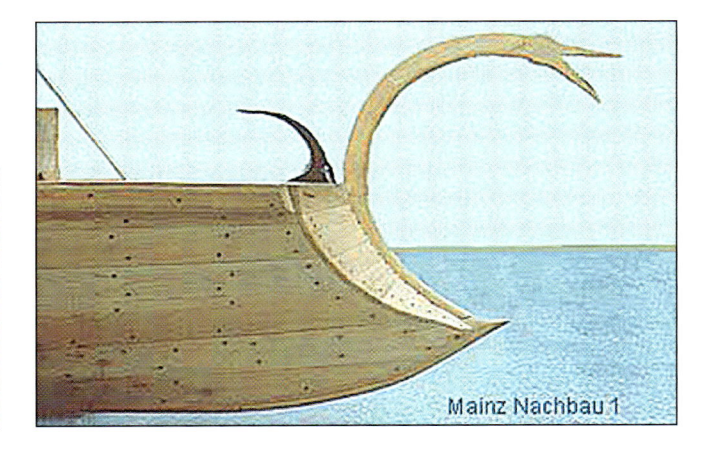

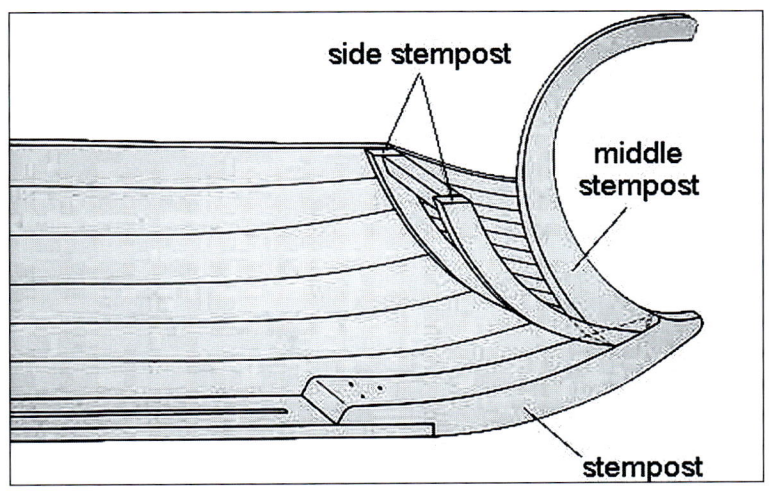

Abb. 18 Rekonstruktion Typ Mainz A. Bugkonstruktion.

Abb. 19 Mainz 5. Innenansicht im Mastbereich.

Abb. 20 Nachbau I. Mast in Mastspant mit Eisenkrampe.

Abb. 22 Mainz 1. Innenansicht.

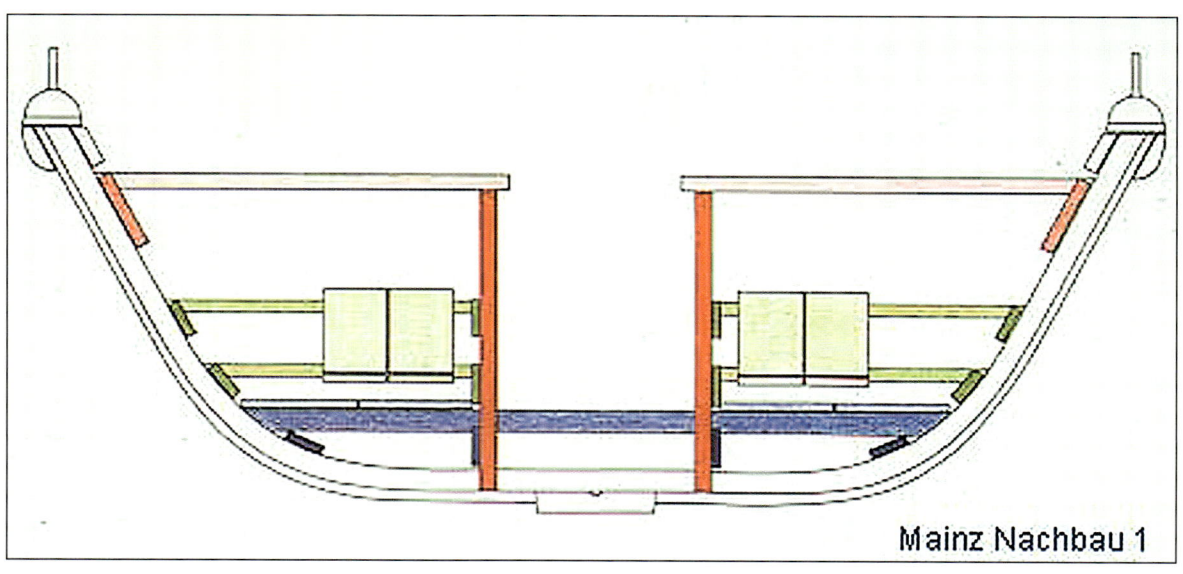

Abb. 23 Rekonstruktion Typ Mainz A. Querschnitt mit Einbauten.

Abb. 24 Naachbau I. Bordwand mit Ducht.

Abb. 25 Mainz 1. Innenansicht von Schiff 1, Backbordseite.

Abb. 26 Mainz 1. Backbordseite von innen.

Abb. 27 Römische Münze mit Schiffsdarstellung.

Abb. 28 Nachbau I. Vorschiff mit Mastducht von hinten.

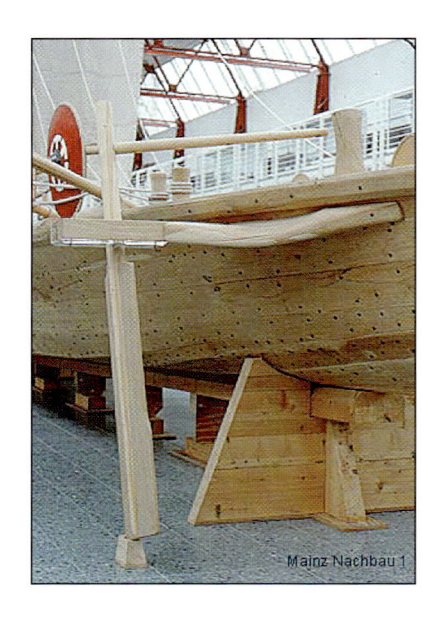

Abb. 29 Nachbau I. Ruderanlage.

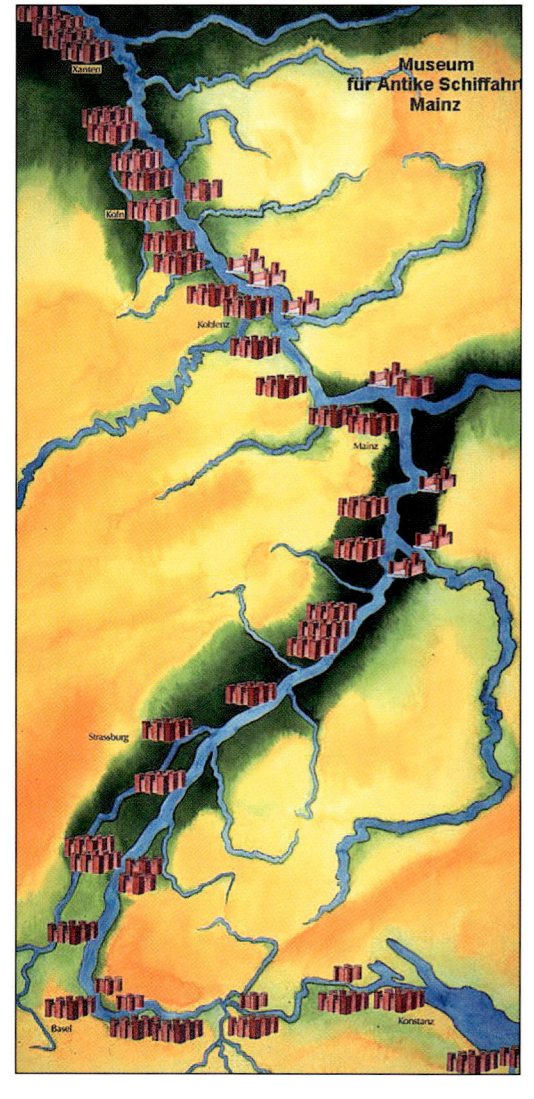

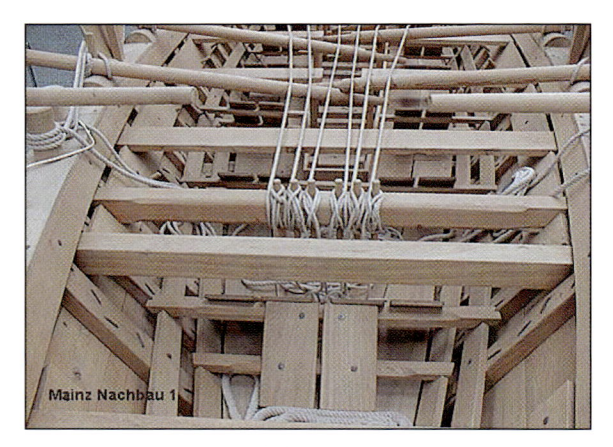

Abb. 30 Nachbau I. Schiffsinneres vom Heck aus gesehen.

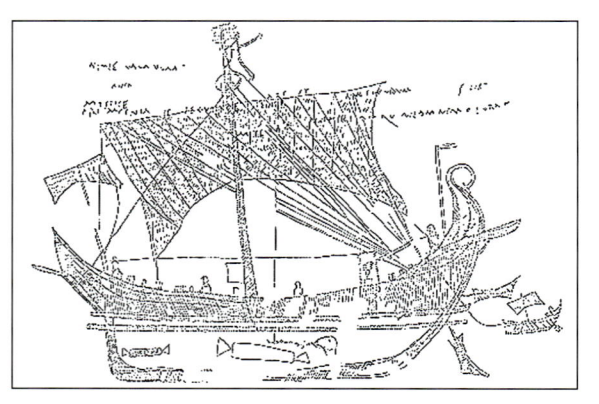

Abb. 31 Graffito aus Pompeji. Tauwerkführung auf dem Schiff »Europa«.

Abb. 32 Rekonstruktion Typ Mainz A als Nachbau I. Ansicht von hinten.

Abb. 33 Die römischen Kastelle an der Rheingrenze nach 260 n. Chr.

Achtersteven bis zum Mastspant achterlich der Wrangen, vom Mastspant bis zum Vordersteven vorlich der Wrangen. Die Spanten sind mit dem Verlauf der Maserung aus den Stämmen gearbeitet worden und besitzen eine große Festigkeit.

An den sehr schmalen Schiffsenden wurden die Bodenspanten aus Astgabeln gesägt. Gemäß den Originalen sind die Spanten ungefähr 5 cm dick und zwischen 10 und 15 cm breit. Sie sind durch Eisennägel mit den Planken verbunden. Dabei schlug man die Nägel von außen durch Planke und Spant und bog die Nagelspitze um.

Abb. 10
Abb. 11

Der Kiel ist an seinem hinteren Ende mit dem Achtersteven verbunden, der bis zur Bordkante aus einem Stück gefertigt war. Teile von ihm haben sich bei Schiff 1 erhalten. Ein Schäftung auf gleicher Höhe wie die Bordkante im Achtersteven von Schiff 3 zeigt an, dass der Achtersteven von zwei separaten Teilen gebildet wurde. Die Form des verlorenen oberen Teils wurde nach einer Schiffsdarstellung auf einem Ziegelstempel der 22. Legion rekonstruiert, die in Mainz stationiert war.

Abb. 12
Abb. 13
Abb. 14
Abb. 15

Der Vordersteven von Mainz 5 zeigte eine Besonderheit, die Auswirkungen auf die Rekonstrunktion hat. Er bestand nämlich nur aus einem sehr kurzen Stück und hörte unmittelbar oberhalb der Schwimmwasserlinie auf. Es konnten keine Hinweise darauf entdeckt werden, daß er an dieser Stelle ein Schäftung besaß. Darstellungen römischer Kriegschiffe zeigen nun stets einen oberhalb der Schwimmlinie zurückgebogenen Bug. Der Befund des kurzen Vorderstevens von Schiff 5 weist darauf hin, dass auch dieses Schiff solch eine Bugkonstruktion besaß. Da sich außerdem bei Schiff 5 noch das vorderste Spant erhalten hat, war die Schiffsbreite an dieser Stelle bekannt. Es ist nicht möglich, die seitlichen Planken an einem solchen konkaven Vordersteven zu befestigen, sie wären gebrochen.

Abb. 17

Diese Beobachtungen führten zu einer anderen Lösung: Der gesamte Bug oberhalb der Wasserlinie war als separates Teil gearbeitet. Dabei wurde auf den kurzen Vordersteven ein konkav schwingender Mittelsteven gestellt, der unten mit zwei seitlichen gekrümmten Seitenstevern verbunden war. Alle drei Teile laufen nach oben auseinander, die Seitensteven sind durch einen Horizontalbalken im Schiffsinneren miteinander verbunden. Die normalen Planken der Schiffsseiten enden an den Seitenflächen dieser Seitensteven. Auf der Vorderseite der Seitensteven sind die separaten Bugplanken befestigt, die gleichzeitig in den Mittesteven eingelassen sind. Diese Konstruktion ist einerseits leicht genug, um auf den kurzen Vordersteven gestellt werden zu können, andereseits aber auch fest und dicht genug, um das Schiff nicht untergehen zu lassen.

Abb. 16
Abb. 18

Anders als bei mediterranen Schiffen hatten die Mainzer Schiffe kein Kielschwein, sondern ein Mastspant. Es ist breiter als die normalen Spanten. Typisch für es ist eine Verdickung in der Mitte mit einem Loch, in das der Mast gestellt werden konnte. Mastspanten wurden in antiker Zeit häufig in Schiffe nördlich der Alpen eingebaut. Neben der Maßeinheit des Pes Drusianus belegt das Mastspant, dass die römischen Schiffsbauer, die die Mainzer Schiffe bauten, zur Provinzialbevölkerung nördlich der Alpen gehörten.

Abb. 19
Abb. 20

Obwohl also dieser Typ der Mainzer Schiffe gesegelt werden konnte, waren es doch in erster Linie offene Ruderschiffe mit jeweils einer Reihe Ruderer auf jeder Seite. Dafür sprechen die Einbauten und das Dollbord. Sowohl in Schiff 1 wie in Schiff 5 haben sich Reste der Duchtstützen erhalten. Sie waren jeweils rechts und links vom Kiel angebracht. Das beweist, dass die Duchten nicht von einer Bordwand zur anderen durchliefen, sondern in der Mitte unterbrochen waren.

Untereinander waren die Duchtstützen durch schmale Bretter, die Stringer, verbunden. Sie gaben ihnen Halt. Bei Schiff 5 hat sich nur der unterste Stringer erhalten. In gleicher Höhe finden sich an der Bordwand ebenfalls schmale Innenplanken, auf denen dünne Querbalken aufliegen. Sie tragen Laufplanken, die rechts und links parallel zu den Bordwänden verlegt waren.

In Schiff 1 konten weitere Einzelheiten der Einbauten beobachtet werden. Hier waren ent-

Abb. 22

lang der Duchtstützen insgesamt drei Stringer angebracht. Jeweils auf gleicher Höhe befinden sich schmale Innenplanken an den Bordwänden. Alle Stringer sowie die von unten gezählte zweite und dritte Innenplanke weisen Aussparungen auf. Auch hier müssen also ehemals Querbalken eingelassen worden sein. Auffallend ist, daß die Aussparungen der zweiten und dritten Ebene gegeneinander versetzt sind – die Aussparungen der unteren Reihe liegen weiter nach vorn als die obere Reihe.

Abb. 23   Die Überreste der Einbauten von Mainz 1 und Mainz 5 erlauben es, das Schiffsinnere vollständig zu rekonstruieren. Die untersten Stringer (blau) tragen einen durchgehenden dünnen Querbalken, auf dem an den Schiffsseiten Laufplanken auflagen. Im zweiten und dritten Stringer (gelb) sind kleine rechteckige Querhölzer eingelassen, die gegeneinander versetzt angeordnet waren. Der Grund dafür ist einleuchtend, wenn man sich nach der Funktion dieser Querbalken fragt. Nagelt man nämlich gegen diese versetzten Balken ein Brett, steht dieses schräg, und zwar so, wie man es für Fußstützen der Ruderer benötigt. Ein Stück oberhalb dieser Konstruktion fand sich bei Schiff 1 an der Bordwand noch eine vierte Innenplanke (rot). Die Aussparungen sind deutlich länger als die der unteren Stringer. Diese Planke diente als äußere Auflage für die Duchten, die im Schiffsinneren neben dem Kiel von senkrechten Stützen getragen wurden.

Abb. 24   Das Dollbord beruht auf den Befunden von Schiff 1. Es besteht aus drei Teilen: einer äußeren Scheuerleiste, einem Dollbaum oberhalb des Duchtwegers, der das Schiff im Inneren
Abb. 25   längsversteift, und einem Schandeckel, der auf der so verbreiterten Bordwand liegt. Der Schandeckel besteht aus einem halbierten Baumstamm. Teilweise hat man das Holz halbrund gelassen, teilweise aber bis auf eine Stärke von 2 cm abgearbeitet. Dabei wechseln sich halbrunde und dünne Abschnitte ab. In jedem Abschnitt gibt es kleine rechteckige Löcher. Nach der Remontage der originalen Schiffsteile zeigte es sich, dass die dicken Teile jeweils zwischen den Duchten sitzen, während die dünnen Abschnitte dort sind, wo sich im Schiffsinneren die Duchten befinden. Durch diese Anordnung war klar, was die halbrun-
Abb. 28   den Abschnitte dieses Bauteils bedeuteten. Sie bildeten die Auflage für die Ruder, und in den Löchern steckten die Dollpflöcke. In den Löchern der dünnen Abschnitte zwischen den Dollpflöcken sind die senkrechten Stützen einer Reling angebracht, wie es Darstellungen
Abb. 27   von Kriegsschiffen auf römischen Münzen zeigen. An die Reling konnten die Soldaten ihre Schilde hängen. Gleichzeitig gaben die Schilde den Ruderern Deckung, denn diese sitzen sehr hoch im Schiff; ihr Oberkörper war durch die Bordwände nicht geschützt.

Abb. 29   Bei den Mainzer Schiffen ist die Steuerunganlage sehr viel einfacher als bei mediterranen Schiffen ausgebildet. Sie besteht aus einem quadratischen Balken, der an seinem hinteren Ende quer durch das Schiff läuft und an beiden Seiten übersteht. Nach hinten geben zwei kurze Holzstücke diesem Balken Halt. Sie sind wie Bananen geformt. Das eine Stück ist unmittelbar an der Bordwand befestigt. An seinem hinteren Ende ist es abgeflacht und trägt dort ein Zimmermannszeichen. Dieses Teil besitzt außerdem an seinem vorderen Ende einen Zapfen, der in ein entsprechendes Loch im Ruderbalken passt. Weiter nach außen hat der Ruderbalken ein zweites Zapfloch. Hier war das zweite bananenförmige Holzteil angebracht.

Die Lücke zwischen den beiden Stützhölzern ist allerdings zu klein, um hier das Steuerruder durchzustecken. Die starke Abstützung des Ruderbalkens nach hinten spricht außerdem dafür, daß der Druck von vorn gekommen sein muss. Deshalb werden beide Seitenruder vor dem Steuerbalken angebracht worden sein. Wie man sie allerdings befestigt hatte, ist bis heute unklar. Spuren einer Befestigung haben sich nicht erhalten.

Dieser Typ eines römischen Schiffs konnte nicht nur gerudert, sondern auch gesegelt werden. Allerdings hat sich natürlich davon nur wenig erhalten. Neben dem Mastspant gab es nur bei Schiff 1 an einer Innenplanke im Heck vor dem Ruderbalken eine kleine quadratische Aussparung, die man nicht mit den Ruderern oder dem Steuermann in Verbindung bringen konnte. Alles spricht dafür, dass hier ein Balken gesessen hat, an dem die Taue für die Segelbedienung befestigt wurden. Die unmittelbar davor liegende Ruderbank befindet sich außerdem so nahe an den Steuerrudern, dass die hier sitzenden Ruderer den Steuermann behindert hätten. Sinnvoll ist sie aber an dieser Stelle für die Segelbedienung, da sie hier die Kommandos des Steuermanns sofort hören und entsprechend reagieren konnten. Wir wurden bestärkt in dieser Rekonstruktion, weil viele Abbildungen römischer Segelschiffe zeigen, dass die Taue des Segels nach hinten zum Heck hin laufen.

Abb. 30
Abb. 31

Mast, Rah und Segel haben sich natürlich nicht erhalten. Für den Nachbau hat man sich dafür auf antike Darstellungen gestützt und jeweils die einfachste Variante gewählt.

Zusammenfassend lässt sich sagen: Die Linien von Mainz 5 und die Form von Mainz 1 legen nahe, dass Schiffe dieses Typs eine Länge zwischen 17 und 21 m besaßen. Ihre Höhe betrug ca. 1 m, ihre Breite an der Bordkante etwas über 2,5 m. Die Besatzung bestand entsprechend der Länge aus 27 bzw. 35 Mann. Neben dem Steuermann und einer zweiköpfigen Segelbedienung gab es zwischen 24 und 32 Ruderern, 12-16 in einer Reihe. Da dieses sehr zierliche, außerordentlich schmale Schiff kein Frachtschiff gewesen sein kann, aber auch keinen Platz für Ruderer und eine Abteilung von Soldaten bot, müssen hier die Soldaten selbst gerudert sein.

Abb. 32

Fragt man sich nach der Aufgabe dieser Schiffe, so bietet sich die Funktion als Mannschaftstransporter an. Seit 260 n.Chr. stellte der Rhein bis zum Bodensee die Grenze zwischen dem römischen Reich und Germanien dar. An gefährdeten Einfallsstraßen – vorzugsweise Täler von rechtsrheinischen Nebenflüssen – legten die Römer am rechten Rheinufer kleine Kastelle an. Sie konnten nur mit Schiffen versorgt werden. Das galt nicht nur für Proviant und Ausrüstung, sondern auch für die Wachmannschaften. Bei den meisten dieser kleinen Kastelle waren die Umfassungsmauern in die Flüsse hinein gebaut, so dass sie einen kleinen Hafen bildeten. Mit dem hier vorgestellten Schiffstyp ruderten sehr wahrscheinlich diese Kastellbesatzungen an ihren Einsatzort, um ihren Wachdienst zu versehen, bis mit dem nächsten Schiff ihre Ablösung kam.

Abb. 33

Text: Barbara Pferdehirt

Literatur:
B. Pferdehirt, Das Museum für antike Schiffahrt. Ein Forschungsbereich des Römisch-Germanischen Zentralmuseums I (Mainz 1995), 7 ff.

REKONSTRUKTION EINES RÖMISCHEN PATROUILLENSCHIFFS: TYP MAINZ B/NACHBAU II

Abb. 1

Abb. 2

Voraussetzungen

Für das zur Bergung zerlegte Wrack 3 steht einerseits eine photogrammetrische Vermessung zur Verfügung, die den Rumpf als Draufsicht, im Längsschnitt und als Serie von Querschnitten in annähernde Schwimmlage gedreht abbildet, andererseits ein Grabungsplan mit der in situ-Lage des Wracks. Darüber hinaus bilden nach der Freilegung aufgenommene Diapositive, die Zeichnung sämtlicher Bauteile im Maßstab 1:1 vor der Tränkung sowie eine umfangreiche, während und nach der Konservierung erfolgte photographische Detaildokumentation die Grundlage für die Auswertung, Restaurierung und Remontage des Rumpfes im Museum für Antike Schifffahrt. Das wieder in seinen konstruktiven Verband zusammengesetzte Schiff lässt sich so auch original dreidimensional betrachten.

Orientierung, Formkriterien und Abmessungen

Abb. 3

Die Position des Mastspants im Bereich einer merklichen Verjüngung des Rumpfes nach einer Seite und der auf der anderen Seite rund 10 m entfernte Steven bestätigen, dass es sich bei Wrack 3 um die mittlere und achtere Partie eines Fahrzeugs mit ebenem, achterlich vom Mastspant am weitesten ausladenden Schiffsboden handelt. Während das scharf

Abb. 4

geschnittene Heck an Steuerbord seine ursprüngliche Bauhöhe mit einer fast horizontal verlaufenden Scherlinie bei rund 130 cm erreicht, schließt die Mittschiffssektion an Backbord mit einer gleichermaßen horizontalen Plankenkante 90 cm oberhalb der Kielsohle ab. Dass es sich bei letzterer um die ursprüngliche Bordkante mittschiffs und nicht um eine Nahtkante unter einem verlorenen benachbarten Gang handelt, wird von der außergewöhnlich geringen Breite der Planke und durch ihren waagerecht gehobelten Saum bezeugt.

Abb. 5

Die unterhalb der Spanten angetroffenen Anrissmarken im Kiel sind bei einer Toleranz von lediglich ± 3 mm vergleichsweise genau eingemessen worden. Ihr Zwischenabstand beträgt jeweils rund 33,5 cm, wobei es sich offenkundig um das metrische Äquivalent vom gallischen Fuß (*pes Drusianus*) handelt. Hieraus gehen deutlich die werftseitige Verwendung eines metrologischen Systems und damit eine planerische Leistung hervor. Betrachtet man den Rumpf in formal und konstruktiv begründbaren Abschnitten, so trifft man auf Vielfache des genannten antiken Maßes: 7 Fuß für die vom Achtersteven bis zum Kielansatz beanspruchte Strecke, 16 Fuß für den Abschnitt vom achteren Kielende bis zur Anrisslinie unter Spant A10 sowie erneut 7 Fuß für die Kielstrecke zwischen den Anrissmarken unter A10 und A3. Letztere umfasst die größte Ausdehnung des Rumpfs in der Breite und steht somit als Mittschiffssektion fest. Der sich davor bis zur bugwärtigen Bruchkante des Kiels anschließende Abschnitt lässt sich nicht mehr voll erfassen. Die vorlich geschmiegten Spanten belegen hier aber die einsetzende Verjüngung des Schiffskörpers.

Rekonstruktion eines römischen Patrouillenschiffs: Typ Mainz B

Abb. 1   Rekonstruktion des Typs Mainz B als Nachbau II im Museum für Antike Schifffahrt.

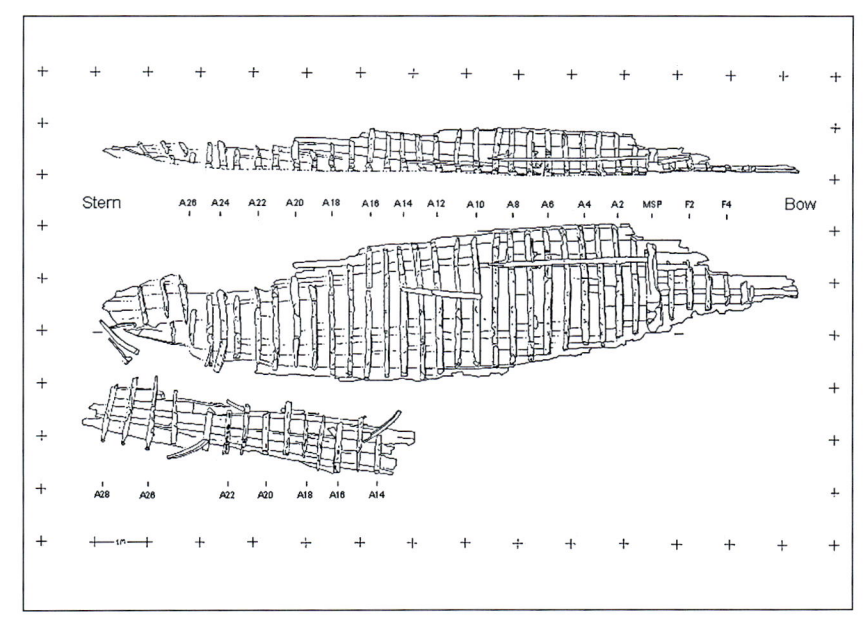

Abb. 2   Mainz 3. Grundriss und Längsschnitt (Photogramm Boehler 08/83).

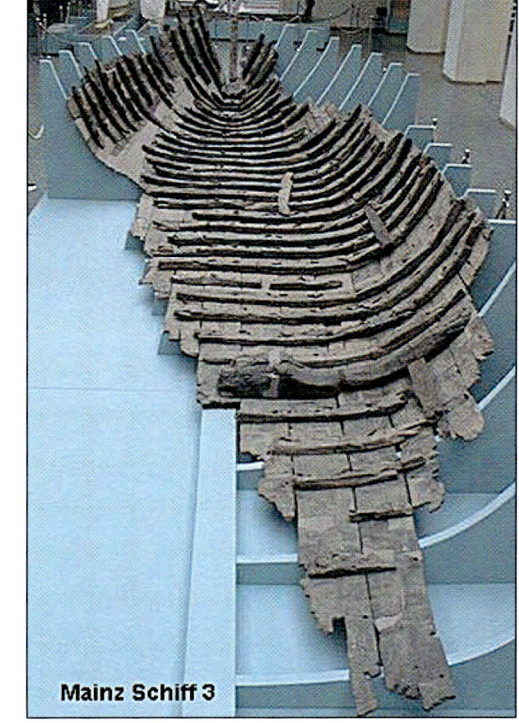

Abb. 3   Mainz 3. Aufstellung im Museum für Antike Schifffahrt.

Abb. 4   Mainz 3. Innenansicht mit Spanten.

Abb. 5   Mainz 3. Kiel mit Anrissen für Spant A15 und A14 von innen.

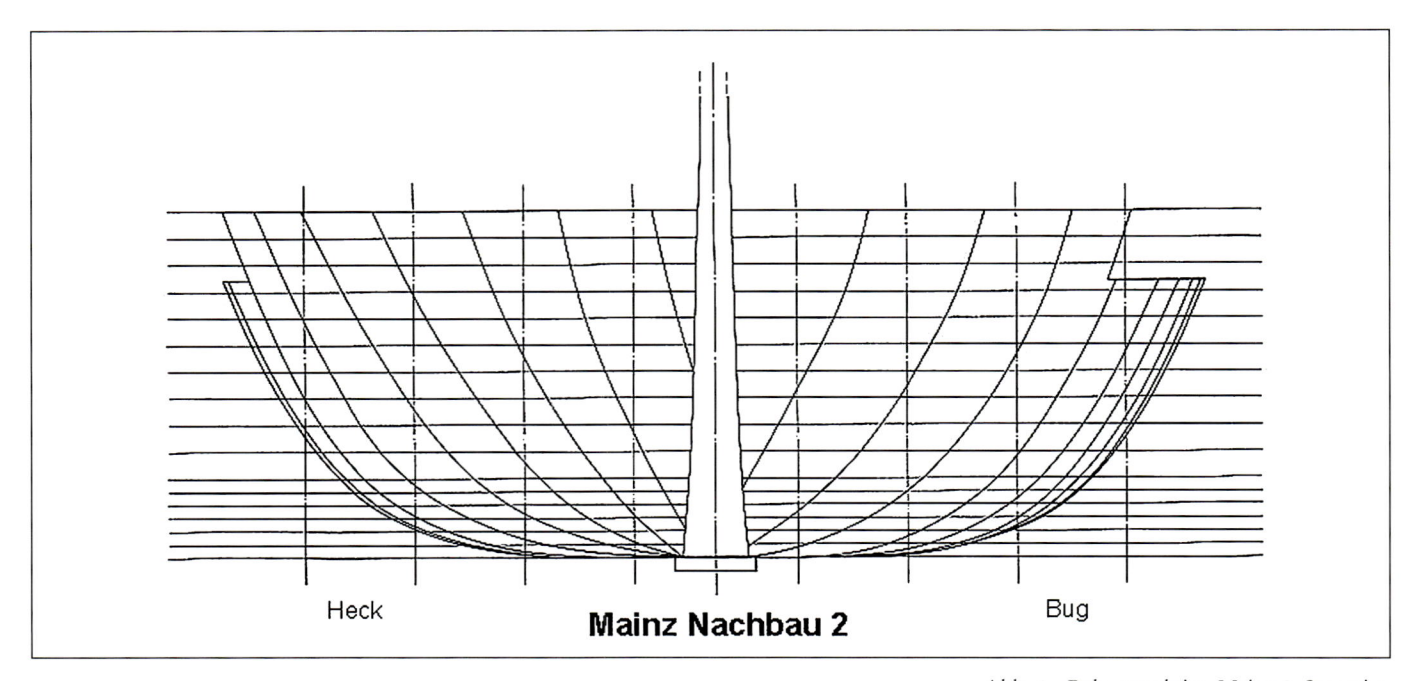

Abb. 6   Rekonstruktion Mainz 3. Spantriss.

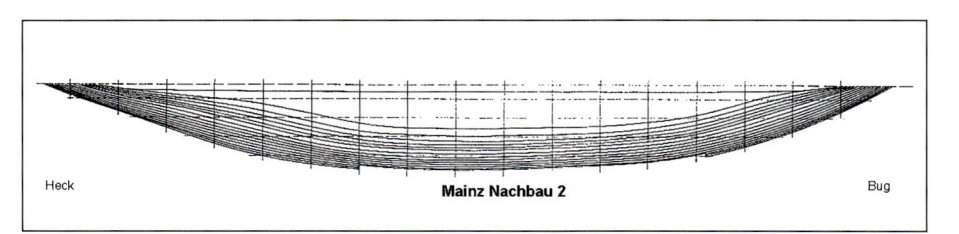

Abb. 7   Rekonstruktion Mainz 3. Seitenriss.

Abb. 8   Rekonstruktion Mainz 3. Wasserlinienplan.

Rekonstruktion eines römischen Patrouillenschiffs: Typ Mainz B

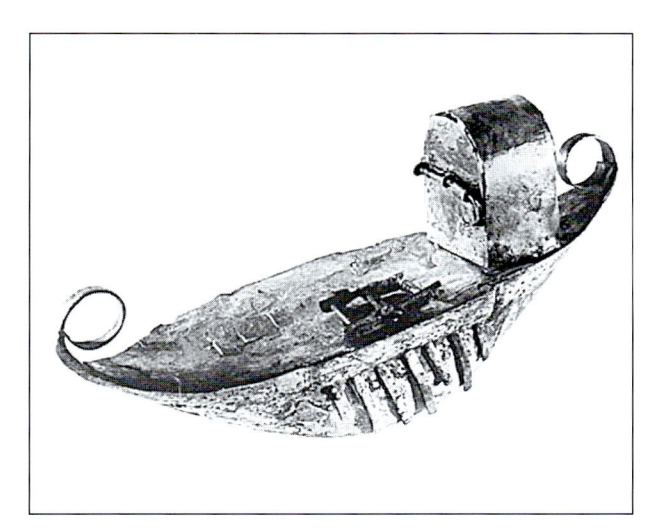

Abb. 9 Silbernes Schiffsmodell aus Rethel (F).

Abb. 10 Mainz 3. Mastspant mit Sponung von hinten.

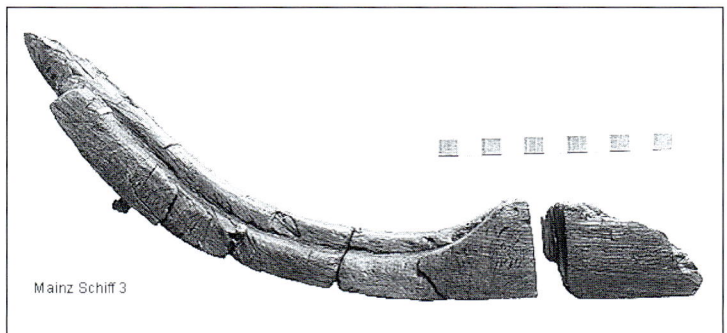

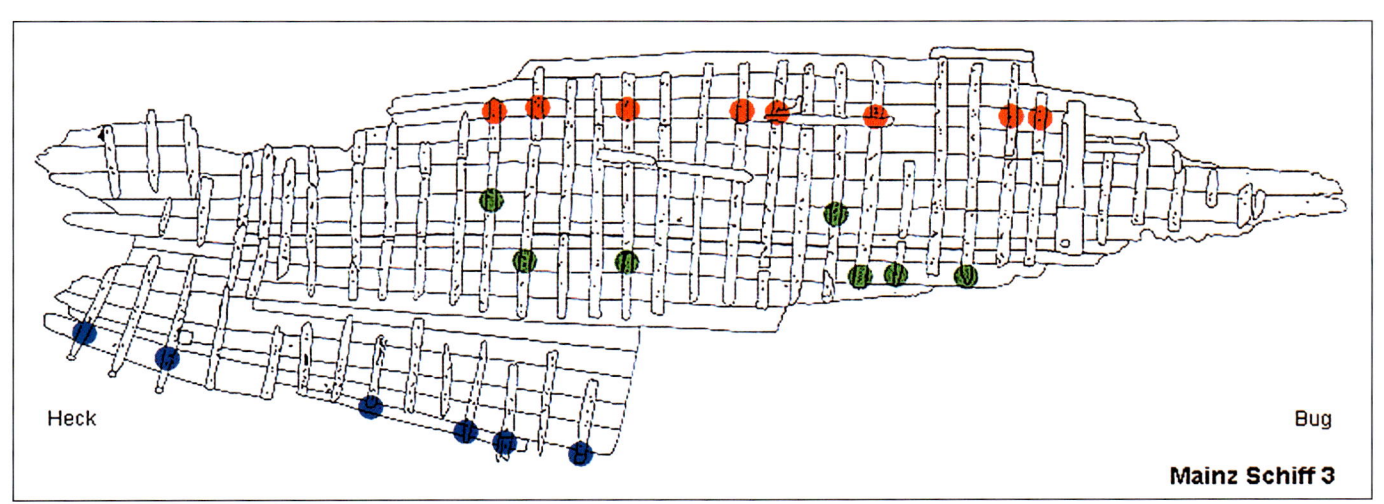

Abb. 11 Mainz 3. Hinweise auf eine Deckskonstruktion durch Nägel (rot und grün) und Spantaussparungen (blau).

Abb. 12 Mainz 3. Übersicht.

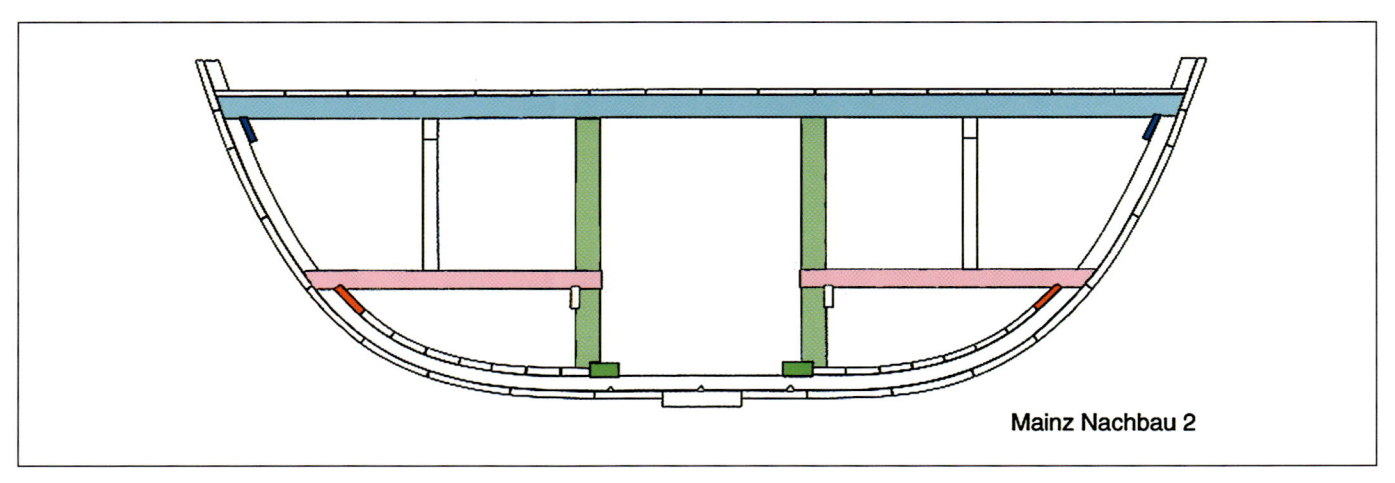

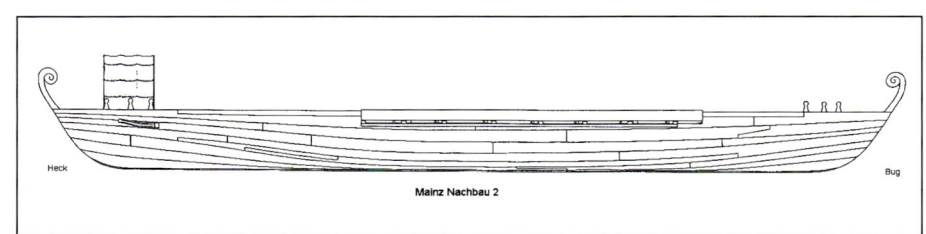

Abb. 13 Rekonstruktion Typ Mainz B. Rekonstruktion der Substruktion des Decks.

Abb. 14 Rekonstruktion Typ Mainz B. Seitenansicht.

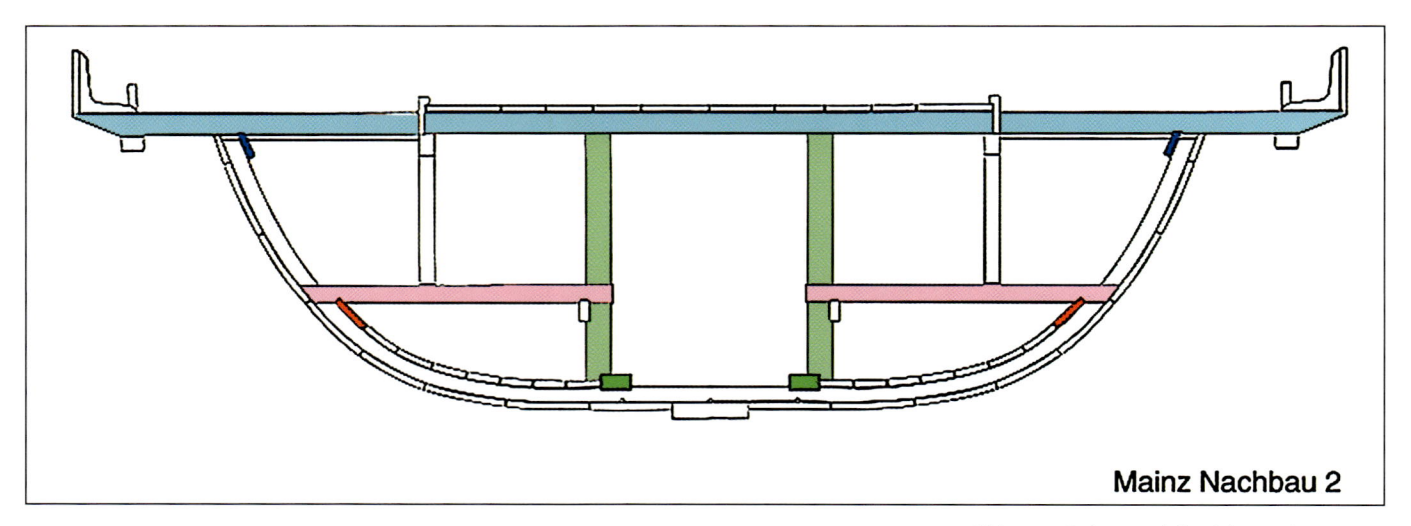

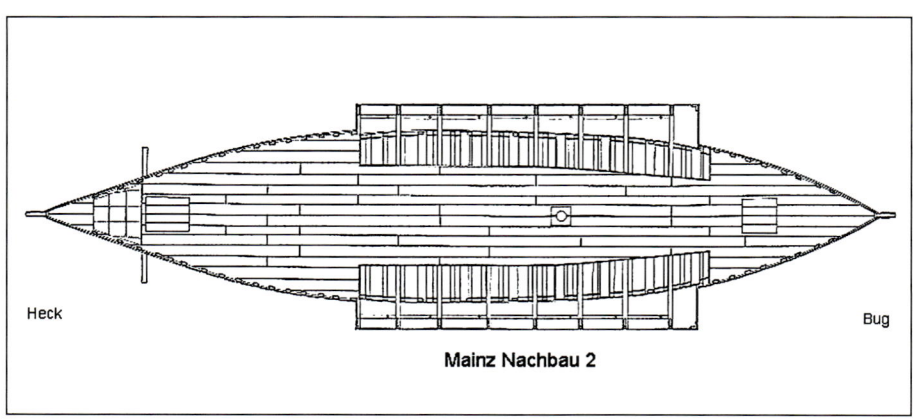

Abb. 15 Rekonstruktion Typ Mainz B. Rekonstruktion der Substruktion des Decks mit Ausleger.

Abb. 16 Rekonstruktion Typ Mainz B. Draufsicht.

Rekonstruktion eines römischen Patrouillenschiffs: Typ Mainz B

Abb. 17   Mainz 3. Außenansicht mit Aussparung für den Ruderbalken, Scheuerleiste und Spantenden.

Abb. 18   Mainz 3. Seitenspant A26 mit Aussparung für Ruderbalken von innen.

Abb. 19   Mainz 3. Seitenspant A26 mit Aussparung für Ruderbalken von der Seite.

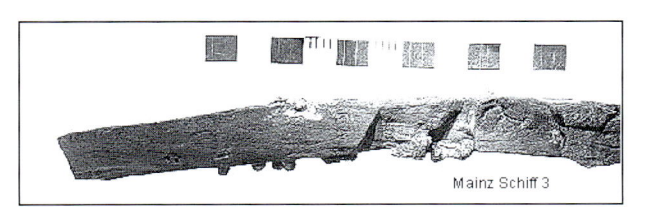

Abb. 20   Mainz 3. Seitenspant A26 vordere Kante mit Ausklinkung.

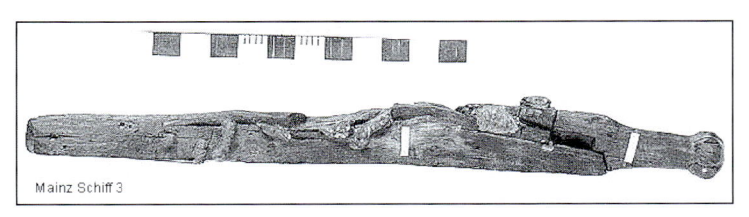

Abb. 21   Mainz 3. Seitenspant A26 von innen.

Abb. 22   Mainz 3. Stützhölzer A und B für den Ruderbalken von außen.

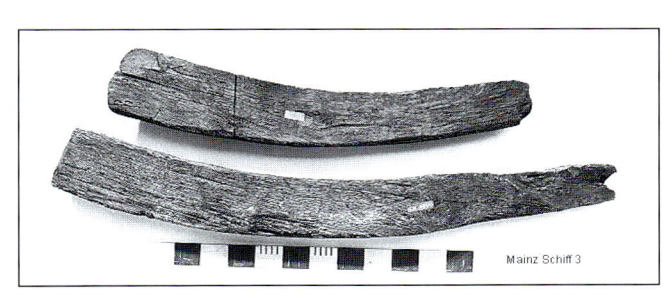

Abb. 23   Mainz 3. Stützhölzer A und B für den Ruderbalken von innen.

Abb. 25   Mainz 3. Holz- und Eisennagel in Plankengang Backbord 1 von innen.

Abb. 24   Mainz 2. Ruderanlage.

Ergänzung des Rumpfs

Methodik

Da das Schiff in deformiertem Zustand vermessen und anschließend zerlegt worden ist, lassen sich die nach der Freilegung angefertigten Planunterlagen nur bedingt zur Rekonstruktion heranziehen. Sie liefern jedoch zusammen mit dem teilweise in längeren Segmenten geborgenen Kiel wichtige Daten über die Anordnung der Spanten längsschiffs sowie deren Stellung zur Kielachse. So in ihren X-Koordinaten definierbar, veranschaulichen die in Originalgröße von den Bauteilen abgenommenen heckseitigen Konturen der Spanten jeweils die sich sukzessive verändernde Form des Rumpfes. Begünstigt durch ihre bis zu 30 cm breite Auflage auf Kiel bzw. Steven, wurden die gezeichneten Kurven im Maßstab 1:10 dort zeichnerisch horizontiert, aufgrund des umfangreicheren Erhaltungszustandes unter ausschließlicher Verwendung der Kurven aus der linken Rumpfhälfte. Die als ursprünglich gerades Bauteil identifizierte Kielplanke sowie der aus zwei unmittelbar anschließenden Bruchstücken zusammengesetzte Achtersteven schreiben dabei die Spantposition in der Höhe (Y-Koordinate) vor. Unter den gegebenen Voraussetzungen lässt sich das an der Mittelachse spiegelbare Schiff in den beiden maßgeblichen Ansichtsebenen darstellen, die über dessen Form Auskunft geben: Als Bündelung von Querschnitten (Spantriß) sowie in der vertikalen Schichtung vom Rumpf (Wasserlinienriß).

Abb. 6

Betrachtet man die in Hecknähe meßbare Rumpfhöhe zunächst als maßgeblich für das gesamte Fahrzeug, und verlängert die aus den erhaltenen Spanten abgeleiteten Wasserlinien bugwärts, dann zeichnet sich damit bereits die ungefähre ursprüngliche Erstreckung der weitgehend verlorenen Vorschiffspartie ab. Da die Radien der Wasserlinien nur bruchstückhaft zu erfassen sind und in ihrem weiteren Verlauf vorerst nicht genau beurteilt werden können, lässt sich mit dieser Methode kein genaues Maß für die Ausdehnung des Rumpfes bis zum Bug begründen.

Abb. 7

Vorschiff und Bug

Während die formale Gestaltung des Schiffshecks unzweifelhaft feststeht, liefert das Wrack keinen unmittelbaren Hinweis auf das Aussehen des Bugs. Zumal, da die Kielplanke bis in das ansatzweise erhaltene Vorschiff hinein horizontal verläuft, muss wenigstens für den Unterwasserbereich des Bugs ein dort montiertes gekrümmtes Bauteil, mehr oder weniger vergleichbar mit dem Achtersteven, vorausgesetzt werden. Mangels geeigneter Daten wurde zunächst ein hypothetisches Modell entwickelt, das die Abmessungen und die Kurvatur des Achterstevens kopiert. Stellt man dessen Längsausdehnung von 7 Fuß in Rechnung und billigt dem nur bruchstückhaft erhaltenen Vorschiff dieselbe Sektionslänge zu wie dem über die Kielanrisslinien mit 16 Fuß abgrenzbaren Achterschiff, dann ergeben sich für die nur knapp bis vor das Mastspant verfolgbaren Wasserlinien Endpunkte. Der so hypothetisch vervollständigte Rumpf erstreckt sich über eine Gesamtlänge von rund 17,6 m ; die Silhouetten von Bug und Heck sind verfahrensbedingt identisch. Bleibt unter den genannten Voraussetzungen die sektionsweise Längsgliederung des Rumpfs gleichartig (je 7 Fuß Schiffslänge werden durch die Steven beansprucht und je 16 Fuß von Vor- und Achterschiff, letztere unterbrochen von einer 7 Fuß langen Mittschiffssektion), zeigen die originären, lediglich bugwärts ergänzten Linien des Schiffskörpers im achteren und vorderen Teil dennoch erwartungsgemäß unterschiedliche Radien . Das planerische Resultat handwerklich umzusetzen, ist völlig unproblematisch, und mit dem vorne etwas bauchiger geformten Rumpf kündigen sich sogar hydrodynamische Vorteile an.

Abb. 8

Aus dem hypothetischen Entwurf ergibt sich für die Anordnung des Mastspants, gerechnet als Streckenverhältnis zum heckwärtigen Rumpfende, ein Anteil an der Gesamtlänge von knapp über 60%. Das entspricht erstaunlich genau der für antike Schiffsfunde aus dem Mittelmeerraum beobachteten Rigganordnung von fünf Achtel der Schiffslänge über alles achterlich vom Mast.

Das antike Silbermodell von Rethel, Dép. Ardennes

Die Vertretbarkeit der hypothetischen Längenrekonstruktion von Mainz, Wrack 3, lässt sich auch durch Herbeiziehung sekundärer Quellen einschätzen. Legt man die erschlossenen oder theoretisch ins Auge gefassten Formkriterien zugrunde und berücksichtigt überdies die Einsatzbedingungen des Fahrzeugs, so zeichnen sich bei dem silbernen Schiffsmodell aus dem spätrömischen Schatzfund von Rethel etliche Gemeinsamkeiten ab:

Abb. 9

Die etwa 12 cm lange Miniatur zeigt einen symmetrisch gestalteten Rumpf, Bug und Heck mit schrägen Steven, die oberhalb des Decks in Voluten münden. Ein kreisrunder Decksdurchbruch deutet auf die Möglichkeit einer Besegelung hin; die Position des so erschließbaren Masts, knapp 60% der Modelllänge vom Heck gemessen, deckt sich mit der Mastspantanordnung im ergänzten Wrack 3. Sieben in einem Ausleger mit seitlicher Verblendung gelagerte Riemen bezeichnen die primäre Antriebsweise des Fahrzeugs, dessen militärische Funktion nicht zuletzt auch von dem charakteristischen tonnengewölbten Brückenhaus im Heck angedeutet wird. Übertragen auf ein mehr als 17 m langes Schiff, erscheint ein Riemensystem mit jeweils sieben Ruderern pro Seite zwar dürftig. Stellt man jedoch den Raumbedarf eines antiken Ruderers von etwas weniger als 1 m Schiffslänge in Rechnung und berücksichtigt den Konturverlauf der Bordkante von Mainz, Schiff 3, so zeigt sich, dass dort keinesfalls mehr als sieben Mann in Reihe unterzubringen sind. Das gilt umso mehr, als die Position eines Auslegers, dessen Blendenoberkante mit der Scherlinie fluchtet, im Mainzer Fahrzeug aufgrund dessen unterschiedlicher Bauhöhen achtern und mittschiffs klar bezeichnet ist: Eine Auslegerkonstruktion lässt sich hier nur im Mittschiffsbereich unterbringen, wo einerseits der Plankenbefund flachere Bordwände nahelegt, andererseits sowohl ausreichende Schiffsbreite als auch annähernd gestreckt verlaufende Seiten zur Verfügung stehen. Gemessen an dem Silbermodell mit einem Verhältnis von Fahrzeuggesamtlänge und Länge des Auslegers von gut 30% liegt der aus der Rekonstruktion hervorgehende Längenanteil von knapp 40% nicht weit ab. Das lässt sich in beiden Fällen als Eigentümlichkeit auffassen, geben doch antike Kriegsschiffsdarstellungen gemeinhin für die Ausdehnung der Antriebssektion viel größere Verhältniszahlen preis.

Da der vom Modellschiff repräsentierte Typ eines riemengetriebenen Fahrzeugs mit einem Deck und Auslegern ausgestattet war, die beide nicht ohne strukturelle Elemente, wie Stützen und Querbalken, denkbar sind, ist die Vergleichbarkeit mit dem Mainzer Wrack 3 nur dann tragfähig, wenn dessen Baumerkmale eine entsprechende Rekonstruktion gestatten.

Rekonstruktion von Einbauten und betrieblicher Ausstattung:

Einbauten und Deck

Die in Wrack 3 von Nagelresten in den Spanten angezeigte Lage zweier Längselemente im Bereich der Kielgänge spricht gegen eine für Stringer typische statische Funktion als Längsstabilisatoren. Solche Längsgürtel würde man im Bereich der Bordwandkimmung erwarten, wo das Wrack nach den Nagelbefunden ja auch tatsächlich über eine Verzimmerung verfügt, die der Sponung im Mastspant zufolge auch den Charakter einer Innenver-

Abb. 11
Abb. 12

Abb. 10   kleidung (Wegerung) besaß. Die den Schiffsboden flankierenden, zugleich die seitliche Wegerung zum Kiel hin begrenzenden Elemente sparten den Bilgeraum aus, der so zum Lenzen zweckmäßigerweise zugänglich bleibt. Da diese Längshölzer weder als Stringer noch als ausschließlich der Verkleidung dienende Verbretterung in Frage kommen, liegt auf der Hand, sie als Fundamente für einzuzapfende vertikale Stützen zu interpretieren, ohne die ein mittschiffs rund 3,6 m breiter und im Heck erwiesenermaßen 1,3 m hoher Rumpf kaum vorstellbar ist. Umso mehr, als ein auf einem strömenden Binnengewässer eingesetztes Plankenfahrzeug mit scharfen Schiffsenden die Ausstattung mit einem windunabhängigen Antrieb voraussetzt, und selbst der insgesamt um 40 cm flachere Typ Mainz A nicht ohne eine vertikale Gliederung aus Seitendecks und mit Stützen unterfangenen Duchten auskommt, ist Schiff 3 keinesfalls als gänzlich offener, ungedeckter Rumpf denkbar. Der angetroffene Befund lässt sich demnach vorbehaltlos mit der Unterkonstruktion eines Decks bzw. anderer Querlager in Verbindung bringen. Da vertikale Stützen naturgemäß

Abb. 13   längs- oder querverlaufende Balken oder Träger unterfangen, die ihrerseits als Auflage für betriebstechnische Ausstattungselemente dienen, öffnen die minimal erhaltenen Spuren der Inneneinbauten von Wrack 3 den Weg, um den Ausbau des Schiffs nach Maßgabe handwerklich-technischer Machbarkeit zu rekonstruieren. Den äußeren Rahmen schreibt dabei das durch das Schiffsmodell von Rethel überlieferte Konzept vor: So tragen die erschlossenen senkrechten Stützen Querbalken, auf denen ein weitgehend geschlossenes, fast bündig mit der Bordkante abschließendes Deck aufliegt. Die Enden der Decksbalken werden gemäß dem im Heckbereich von Nagelresten und Spantausklinkungen ableitbaren Weger in sinnvoller Weise dort eingepasst worden sein. Weil die am Beplankungssystem ablesbare Rumpfhöhe mittschiffs jedoch deutlich geringer aus fällt als im im Achterschiff, ragt das Deck in der Mittelsektion bei Annahme eines fast horizontalen Verlaufs über das Niveau der Bordkante hinaus. Dieser vermeintliche Widerspruch erklärt sich mit dem Miniaturschiff dadurch, dass dort die Oberkante der seitlichen Auslegerverblendung mit der Scherlinie fluchtet. Die für das Deck ebenso wie für einen Seitenüberhang unverzichtbaren Querbalken beanspruchen hier wie dort ohnehin ein gewisses Maß, genaugenommen eine sich auf die Auslegerlänge erstreckende Aussparung in den Schiffsseiten, die, um die Breite des Seitenüberhangs nach außenbords versetzt, verblendet worden war. Die Enden

Abb. 14   der Auslegerbalken blieben hinter der Blende verborgen. Zweck einer solchen baulichen Maßnahme kann nur gewesen sein, dass die Bauhöhe des Schiffes aus ruderphysikalischen Gründen reduziert werden musste, um so das nutzungsorientierte Konzept einer Mannschaftsunterbringung verwirklichen zu können, dem offensichtlich an Platzgewinn zwischen der zweireihig angeordneten Ruderbesatzung gelegen war.

Riemenantrieb

Abb. 15   Verlängert man die für das Deck unumgänglichen Querbalken in der Antriebssektion nach außenbords, so dass sie auf der hier niedrigeren Bordkante aufliegen, entsteht ein Seitenüberhang. Diese Konstruktion gestattet es prinzipiell, mit den so nach außen verschiebbaren Riemendollen auch die Ruderbesatzung nahe bei den Bordwänden sitzend unterzubringen. Nur so kann sich bei einem 3,6 m breiten Rumpf eine betrieblich sinnvolle Decksfläche zwischen den beiden Ruderreihen ergeben. Die Anordnung der Auslegerbalken in der Höhe leitet sich in Wrack 3 unmittelbar aus dem Befund ab; das Maß des Seitenüberhangs lässt sich dagegen nur mittelbar und mit Rücksicht auf die ruderphysikalischen Voraussetzungen herleiten: Bei einem anzunehmenden Freibord mittschiffs von ca. 60 cm und einer Duchtlagerung in Höhe der hier tiefergelegten Schiffsseiten genügen 60 cm Auslegertiefe, um zwischen den Auslegerbalken Riemen zu führen, die an Dollen gelagert werden. Letztere benötigen zwangsläufig einen die Auslegerbalken überbrückenden Längsträger, der in angemessenem Abstand von der Seitenverblendung abgesetzt wird, so dass zwischen diesem und der Blendenunterkante Raum bleibt für den oszillierenden Bewegungsablauf der Riemenschäfte.

Zur Unterbringung der 14-köpfigen Mannschaft bleibt ein etwa 7,2 m langer Streifen entlang der Bordwände ungedeckt. Da hier die Ruderbänke, verteilt in die Joche der Auslegerbalken, unterzubringen sind, und das nun seitlich beschnittene Deck irgenwie eingefasst gewesen sein wird, bietet sich eine kombinierte technische Lösung an, die mit dem Befund aus Wrack 3 korrespondiert, sei es auch in der Weise, dass sie im Hinblick auf den angetroffenen Erhaltungszustand gar keine Spuren hinterlassen haben kann: Auf die oberste, fast mit jedem der Spanten vernagelte und deshalb besonders belastete Wegerplanke lassen sich Querbalken auflegen, die im Schiffsinneren auf einem an den Stützen befestigten Längsgurt ruhen, der seinerseits zur Statik der Decksunterkonstuktion beiträgt. Jene unterhalb der Mannschaftsräume eingezogenen Querriegel können als Fußstütze dienen, bilden jedoch vor allem den Unterbau für eine längsverlaufende Rahmenkonstruktion, die die Decksflanken unterstützt, die hier als Auslegerträger verlängerten Decksbalken aussteift und nicht zuletzt das Fundament für die mit den Deckskanten fluchtenden Ruderbänke darstellt.

Abb. 16

Für die Riemen kann auf das von Darstellungen her bekannte Modell mit trapezoidem, spitz endenden Blatt zurückgegriffen werden. Ihre Länge ist mit 3 bis 3,2 m anzusetzen.

Besegelung

Das Deck spart lotrecht über der Mastspur ein runde Öffnung aus, die man sich aus Festigkeitsgründen mit einer Verstärkung (Fischung) versehen vorstellen kann. Ein dort gesteckter Mast lässt sich zwar notfalls legen; das Rigg wird aber üblicherweise gestanden, und die Besegelung zumindest zur Fahrtunterstützung beigetragen haben. Während das sich für Typ B aus der Rekonstruktion ergebende Längen-Breiten-Verhältnis von knapp 5 zu 1 zusammen mit der Rumpfform Segelbetrieb durchaus begünstigte, ist der Riemenantrieb eher schwach ausgelegt und in keiner Weise mit den Mannschaftsbooten vom Typ A zu vergleichen. Insofern kommt für Typ B eher die Rekonstruktion einer vollwertigen Besegelung in Betracht, die auch den vorauszusetzenden lokalen metrologischen, geographischen und hydrologischen Bedingungen des antiken Rheins Rechnung trägt. So liegt es nahe, die auch für die Hilfsbesegelung von Typ A in Anspruch genommene Version des reffbaren römischen Rahsegels zu wählen, dessen Tuchfläche hier allerdings im Hinblick auf Formgebung und Proportionen des Schiffskörpers sowie die abschätzbaren Gewichtsverhältnisse und -verteilungen mit rund 60 bis 70 m² ungleich größer ausfallen kann. Das gewährleistet eine moderate Masthöhe über Deck von rund 9 m mit einer auf gut 8 m geheißten Rah, deren Länge die gedoppelte Schiffsbreite nicht wesentlich überschreitet. Weil angesichts der exponiert untergebrachten Mannschaft mit einem eher hoch liegenden Gewichtsschwerpunkt gerechnet werden muss, erforderten die veranschlagten Maße der Takelage gewisse Sicherheitsspielräume, bewältigt doch ein Binnenfahrzeug jener Größe und Segelausstattung rechnerisch 10 bis 20% mehr Tuchfläche.

Ruderanlage

Ausklinkungen in den Vorderseiten des Seitenspantpaares A26 im Heck von Wrack 3 sowie der damit in seiner Ausrichtung korrespondierende, an Steuerbord erhaltene Durchbruch in der Schale gehen zweifelsfrei auf einen hier ursprünglich eingebauten Querbalken zurück, der seitlich vor die Bordwände kragte. Rund 80 cm oberhalb des Schiffsbodens ansetzend, bietet die nachgewiesene Balkenpforte Platz für einen hochkantig eingepassten Träger mit Querschnittsmaßen von etwa 12 mal 9 cm.

Abb. 17
Abb. 18
Abb. 19

Abb. 20	Der Befund wiederholt sich in den Mainzer Wracks 1, 2 und 4. Das technische Konzept
Abb. 21	wird am besten durch die in Schiff 2 angetroffenen Überreste verdeutlicht: Ein durch die
Abb. 22	Plankenschale nach außenbords geführter horizontaler Balken wird an seiner Rückseite
Abb. 23	von einem eingezapften, mit der Bordwand vernagelten Holz versteift, das eine markante
	geschwungene Form aufweist und in voller Länge bündig am Schiffskörper anliegt. Das
	überstehende Balkenfragment verfügt über ein zweites Zapfloch für eine weitere heck-
	wärts geführte Stütze. Um mit ihrem rückwärtigen Ende am Rumpf montiert werden zu
	können, sind für dieses verlorene Element eine gekrümmte Gestalt sowie eine in spitzem
Abb. 24	Winkel zur Zapfenachse stehende Seitenfläche beim achteren Ende vorauszusetzen. Ein-
	zeln bei Wrack 3 gefundene gekrümmte Hölzer mit je einem Zapfen sowie einer Nagel-
	verbindung korrespondieren nicht nur formal, sondern auch technologisch mit der an den
	Vertretern vom Typ A bruchstückhaft überlieferten Situation, sodass für Schiff 3 eine
	gleichwertige Lösung anzunehmen ist.

Dass der seitlich über die Bordwände hinausragende Querbalken im Heck des Fahrzeugs allein als Element einer Steuervorrichtung in Frage kommt, versteht sich von selbst. Originalfunde mediterraner Handelsschiffe sowie einschlägige Darstellungen überliefern für die Schiffssteuerung zwar eine andere Konstruktion in Gestalt verblendeter Ausleger, doch können auch diese nicht ganz ohne Querbalken und andere statische Bauglieder ausgekommen sein. Demnach ist davon auszugehen, dass die in den Mainzer Wracks nachgewiesene Bauart des Steuerapparates die Minimalausstattung darstellt. Wie die hier angeschlagenen Seitenruder dreh- und gegebenenfalls auch längsschiffs neigbar gelagert worden sind, lässt sich einstweilen nicht eindeutig belegen.

Funktionale Interpretation

Von den typologisch-formalen Unterschieden abgesehen, teilt Schiff 3 etliche Gemeinsamkeiten mit den Fahrzeugen vom Typ Mainz A. Die gallorömische Bauart sämtlicher Mainzer Schiffsfunde reiht sich in einen Traditionszweig rundgebauter antiker Plankenschiffe ein, der auch von zivil interpretierten, ausschließlich besegelten seegängigen Frachtern (Brügge; Guernsey; London-Blackfri... repräsentiert wird. Für das in Form und Abmessungen abweichende Wrack 3 scheint das auch in konzeptioneller Hinsicht zu gelten; lassen doch dessen Proportionen und die erschlossene Ausstattung eine Verwendung erkennen, die weniger eine hohe Geschwindigkeit unter Riemen erforderte, sondern ein gewisses Maß an Tragfähigkeit. Jedoch schließen die insbesondere im scharf geschnittenen Achterschiff, aber auch durch erschließbare Einbauten in der Mittelsektion eingeschränkten Raumverhältnisse sowie das sich aus der Schiffsform und -größe abzuleitende geringe Auftriebsvolumen einen wirtschaftlich vertretbaren Gütertransport aus. Demgegenüber weisen Baumerkmale des Fahrzeugs nicht nur auf dessen kombinierten Riemen- und Segelantrieb hin, sondern mehrere Anhaltspunkte bezeichnen ein Baumuster, dem man ohne Abstriche am zeitgenössischen Schiffsmodell von Rethel wiederbegegnet. Diese Miniatur vervollständigt das Erscheinungsbild einer mit typischen Merkmalen antiker Kriegsschiffe, wie dem scharf geschnittenem Rumpf, den Riemenauslegern und dem Heckaufbau ausgestatteten Einheit.

Abb. 25   Legen bereits die in unmittelbarer Nachbarschaft gefundenen Wracks vom Typ A die Vermutung nahe, dass auch Schiff 3 militärischen Aufgaben gedient hatte, zielen konstruktive Gemeinsamkeiten in dieselbe Richtung: Die technische Bewältigung der Steuervorrichtung (1.), Spuren einer auf römische Maßsystemen basierenden Bauplanung (2.), eingeschränktes Platzangebot (3.), Proportionen und Schärfe (4.) und nicht zuletzt die mit römischen

Frachtschiffen nicht zu vergleichende leichte, im Schiffsinnern jedoch komplexe Bauart (5.) ordnen sich in der Summe nicht der Vorstellung von einem kommerziellen Zwecken dienenden Fahrzeug unter. Vielmehr drückt sich gerade durch spezifische Verfahrenstechniken, allen voran das Einmessen und Markieren der Spanten sowie die Verwendung schablonenartiger Bauhilfen (Hilfsspantbauweise), eine ordnende Hand aus, die Organisation voraussetzt und sich vor dem zeitgeschichtlichen Hintergrund am besten in die Möglichkeiten der spätrömischen Truppe fügt, deren amphibische und schiffsbauliche Aktivitäten in Mainz auch in anderen archäologischen und epigraphischen Quellen durchschimmern. Das gilt umso mehr, behält man die sich an Wrack 3 teilweise noch mittelbar erschließenden Merkmale der Rethel-Miniatur im Auge, die deren Kriegsschiffscharakter bezeichnen.

Zumal, da sich auch für Typ A die militärische Wertigkeit besonders durch schiffsbetriebliche Eigenarten, hier ein Maximum an Leistungsaufwand bei Minimierung von Volumen und Masse, ankündigt, wiederlegt die gemäßigtere Bewältigung von Schiffsform, Ausstattung und betrieblichem Aufwand keineswegs eine militärische Verwendung von Typ B. Dessen weniger dem Geschwindigkeitsaspekt und eher der Lastkapazität verpflichtetes Baukonzept reiht sich insofern in die von der historischen Überlieferung entworfenen Szenarien römischer Flottentaktik und Frontüberwachung auf Binnengewässern ein, als hier nicht nur vom militärischen Einsatz leichterer und schwererer Einheiten die Rede ist; dass ihre bloße Anwesenheit Grenzverletzungen verhindern konnte, beschreibt die abschreckende Wirkung solcher Einheiten, die man sich vor dem Hintergrund zeitgenössischer Waffentechnik in der Ausführung eines Typ B als Artillerieträger vorstellen kann. Letzteres liegt für ein gedecktes, jedoch reinen Transportaufgaben nicht zweckdienliches Schiff am nächsten.

Text: Ronald Bockius

Literatur:
B. Pferdehirt, Das Museum für antike Schiffahrt. Ein Forschungsbereich des Römisch-Germanischen Zentralmuseums I (Mainz 1995) 17. – R. Bockius, A Late Roman Rivercruiser from Mainz? On the Reconstruction of Mainz Wreck No. 3. In: J. Litwin (Hrsg.), Down the River to the Sea. Proceedings of the 8th International Symposium on Boat and Ship Archaeology, Gdansk 1997 (Gdansk 2000) 201-206.

SCHIFFSMODELLE

Fig. 1   GUERNSEY MODEL 1

Model of the reconstructed Gallo-Roman ship from Guernsey. The model was made for illustrative purposes only and incorporates a fair amount of artistic license. On display in the Maritime Museum, Castle Cornet, Guernsey.

Text: Alan Howell

Fig. 1   Model Guernsey 1.

GUERNSEY MODEL 2

Scale model of the recovered timbers. Dark-coloured timbers were found in their original position. Light-coloured timbers were displaced and have been re-installed. Model made in Guernsey by John Le Mensurier, scale 1:20.
On display in the Maritime Museum, Castle Cornet, Guernsey.

Text: Alan Howell

Fig. 1   Model Guernsey 2.

MODELL VON SCHIFF MAINZ 6

Abb. 1   Bei dem auf 11,5 m Länge und einer erhaltenen Breite von 2,8 m dokumentierten Wrack handelt es sich um das Fragment eines Schiffsendes. Dafür spricht, dass sich der Rumpf innerhalb der freigelegten Sektion verschmälerte, die Seite zur Schiffsmittelachse hin gekrümmt verläuft, zwei von drei Bodenplanken sich einseitig verjüngen, und die Bordkante zum schlankeren Rumpfende hin messbar ansteigt. Außerdem hat sich der Ansatz einer
Abb. 2   aufkimmenden, noch ungefähr 3,6 m langen Kaffe erhalten. Obwohl die Beplankung mit rund 4 cm Stärke vergleichsweise schwach und die Bauhöhe mit 95 cm eher flach ausgelegt worden ist, lässt sich bereits durch Augenmaß beurteilen, dass der Mainzer Prahm zu den größten seiner Art zu zählen ist.

Hauptabmessungen

Abb. 3   Die ursprüngliche Breite des Schiffskörpers leitet sich bei Berücksichtigung des Plankensystems aus den verfügbaren Dimensionen ab. Nach dem asymmetrischen Zuschnitt der beiden dem Kimmholz benachbarten, rund 80 cm breiten Planken, an die noch ein schmalerer, parallelseitig besäumter Gang anschließt, ist abzusehen, dass letzterer die Mittelplanke darstellte, der Schiffsboden somit spiegelsymmetrisch gegliedert war. Dafür spricht nicht zuletzt, dass allein die beiden auf das Kimmholz folgenden Gänge sich zum Schiffsende hin verschmälern und einen gekrümmten Nahtverlauf markieren, wodurch die Verjüngung des Schiffsrumpfs bewirkt worden ist; demgegenüber leitete die zentrale Bodenplanke ohne deutliche Reduzierung in der Breite kontinuierlich in die Kaffe über. Gespiegelt an der Mittelachse der Zentralplanke, war der Rumpf in der geborgenen Sektion knapp 5 m breit; mit Rücksicht auf seine Seitenkontur ergibt sich für die verlorene Hauptsektion eine maximale Breite über alles von rund 5,2 m. Gemessen an den für antike Prähme bekannten Längen-Breiten-Verhältnissen von zumeist 6,9 bis 7,1 (Tab. 1), war das Mainzer

Bevaix	1:6,9	(kraweele Bordwände)
Zwammerdam, Schiff Nr. 2	1:7,1	(überlappende Beplankung)
Zwammerdam, Schiff Nr. 4	1:(≤)6,9	(überlappende Beplankung)
Zwammerdam, Schiff Nr. 6	1:5,7	(überlappende Beplankung)

Tab. 1 Verhältniswerte (Länge zu Breite) vermessbarer antiker Prähme.

Fahrzeug demnach deutlich länger als 35 m. Dieses Ergebnis lässt sich einerseits durch Beobachtungen zur Verteilung der Korben, andererseits durch Vergleiche mit Proportionen und Abmessungen annähernd komplett erhaltener Rümpfe noch genauer fassen. So geht aus der Anordnung der Korbenpaare des Mainzer Wracks hervor, dass dem Baukonzept des Fahrzeugs ein römisches Maßsystem zugrunde lag. Der gemittelte Abstand zwischen den Spanten beträgt 66 bis 68 cm, eine Strecke, die offensichtlich das Äquivalent von zwei Drusianischen Fuß (*pedes Drusiani*) à 33,5 cm mit geringfügigen Toleranzen darstellt. Da es sich hierbei um die beim Bau des Schiffs verwendete Maßeinheit handelt, wird die Gesamtlänge dieses Prahms, ebenso wie bei anderen, auf der Grundlage des *pes monetalis* (ca.

Modell von Schiff Mainz 6

Abb. 1 Feldaufnahme von Prahm 1.

Abb. 2 Mainz 6. Rekonstruierter Plan mit Einfügung der dokumentierten Schiffssektion.

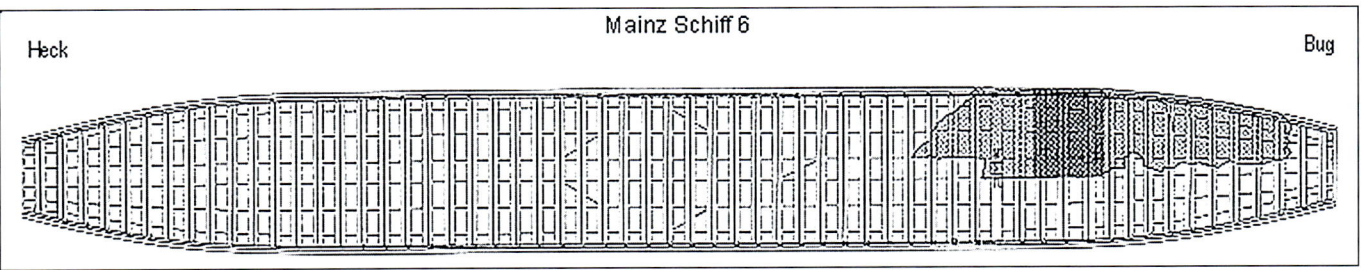

Abb. 4 Mainz 6. Linienplan nach R. Bockius.

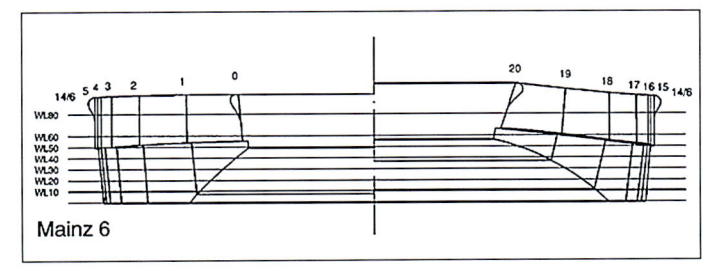

Abb. 3 Mainz 6. Präsentation im Museum für Antike Schifffahrt.

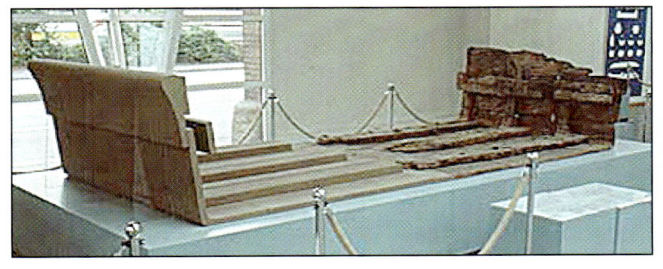

Abb. 5   Modell von Mainz 6. Seitenansicht.

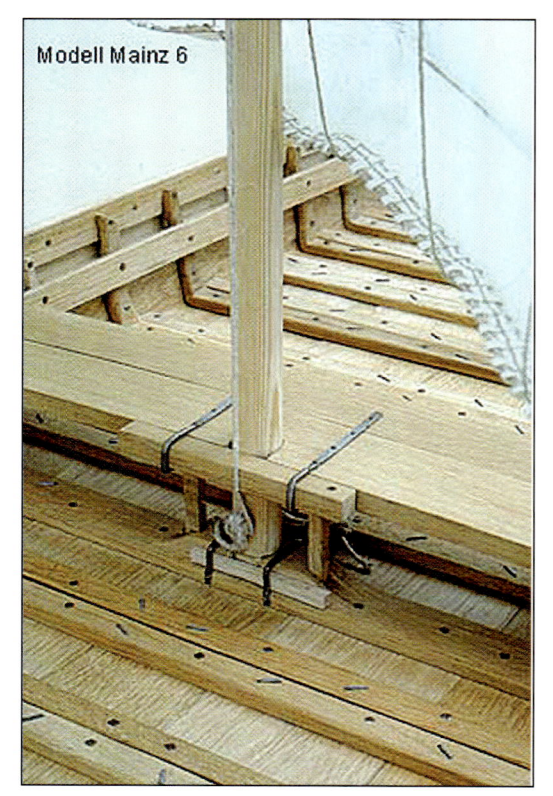

Abb. 6   Modell von Mainz 6. Ausschnitt mit rekonstruierter Ducht und Mastspant.

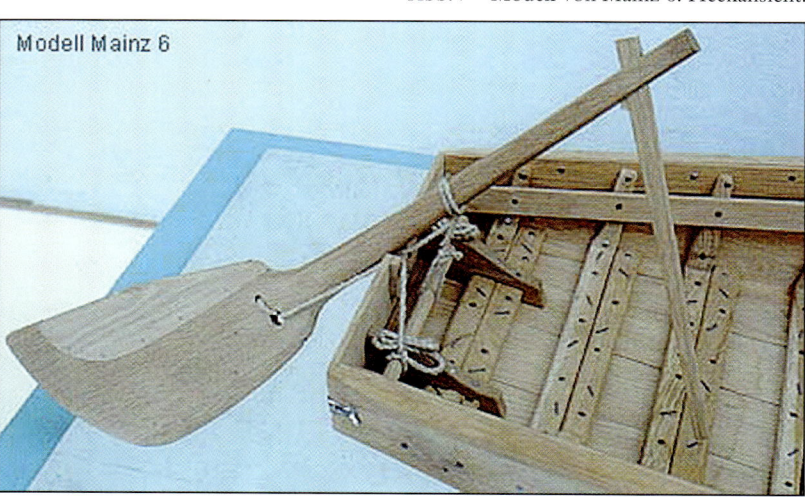

Abb. 7   Modell von Mainz 6. Heckansicht.

Modell von Schiff Mainz 6

Abb. 8   Modell von Mainz 6. Ansicht der Takelage.

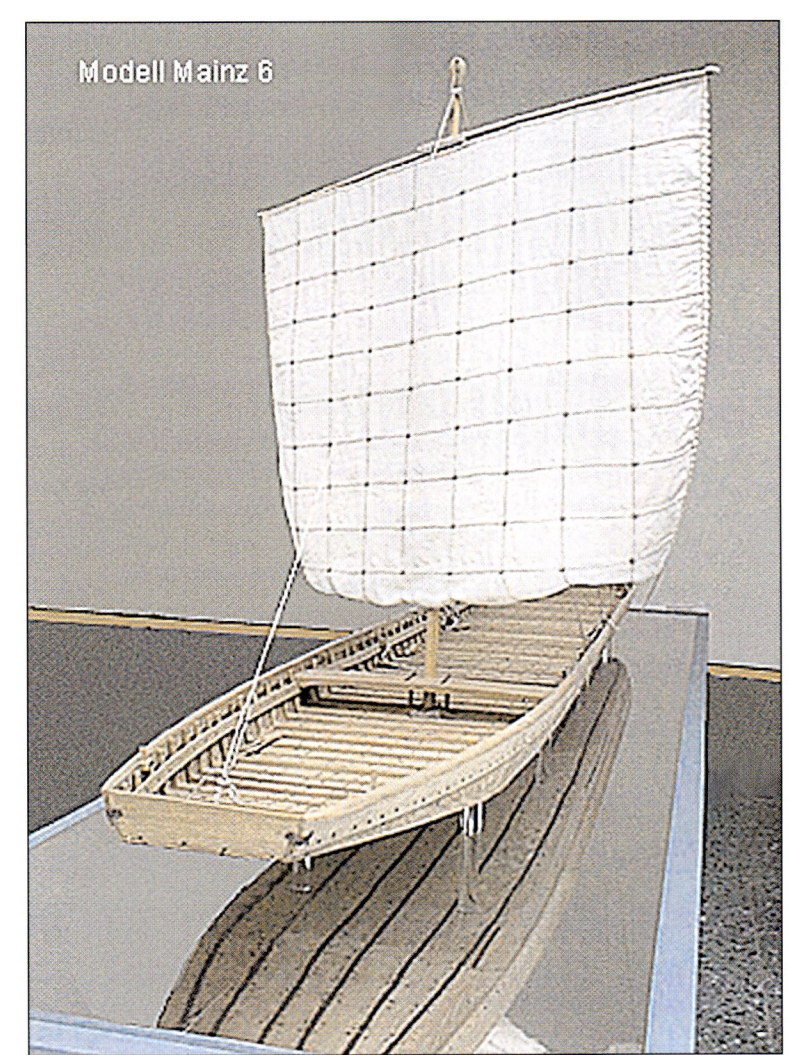

Abb. 9   Modell von Mainz 6. Detail der Takelage.

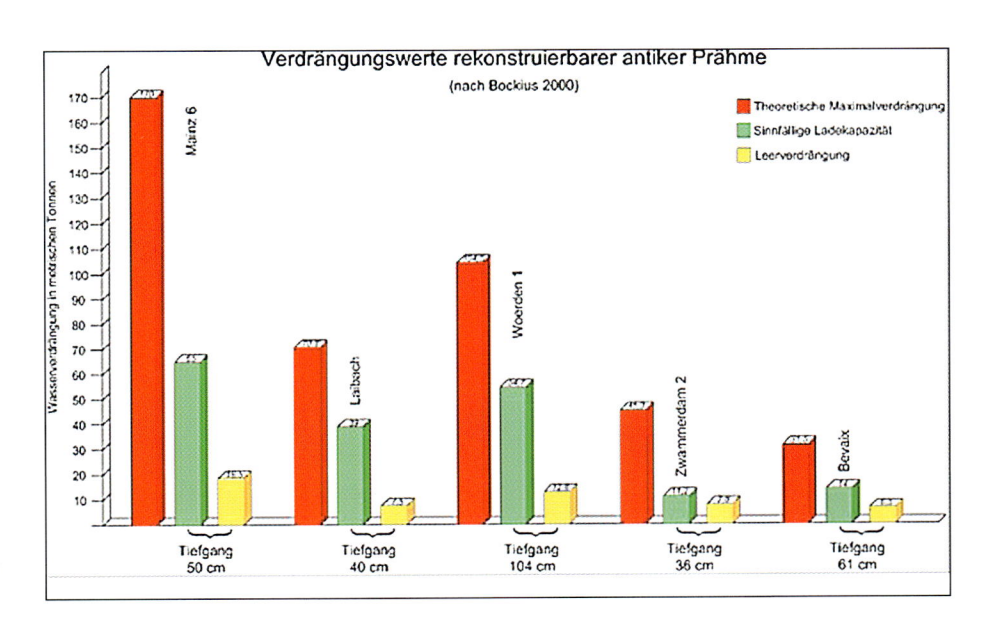

Abb. 10   Verdrängungswerte antiker Prähme in Relation zu Tiefgängen.

29,6 cm) gebauten Plattbodenschiffen (Tab. 2), das Produkt aus dem verwendeten Grundmaß gewesen sein. Wählt man hier die im römischen Duodezimalsystem »runde« Zahl von 120 Fuß (= 1 *actus*), ergeben sich 120 × 0,335 m = 40,2 m Gesamtlänge, die mit der aus dem üblichen Längen-Breiten-Verhältnis grob ableitbaren Dimension noch korrespondieren. Dass die so begründbare Gesamtlänge den antiken Abmessungen am nächsten kommt, lässt sich durch einen weiteren Befund stützen:

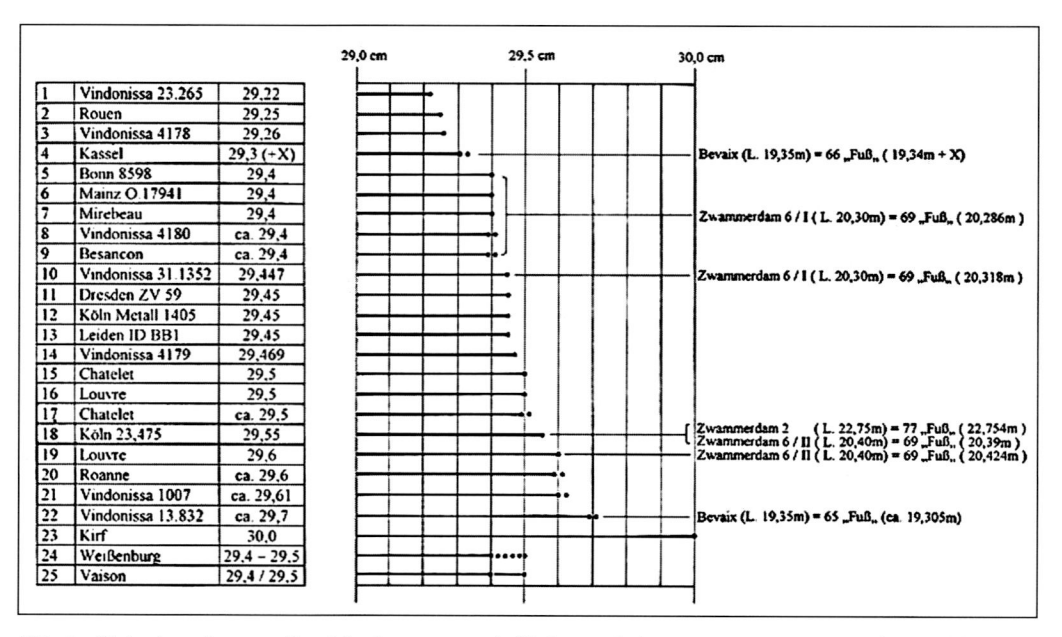

#	Fundort	Wert
1	Vindonissa 23.265	29,22
2	Rouen	29,25
3	Vindonissa 4178	29,26
4	Kassel	29,3 (+X)
5	Bonn 8598	29,4
6	Mainz O.17941	29,4
7	Mirebeau	29,4
8	Vindonissa 4180	ca. 29,4
9	Besancon	ca. 29,4
10	Vindonissa 31.1352	29,447
11	Dresden ZV 59	29,45
12	Köln Metall 1405	29,45
13	Leiden ID BB1	29,45
14	Vindonissa 4179	29,469
15	Chatelet	29,5
16	Louvre	29,5
17	Chatelet	ca. 29,5
18	Köln 23,475	29,55
19	Louvre	29,6
20	Roanne	ca. 29,6
21	Vindonissa 1007	ca. 29,61
22	Vindonissa 13.832	ca. 29,7
23	Kirf	30,0
24	Weißenburg	29,4 – 29,5
25	Vaison	29,4 / 29,5

Zuordnungen:
- Bevaix (L. 19,35m) = 66 „Fuß„ (19,34m + X)
- Zwammerdam 6 / I (L. 20,30m) = 69 „Fuß„ (20,286m)
- Zwammerdam 6 / I (L. 20,30m) = 69 „Fuß„ (20,318m)
- Zwammerdam 2 (L. 22,75m) = 77 „Fuß„ (22,754m)
- Zwammerdam 6 / II (L. 20,40m) = 69 „Fuß„ (20,39m)
- Zwammerdam 6 / II (L. 20,40m) = 69 „Fuß„ (20,424m)
- Bevaix (L. 19,35m) = 65 „Fuß„ (ca. 19,305m)

Tab. 2 Eichschwankung antiker Messinstrumente, kalibriert nach dem *pes Romanus* (*monetalis*), und die mutmaßliche Vervielfachung der Grundeinheit als Gesamtlänge römischer Prähme.

Mastspant

Die im Wrack angetroffene Sequenz der Korben weist ab 4,6 m vom unteren Kaffenansatz entfernt eine größere, genau 6 Drusianische Fuß lange Lücke auf. Hätte man dort zwar auch zwei Korbenpaare unterbringen können, weist die Anordnung von Eisennagelresten im Schiffsboden aber darauf hin, dass hier ursprünglich ein voluminöses Spant mittig montiert war. Gemäß der Entfernung zur Kaffe wird es sich dabei um das Mastspant und bei dem Wrack um die Überreste eines Vorschiffs gehandelt haben.

Proportionen und Linien

Verlängert man den beschädigten Schiffskörper unter Berücksichtigung des Winkels des Kaffenbodens sowie der Kurvatur der Bordkante soweit bugwärts, bis die Kimmholzoberkante in die dort 65 cm Höhe erreichende Rampe mündet, so liegt das vordere Ende des Prahms annähernd genau fest. Für die Strecke Bug-Mastspant resultieren hieraus knapp 10,5 m bzw. 31 Fuß. Dieses Maß in Relation zur angenommenen Gesamtlänge des Fahrzeugs gesetzt, ergibt sich ein Streckenanteil von rund 26 %. Das entspricht ungefähr der relativen Mastposition des mit mindestens 35,5 m bislang längsten bekannten Prahms Zwammerdam 4.

Die Rekonstruktion der achterlich vom hergeleiteten Mastspant anschließenden Rumpfabschnitte orientiert sich an den vom Befund vorgegebenen äußeren Linien, den Bauteilabmessungen und dem Rhythmus der Spantverteilung. Nach dem Vorbild der Prähme 2 und 6 von Zwammerdam wurde die Heckkaffe so dimensioniert, dass ihre Längsausdehnung etwa der Hälfte der Bugkaffe entspricht.

Abb. 4

Abb. 5

Besegelung und Steuerung

Als Vorlage zur Ergänzung des verlorenen Mastspants diente die im Prahm von Xanten-Wardt bezeugte Variante mit seitlich von der Mastspur angeordneten Einlassungen für Stützen zur Unterfangung der Mastducht. Diese wiederum entspricht dem Original von Zwammerdam 4. Ein in Zwammerdam gefundenes Heckruder sowie ein in Zwammerdam, Prahm 6, in situ angetroffener hölzerner Beschlag ergeben, hinsichtlich der Leinenführung ergänzt um Beobachtungen an einem römischen Schiffsrelief, eine trimmbare Steuervorrichtung.

Abb. 6

Abb. 7

Die Rekonstruktion der Takelage orientiert sich am Typ des reffbaren römischen Rahsegels, dessen hier knapp 100 m² große Segelfläche, auf der Grundlage empirischer Regeln (Rahlänge ≈ doppelte Schiffsbreite) unter Einbeziehung von Schiffsgewicht, Tragfähigkeit und Sicherheitsaspekten kalkuliert, den Ansprüchen an eine Treibbesegelung vollauf genügt. Der mittels Mastspant und -ducht sowie einer Verstagung steif verankerte Mast bietet zusammen mit den Rahfallen die Möglichkeit zum Riggen einer Treideltrosse und somit einer alternativ wählbaren Antriebsweise.

Abb. 8-9

Abb. 10

Text: Ronald Bockius

Literatur:
R. Bockius, Antike Schwergutfrachter – Zeugnisse römischen Schiffbaus und Gütertransports. In: Steinbruch und Bergwerk. Denkmäler Römischer Technikgeschichte zwischen Eifel und Rhein. Vulkanpark-Forsch. 2 (Mainz 2000) 127 ff. – R. Bockius, Antike Prähme. Monumentale Zeugnisse keltisch-römischer Binnenschiffahrt aus dem 2. Jh. v. Chr. bis ins 3. Jh. n. Chr. Jahrb. RGZM 47, 2000, Teil 2 (im Druck).

MODELL VON SCHIFF OBERSTIMM 2

Abb. 1-2

Voraussetzungen

Abb. 3   Während und nach der Freilegung des Wracks wurden das gesamte Objekt sowie Detailbefunde durch annähernd 1000 Fotoeinstellungen (Diafilme in Klein- und Mittelformat) dokumentiert. Die zeichnerische Aufnahme erfolgte nach dem Quadrantenverfahren unter Verwendung eines Feldpantographen im Maßstab 1:10. Über den kolorierten Feldplan hinaus wurden etliche Rumpfquerschnitte angefertigt. Als Achslinien dienten v.a. die Achterkanten jedes Spants. Das Wrack lässt sich trotz seiner Verkippung um bis zu 20 Grad nach Steuerbord im Feldplan (Draufsicht) längsschiffs vermessen (z.B. die Spantabstände). So geht aus den etwa 30 bis 60 cm auseinanderliegenden Querschnitten die Kontur des Schiffsbodens und der Bordwände hervor. Die Silhouette des Kiels (Aufkimmung längsschiffs) ergibt sich aus den Höhennivellements. 1998 wurde im Museum für Antike Schiffahrt die photogrammetrische Vermessung von außen vorgenommen, die das Beplankungssystem als Abwicklung darstellt.

Orientierung

Abb. 4   Die konstruktiv bestimmte Fahrtrichtung des Bootes leitet sich aus der Position einer Mastspur im Kielschwein ab. Aufgrund der mit ca. 10,5 m und 5 m ungleich großen Distanzen zu den jeweiligen Schiffsenden muss es sich bei dem nächstgelegenen Ende um den Bug handeln, weil Einzelmasten aus segelphysikalischen Gründen stets vorlich der Schiffsmitte anzuordnen sind. Demnach handelt es sich bei der umfangreicher erhaltenen Rumpfpartie um die Steuerbordseite.

Abmessungen des Wracks

Über die beschädigten Schiffsenden gemessen, ist das Wrack noch 14,4 m lang. Der vorne verrottete Kiel endet bei 13,2 m. Die mittschiffs 2,3 m betragende größte Breite schließt Verformungen sowie durch die seitliche Verkippung verursachte Unschärfen mit ein. Die reale Breite und Höhe der erhaltenen Rumpfschale lassen sich erst nach der Schwenkung in die Schwimmlage sowie durch Anformung von aus dem Verband gerissenen Partien näher bestimmen.

Methodik der Ergänzung und Wiederherstellung

Abb. 9
Abb. 10
Abb. 11   Die Grundlage für die Rekonstruktion von Abmessungen und der Form des Schiffskörpers bildet der archäologische Befund. Die an den Spanten genommenen Querschnitte beschreiben die Querschnittskonturen des Rumpfs. Daraus wurde ein Spantriss mit eng gestaffelten horizontalen Schnittebenen erstellt, dessen Koordinaten in anderen Projektionsebenen, in Seiten- und Wasserlinienriss wiederbegegnen. In diesen Zeichnungen wur-

Modell von Schiff Oberstimm 2

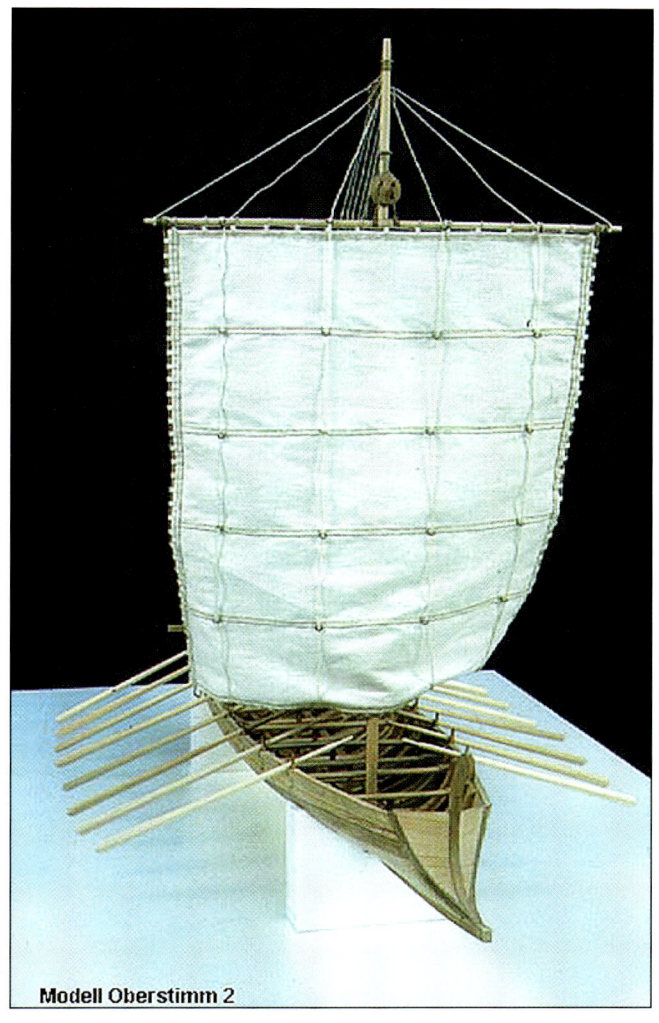

Abb. 1 Modell von Oberstimm 2. Vorderansicht.

Abb. 2 Modell von Oberstimm 2. Rückansicht.

Abb. 3 Oberstimm 2. Grundriss und Querschnitte mit Spantverlauf.

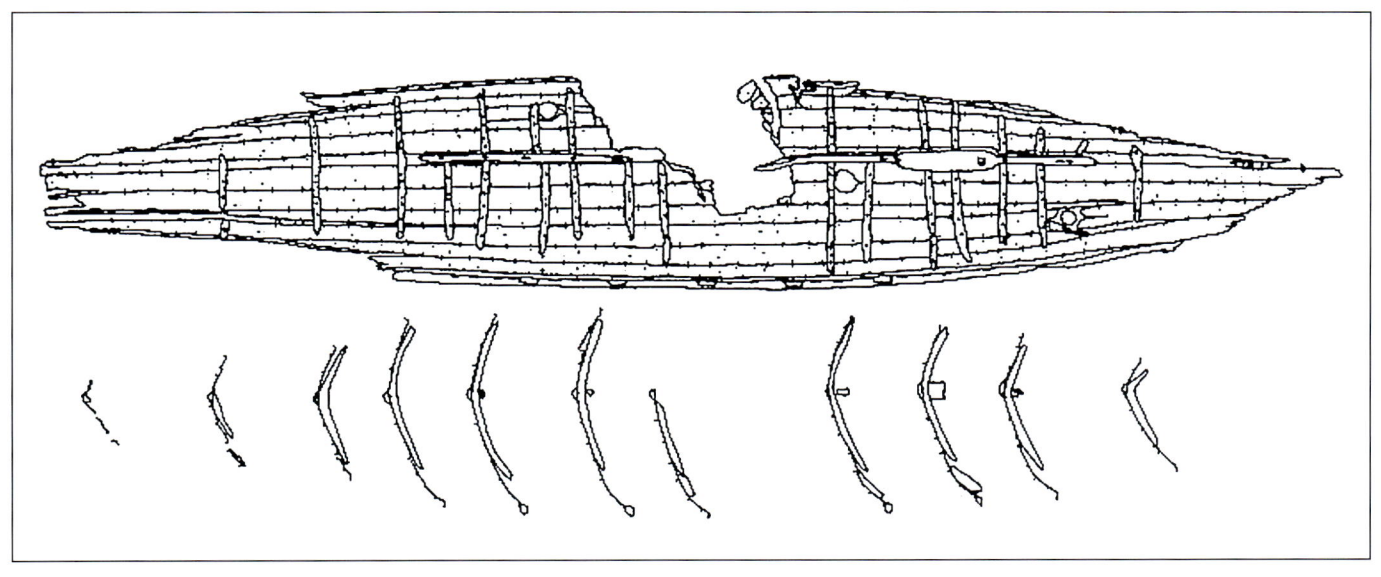

Abb. 5   Oberstimm 2. Heckbereich von N.

Abb. 6   Oberstimm 2. Heckbereich von W.

Abb. 4   Oberstimm. Fundstelle von Schiff 1 (rechts) und 2 (links) von SW.

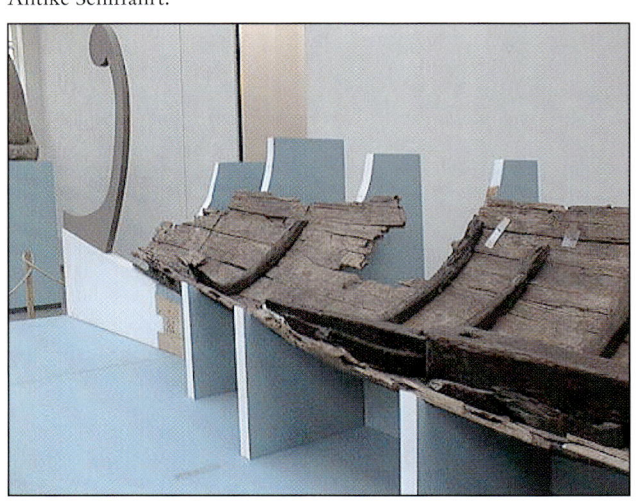

Abb. 7   Oberstimm 2. Bugbereich. Präsentation im Museum für Antike Schiffahrt.

Abb. 8   Modell von Oberstimm 2. Bugbereich.

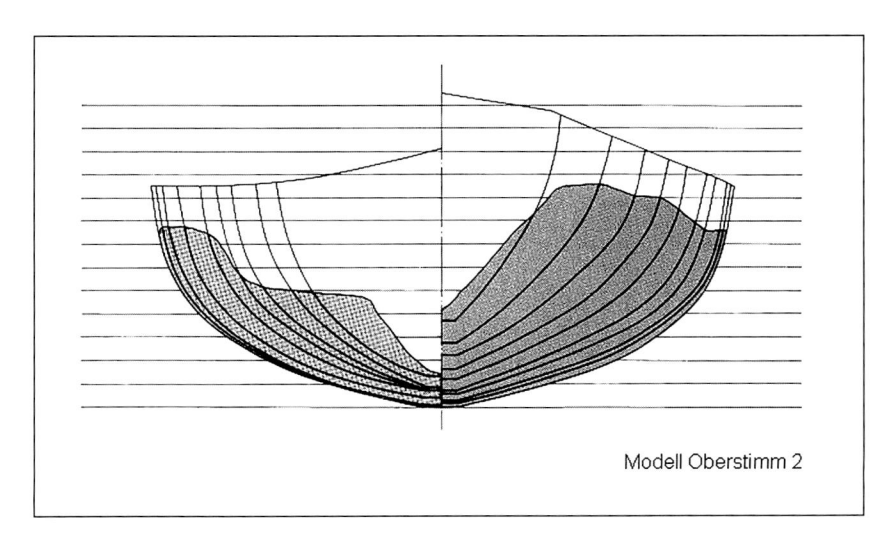

Abb. 9 Spantriss von Modell Oberstimm 2 ohne Kiel und Steuer (Raster: Erhaltungsumfang von Wrack 2 an Steuerbord.

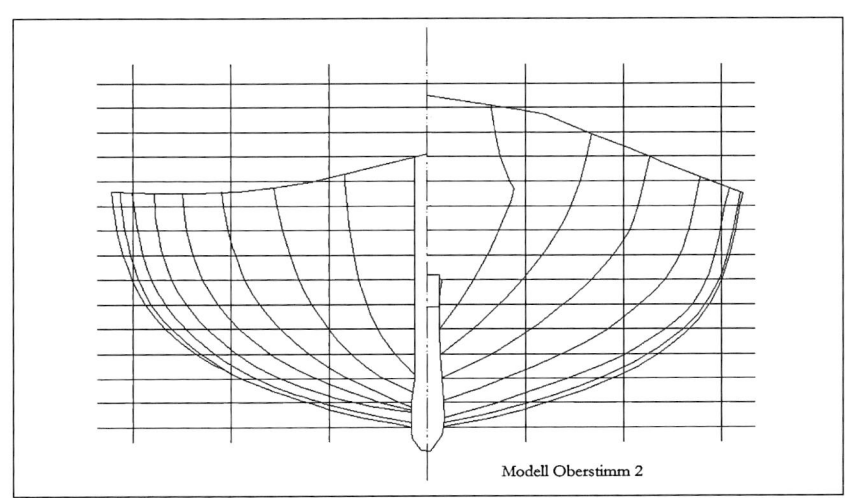

Abb. 10 Spantriss von Modell Oberstimm 2.

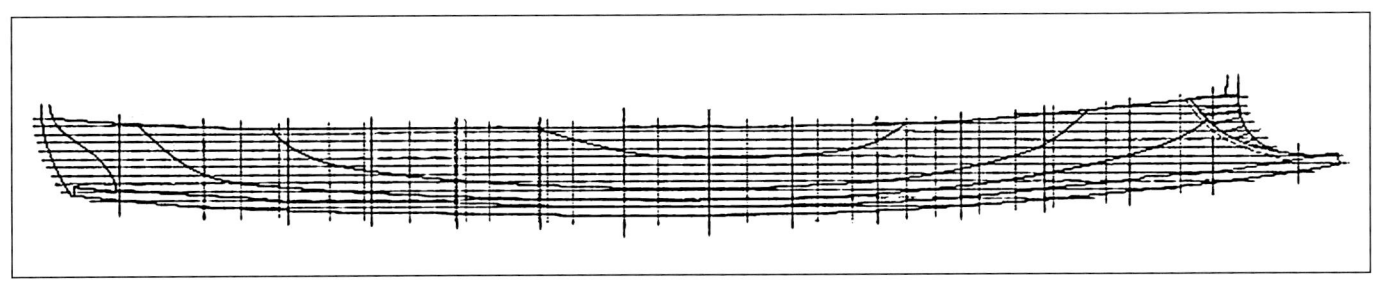

Abb. 11 Längsriss von Modell Oberstimm 2.

Abb. 12 Wasserlinienriss von Modell Oberstimm 2.

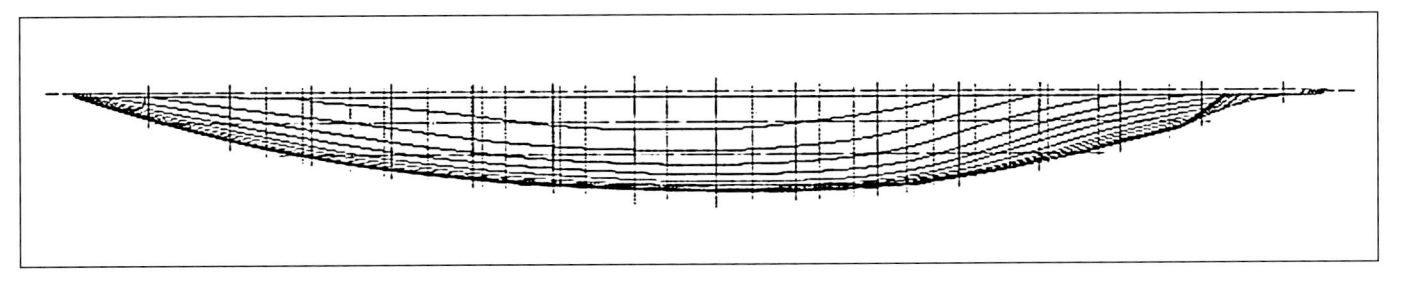

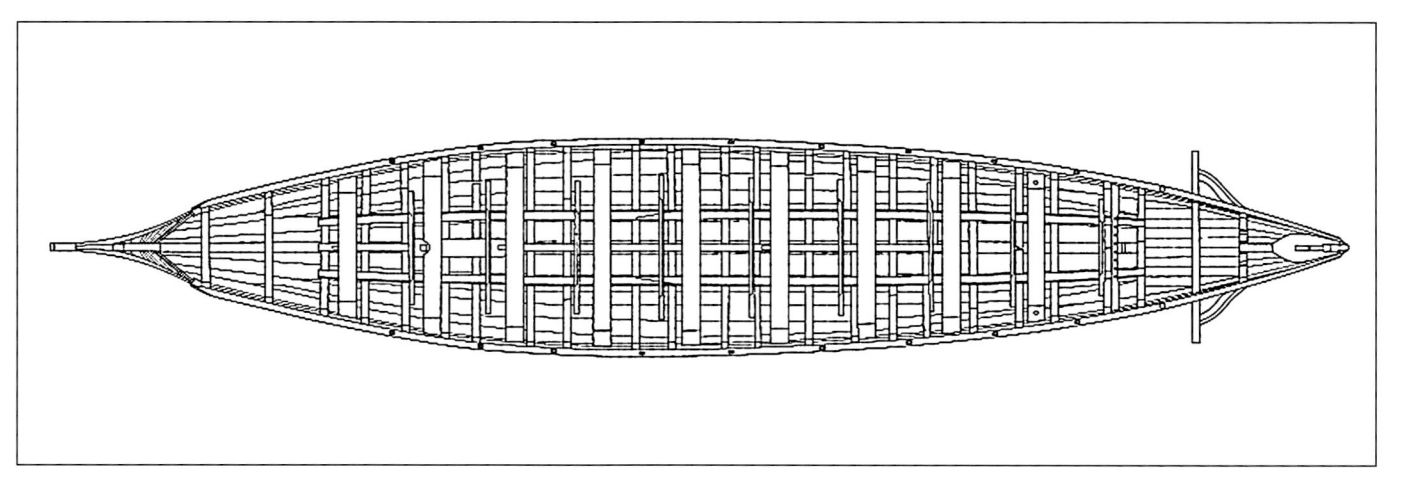

Abb. 13 Draufsicht von Modell Oberstimm 2.

Abb. 14 Heck von Modell Oberstimm 2.

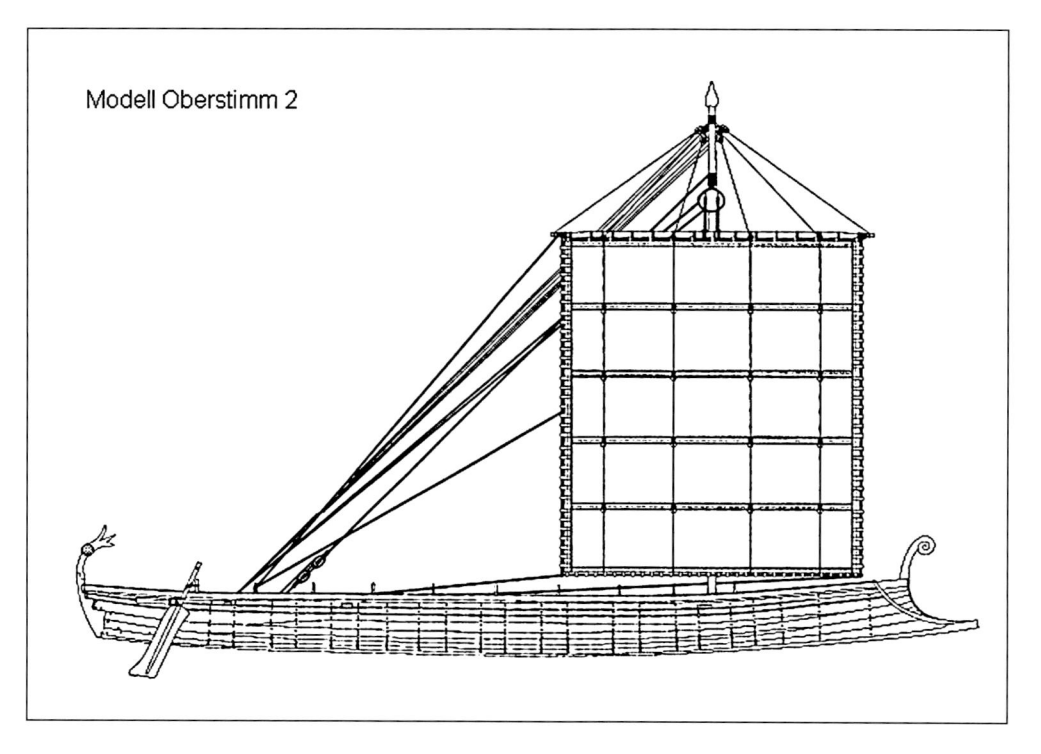

Abb. 15 Seitenansicht von Modell Oberstimm 2.

den wichtige Daten, wie der Konturverlauf des Kiels, die Unterkante des Kielschweins und die Bargholzoberkante sowie die Position der Spantebenen berücksichtigt, um so den Schiffskörper und seine Ausstattung dreidimensional beurteilen zu können.

Heck

Achtern ist der Kiel komplett erhalten. Sein Ende ragt dort ca. 40 cm höher als die Kielsohle mittschiffs (Spant 10-12). Das Kielende zeigt oben die mittelbaren Spuren eines Achterstevens, der mit zwei von unten nach oben durch den Kiel getriebenen Eisennägeln befestigt und leicht in das Kielholz eingelassen war. Ihre bis zu 21 cm daraus hervorragenden Schäfte sprechen für einen Steven mit ungewöhnlich massiver Basis. Das allein legt einen eher steil aufgerichteten als weit nach achtern ausladenden Steven nahe. Bei den untersten drei Planken an Steuerbord (Nr. 1, 2 und 4; Nr. 3, ein Totgang, endet vorlich) sind noch die achteren Enden mit gefasten Außenkanten und Bohrungen für Eisennägel zu erkennen, mit denen sie am Steven befestigt waren. Da die drei Planken im Bereich vor dem Kielende auslaufen, und weil sich aus ihrer Breite für die Oberkante von Nr. 4 eine Höhe von rund 80 cm abzeichnet, kann das Fahrzeug nur über einen annähernd senkrechten Achtersteven verfügt haben. Dasselbe bestätigt der Verlauf der Wasserlinien des Achterschiffs: Die Schärfe des Rumpfes würde sich bei Annahme eines heckwärts ausfallenden Stevens zu einer praxisfernen Lösung steigern.

Abb. 5
Abb. 6

Abb. 12

Bug

Der auch vorne aufwärts gekrümmte, an seinem erhaltenen Ende aber zersetzte Kiel ragt noch knapp 45 cm hoch. Hier belegen etliche Eisennägel und -klammern, die der zusätzlichen Befestigung der Kielgänge am Kiel dienten, die unmittelbare Nähe zum Vordersteven. Beim nächst benachbarten Spant 1 ist die Bordwand mit vier Plankengängen noch mehr als 1 Meter hoch erhalten. Bis hierhin lässt sich die Form des Schiffskörpers durch eine signifikante Anzahl Wasserlinien darstellen. Aus der hypothetischen Verlängerung dieser horizontalen Schnittlinien nach vorne ergibt sich, dass der Rumpf ursprünglich maximal 1 bis 1,2 m vor der äußersten Bruchkante des Wracks abschloss. Weil diese Strecke zu kurz ist, um einen konvex gekrümmten, den Kiel nach vorne und oben verlängernden Steven zu ergänzen, und, weil senkrechte Bugkonturen in der römischen Schiffsikonographie nicht nachzuweisen sind, stellt die Rekonstruktion einer in der Silhouette konvex-konkav gegliederten Konstruktion die einzig sinnvolle Alternative dar. Kennzeichnend für solche Bugformen ist ein vorne scharf endendes Unterwasserschiff, das in einen Sporn mündet. Oberhalb der Schwimmwasserlinie schwingen die Bordwände konkav nach hinten, und der Rumpf schließt vorne mit einer eher stumpfen, schneepflugartigen Konstruktion ab. Gemäß antiken Schiffsbildern war diese Bauweise typisch für römische Kriegsschiffe. Sie begegnet auch bei den spätantiken Flußbooten vom Typ Mainz A und deckt sich zudem mit dem militärischen Funktionscharakter der Oberstimm-Boote.

Abb. 7
Abb. 8

Abb. 12

Durch die Verlängerung des Kiels um den aus der Rumpfform hergeleiteten Betrag ergibt sich ein leicht aufwärts gekrümmter Sporn. Von dessen Spitze zurückversetzt, stehen ein sichelförmiger Mittelsteven sowie zwei oben noch etwas weiter rückwärts schwingende Seitensteven. Sie bilden den Übergang von den dort endenden Bordwänden in den weniger scharf geformten Überwasserbug.

Hauptabmessungen

Nach den für Bug und Heck hergestellten Stevenkonturen ist für das komplette Fahrzeug

Abb. 10

Abb. 11 von rund 15,4 m Gesamtlänge auszugehen. Die Rekonstruktion der ursprünglichen Min-
Abb. 12 desthöhe des Rumpfs stützt sich auf Befunde aus beiden Oberstimm-Wracks, wird dabei aber auch durch allgemeine ruderphysikalische Erkenntnisse bestätigt. An Oberstimm, Wrack 2 fehlt der oberste Plankengang (Schergang), der nur am Wrack 1 erhalten blieb. Dessen Schergang steht auf einem Bargholz, in das die Ruderduchten eingelegt worden sind; seine Breite beträgt maximal 25 cm. Dieser Abstand zwischen Sitzebene und Bordkante ist gleichermaßen von rezenten Nutzfahrzeugen mit Riemenantrieb bekannt. Demnach ist auch für Oberstimm 2 ein maximal 25 cm breiter Schergang anzunehmen. Verlängert man dessen Hauptspantkontur um diesen Betrag über die Bargholzoberkante hinaus, leitet sich dort mittschiffs eine Rumpfhöhe von 105 cm ab. Die so an Steuerbord bis zum Dollbord rekonstruierbare Hauptspantkurve lässt sich an der Schiffslängsachse nach Backbord spiegeln, woraus eine größte Rumpfbreite von 2,65 m abgelesen werden kann.

Riemenantrieb

Abb. 13 Nach den am Kielschwein sowie in der Bargholzoberkante überlieferten Spuren verfügte Boot 2 über mindestens acht fest eingebaute, in der Mitte jeweils unterfangene Ruderbänke. Für das Achterschiff ist eine weitere Ducht anzunehmen. Misst man nämlich um den Betrag des üblichen Längsabstandes (98 cm) von der hintersten erhaltenen Duchtstütze im Kielschwein nach achtern, ergibt sich bei dieser Querachse eine Schiffsbreite, die der im Bereich der vordersten bezeugten Ruderbank entspricht. Demnach kann von 18 Mann Ruderbesatzung ausgegangen werden.

Die Formgebung und Abmessungen von Dollen sowie die an Strukturen des Wracks ableitbare Breite der Ruderbänke entsprechen den Befunden in Wrack 1. Die Riemen sind der Darstellung römerzeitlicher Antriebsruder auf Schiffsbildern nachempfunden worden. Zwei im Abstand von knapp 40 cm beiderseits der Längsachse angeordnete Reihen Holznägel in den Spanten dienten zur Befestigung von Stringern oder Balkwegern, die sich zur Rekonstruktion von Fußstemmvorrichtungen anbieten und im Heckbereich das Auflegen eines Halbdecks ermöglichen.

Ruderanlage

Abb. 14 Angelehnt an Befunde in den spätantiken Flussschiffen aus Mainz durchstößt ein horizontaler Balken im Heck den Schergang. Zwei Krummhölzer versteifen den Querbalken zum Rumpf hin. Zur Lagerung der Seitenruder am Balken dienen Tauwerksbändsel (Zeisinge). Die Form der Ruderblätter geht auf antike Bildvorlagen zurück.

Besegelung

Abb. 15 Die im Kielschwein vorhandene Mastspur belegt, dass Boot 2 über eine Besegelung verfügt hatte. Dabei kommt am ehesten eine Rahbesegelung in Frage. Die rekonstruierten Abmessungen von Mast, Rah und Segel orientieren sich an der ungefähr kalkulierbaren Tragfähigkeit des Fahrzeugs. Für die Leinenführung des laufenden Gutes wurde eine durch römische Schiffsbilder belegte Variante gewählt: Die beiden Fallen werden über einen großen herzförmigen Doppelblock vom Mast zum Heck hin umgelenkt. Zwei bei den Rahnocks angeschlagene Topnanten dienen der Stabilisierung und vertikalen Trimmung der Rah. Sie laufen ebenso wie die vier über die Fläche des Segels verteilten Reff- und Bergeleinen (Gordings) über Blöcke, die unterhalb vom Masttop hängen, ins Schiff, wo sie auf einer balkenartigen Nagelbank (Fallknecht) gesammelt werden. Die Lage dieses Elements richtet sich nach einem Befund in Wrack 1, wo etwa 85 cm von der hintersten Ducht Spuren eines Querholzes bezeugt sind.

Das stehende Gut reduziert sich auf zwei Wanten. Sie sind gemäß einem Hinweis aus Oberstimm 1 über Taljen an der letzten heckwärtigen Ruderbank befestigt.

Text: Ronald Bockius

Literatur:
R. Bockius, On the reconstruction of a Roman river boat found in Oberstimm near Ingolstadt, Bavaria. In: H. Tzalas (Hrsg.), Tropis VII. 7th International Symposium on Ship Construction in Antiquity, Pylos 1999. Proceedings (im Druck) – R. Bockius, Boote und Schiffe zur Römerzeit zwischen Tiber und Rhein (Rekonstruktionsmodelle aus dem Forschungsbereich Antike Schiffahrt, RGZM Mainz, im Maßstab 1:10). In: H.-P. Kuhnen (Hrsg.), Abgetaucht, aufgetaucht. Flußfundstücke. Aus der Geschichte. Mit ihrer Geschichte. Schriftenreihe Rhein. Landesmus. Trier Nr. 21 (Trier 2001) **ff. – R. Bockius, Die Schiffe von Oberstimm (im Druck).

RÖMISCH-GERMANISCHES ZENTRALMUSEUM – FORSCHUNGSINSTITUT FÜR VOR- UND FRÜHGESCHICHTE
Ernst-Ludwig-Platz 2, D-55116 Mainz   Tel.: 06131/91240 Fax: 06131/9124199

AUSWAHL DER LIEFERBAREN VERÖFFENTLICHUNGEN

MONOGRAPHIEN

2 Chr. Rauch, Die Ausgrabungen i. d. Königspfalz Ingelheim 1909-1914 (1976)   € 28,—

3 M. Weidemann, Kulturgeschichte der Merowingerzeit nach den Werken Gregors von Tours (1982) 2 Bde.   € 97,—

4 K. R. Brown, The Gold Breast Chain from the Early Byzantine Period in the Römisch-Germanisches Zentralmuseum (1984)   € 28,—

5 K. Schwarz, Frühmittelalterlicher Landesausbau im östlichen Franken zw. Steigerwald, Frankenwald u. Oberpfälzer Wald (1984)   € 33,—

6 J. Street-Jensen, Christian Jürgensen Thomsen u. Ludwig Lindenschmit – eine Gelehrtenkorr. a. d. Frühzeit d. Altertumskunde (1853-1864). Beitr. z. Forschungsgesch. (1985)   € 30,—

7 J. P. Lémant u. a., Le cimetière et la fortification du Bas-Empire de Vireux-Molhain, Dép. Ardennes (1985)   € 47,—

8 P. Schauer, Die Goldblechkegel der Bronzezeit – mit einer handwerkstechnischen Unters. von M. Fecht (1986)   € 50,—

9 M. Weidemann, Das Testament des Bischofs Berthramn von Le Mans vom 27. März 616. Unters. zur Geschichte einer fränkischen Familie im 6. und 7. Jh. (1986)   € 35,—

10 Studien zur spätantiken und byzantinischen Kunst. F. W. Deichmann gewidmet (1986) 3 Bde.   € 304,—

11 M. Egg, Italische Helme. Studien zu den ältereisenzeitlichen Helmen Italiens und der Alpen (1986) 2 Bde.   € 100,—

13 M. Egg u. A. France-Lanord, Le char de Vix (französische Fassung eines Beitrags aus Bd. 12) (1987)   € 20,—

14 Versch. Autoren, Antike Helme. Sammlung Lipperheide und andere Bestände d. Antikenmus. Berlin (1988)   € 77,—

15 Versch. Autoren, Orientalisch-ägäische Einflüsse in der Europäischen Bronzezeit, Ergebnisse eines Koll. (1990)   € 56,—

16 F. R. Hodson, Hallstatt, the Ramsauer Graves. Quantification and Analysis (1990)   € 57,—

17 P. Harbison, The High Crosses of Ireland. An iconographical and photographic survey (1992) 3 Bde.   € 306,—

18 E. M. Ruprechtsberger, Das spätantike Gräberfeld von Lentia (Linz) (1999)   € 39,—

19 J. D. Clark (Ed.), Cultural Beginnings. Approaches to understanding early hominid lifeways in the African Savanna (1991)   € 56,—

20 N. J. Conard, Tönchesberg and its Position in the Paleolithic Prehistory of Northern Europe (1992)   € 56,—

21 H. Floss, Rohmaterialversorgung im Paläolithikum des Mittelrheingebietes (1994)   € 77,—

22 M. Bolus u. a., Die Siedlungsbefunde des späteiszeitlichen Fundpl. Niederbieber (Stadt Neuwied) Ausgr. 1981-1988 (1992)   € 42,—

23 M. Schulze-Dörrlamm, Die Kaiserkrone Konrads II. (1024-1039). Eine archäologische Untersuchung zu Alter und Herkunft der Reichskrone (1991)   € 25,—

24 M. Schulze-Dörrlamm, Der Mainzer Schatz der Kaiserin Agnes aus dem mittleren 11. Jh. (1991)   € 25,—

25-26 H. W. Böhme (Hrsg.), Burgen der Salierzeit (1991) 2 Bde.   € 51,—

27-28 H. W. Böhme (Hrsg.), Siedlungen und Landesausbau zur Salierzeit (1991) 2 Bde.   € 86,—

29 B. Kluge, Deutsche Münzgeschichte von der späten Karolingerzeit bis zum Ende der Salier (ca. 900-1125) (1991)   € 35,—

30 A. Kluge-Pinsker, Schach und Trictrac. Zeugnisse mittelalterlicher Spielfreude in salischer Zeit (1991)   € 30,—

31 B. Kluge (Hrsg.), Fernhandel und Geldwirtschaft. Beitr. z. deutschen Münzwesen in sächsischer und salischer Zeit (1993)   € 71,—

34 E. Künzl u. a., Die Alamannenbeute aus dem Rhein bei Neupotz. Plünderungsgut a. d. römischen Gallien (1993) 4 Bde.   € 216,—

35 Versch. Autoren, Beiträge zur Urnenfelderzeit nördlich und südlich der Alpen, Ergebn. eines Koll. (1995)   € 66,—

36 R. Goguey, M. Reddé u. a., Le camp légionnaire de Mirebeau (1995)   € 71,—

37 M. Egg u. a., Das hallstattzeitliche Fürstengrab von Strettweg bei Judenburg i. d. Obersteiermark (1996)   € 60,—

38 M. Baales u. a., Umwelt und Jagdökonomie der Ahrensburger Rentierjäger im Mittelgebirge (1996)   € 60,—

39 D. Baatz u. R. Bockius, Vegetius und die römische Flotte (1997)   € 15,—

40 R.-D. Kahlke u. a., Das Pleistozän von Untermaßfeld bei Meiningen (Thüringen). Teil 1 (1997); Teile 2 u. 3 (2001) Einzelpreise: € 100,— / 73,— / 81,—

41 A. Koch, Die Bügelfibeln der Merowingerzeit im westl. Frankenreich (1998) 2 Bde.   € 100,—

42 The Role of Early Humans in the Accumulation of European Lower and Middle PalaeolithicBone Assemblages; Ergebnisse eines Koll. (1999)   € 55,—

43 Eliten in der Bronzezeit; Ergebnisse zweier Koll. (1999) 2 Bde.   € 91,—

44 E. Turner, Miesenheim I; Excavations at a Lower Palaeolithic Site in the Central Rhineland of Germany   € 28,—

CORPUS SIGNORUM IMPERII ROMANI CORPUS DER SKULPTUREN DER RÖMISCHEN WELT · DEUTSCHLAND

II,1: E. Künzl, Germania superior. Alzey und Umgebung (1975)   € 19,94

II,2: G. Bauchhenß, Germania superior. Die große Iuppitersäule aus Mainz (1984) (1984)   € 35,—

II,3: G. Bauchhenß, Germania superior. Denkmäler des Iuppiterkultes aus Mainz und Umgebung (1984)   € 90,—

II,4: H. G. Frenz, Denkmäler römischen Götterkultes aus Mainz und Umgebung (1992)   € 101,—

II,5: W. Boppert, Militärische Grabdenkmäler aus Mainz und Umgebung (1992)   € 101,—

II,6: W. Boppert, Zivile Grabsteine aus Mainz und Umgebung (1992)   € 64,—

II,7: H. G. Frenz, Bauplastik und Porträts aus Mainz u. Umgebung (1992)   € 96,—

II,8: C. Stribrny, Die Herkunft der römischen Werksteine aus Mainz u. Umgebung. Vergleichende petrographische und geochemische Untersuchung an skulptierten Kalksteinen (1987)   € 50,—

Deutschl. II, 9: W. Boppert, Römische Steindenkmäler aus dem Landkreis Bad Kreuznach (2001)   € 55,—

II,10: W. Boppert, Römische Steindenkmäler aus Worms und Umgebung (1998)   € 54,—

II,11: M. Mattern, Die römischen Steindenkmäler des Stadtgebiets von Wiesbaden und der Limesstrecke zwischen Marienfels und Zugmantel (1999)   € 58,—

II, 12: M. Mattern, Römische Steindenkmäler vom Taunus- und Wetterauilmes (2001)   € 76,—

III,1: G. Bauchhenß, Germania inferior. Bonn und Umgebung. Militärische Grabdenkmäler (1978)   € 28,12

III,2: G. Bauchhenß, Germania inferior. Bonn und Umgebung. Zivile Grabdenkmäler (1979)   € 28,12

KATALOGE VOR- UND FRÜHGESCHICHTLICHER ALTERTÜMER

14 Th. Kraus, Megarische Becher (1951)   € 5,—

16 E. Sprockhoff, Jungbronzezeitl. Hortfunde d. Südzone des Nordischen Kreises (1956)   € 72,—

17 W. La Baume, Die Pommerellischen Gesichtsurnen (1963)   € 56,—

18 D. Renner, Die durchbrochenen Zierscheiben der Merowingerzeit (1970)   € 66,—

19 E. Sprockhoff u. O. Höckmann, Die gegossenen Bronzebecken der Jüngeren Nordischen Bronzezeit (1979)   € 74,—

20 G. Bosinski, Die Kunst der Eiszeit in Deutschland und in der Schweiz (1982) € 22,—

21 R.-H. Behrends, Funde der Lausitzer Kultur im RGZM und in den Museen von Bamberg, Coburg und Frankfurt/M. (1982)   € 18,—

22 M. Hopf, Vor- und frühgeschichtliche Kulturpflanzen aus dem nördlichen Deutschland (1982)   € 40,—

23 B. Deppert-Lippitz, Goldschmuck der Römerzeit im RGZM (1985)   € 39,—

24 F. J. Hassel, Die Münzen der Römischen Republik im RGZM (1985)   € 25,—

25 É. Garam, Die awarenzeitlichen Funde aus Ungarn im RGZM (1991)   € 35,—

26 M. Egg u. Chr. Pare, Die Metallzeiten in Europa und im Vorderen Orient. Die Abteilung Vorgeschichte im RGZM (1995)   € 41,—

27 I. Kilian-Dirlmeier, Das mittelbronzezeitliche Schachtgrab von Ägina (1997)   € 77,—

KLEINE REIHE

K. Weidemann, Könige aus dem Yemen (1983)   € 14,—

B. Deppert-Lippitz, Goldschmuck der Römerzeit. Ausgewählte Stücke aus den Samml. d. RGZM (1984)   € 14,—

P. Schauer, Goldene Kultdenkmäler der Bronzezeit (1985)   € 14,—

G. Bosinski, Archäologie des Eiszeitalters. Vulkanismus und Lavaindustrie am Mittelrhein (1986)   € 15,—

M. Street, Jäger und Schamanen (1989)   € 20,—

Antike Helme, Katalog z. Ausstellung in Speyer (1990)

B. Pferdehirt, Das Museum für Antike Schiffahrt, ein Forschungsbereich des RGZM I (1995)   € 9,—

Zeremonialwagen: Statussymbole eisenzeitlicher Eliten, m. Beitr. v. F. Cecchi, M. Egg u.a. (2000) Sonderdr. aus Jahrb. RGZM 46, 1999   € 14,—

VULKANPARK-FORSCHUNGEN

1 F. Mangartz, Die antiken Steinbrüche der Hohen Buche bei Andernach. Topographie, Technologie u. Chronologie (1998)   € 19,—

2 Steinbruch und Bergwerk, Denkmäler römischer Technikgeschichte zwischen Eifel und Rhein (2000)   € 16,—

3 V. Holtmeyer-Wild, Vorgeschichtliche Reibsteine aus der Umgebung von Mayen (2000)   € 15,—